国家社会科学基金青年项目"简帛及传世文献中的兵家学派研究"（18CYY035）的阶段性成果。

教育部"古文字与中华文明传承发展工程"资助项目"简帛及传世文献中的兵家学派研究"（G3454）的阶段性成果。

先秦符节的搜集、整理与研究

洪德荣　著

中国出版集团　东方出版中心

图书在版编目（CIP）数据

先秦符节的搜集、整理与研究 / 洪德荣著. 一上海:
东方出版中心, 2023.4
ISBN 978 - 7 - 5473 - 2171 - 3

Ⅰ.①先… Ⅱ.①洪… Ⅲ.①符牌-研究-中国-先
秦时代 Ⅳ.①K877.94

中国国家版本馆 CIP 数据核字(2023)第 050463 号

先秦符节的搜集、整理与研究

著　　者　洪德荣
策　　划　潘灵剑
责任编辑　戴浴宇
装帧设计　钟　颖

出版发行　东方出版中心有限公司
地　　址　上海市仙霞路 345 号
邮政编码　200336
电　　话　021-62417400
印 刷 者　山东韵杰文化科技有限公司

开　　本　890mm×1240mm　1/32
印　　张　10.875
字　　数　256 千字
版　　次　2023 年 5 月第 1 版
印　　次　2023 年 5 月第 1 次印刷
定　　价　88.00 元

目　　录

上编　研　究　编

上编

研究编

第一章 绪 论

"符节"在我国的历史文化与语言中能见其踪迹,诸如"符合(合符)""分符拥节""若合符节"等词语都为人熟知,并不陌生。古书中关于"符节"的记载由来已久,如《周礼·地官·司徒第二·掌节》:

> 掌节,掌守邦节而辨其用,以辅王命。守邦国者用玉节;守都鄙者用角节。凡邦国之使节,山国用虎节,土国用人节,泽国用龙节,皆金也,以英荡辅之。门关用符节,货贿用玺节,道路用旌节,皆有期以反节。凡通达于天下者必有节,以传辅之,无节者有几则不达。①

按照《周礼》所述,符节在不同地理环境的国别中有"虎节""人节""龙节"形制上的不同,在不同场合的应用上有"符节""玺节""旌节"等形制上的差异,略可窥见符节因形制与应用的不同而有多种变化,《周礼》所述虽然不能完全反映先秦时期符节的使用情况,但符节在当时的国家行政和管理制度上扮演了相当重要的角色,这是可以肯定的。目前尚存实物与仅见于著录的符节,与同是青铜器的钟、鼎、彝、簋等器相较,虽然数量不及其百分之一,但在古文字学、历史制度、文化意义的研究上,符节亦有其不可忽略的

---

① 〔汉〕郑玄注、〔唐〕贾公彦疏:《周礼注疏》卷15,艺文印书馆1979年版,第10—13页,总第230—232页。

价值。本书将以目前所有传世先秦符节器物以及一部分秦汉符节作为整理研究的核心，并在前辈学者的研究基础上结合金石学、古文字学、历史学等有关研究内容，对先秦符节器物进行全面的研讨。

第一节　研究动机与目的

一、研究动机

近40年来出土文献材料的蜂拥而出带动了相关学术研究的蓬勃发展，可说是百年来所未见的盛况，《包山楚简》《郭店楚简》《上海博物馆藏战国楚竹书》《清华大学藏战国竹简》《安徽大学藏战国竹简》等数量及字数较多的竹简材料，都大力推进了对于古书文献面貌的复原探究、研究古史流传的不同记载，尤其是与古文字考释有关的推勘对比，使研究者对文字形义的探究和汉字发展的研究更加精进，对学术发展来说是非常可喜的现象。但随着古文字研究焦点转移至新出的楚简材料上，相对来说许多出土时间较早或传世已久的材料，研究关注的力度略显不足。本书的写作基础来自笔者的硕士学位论文《先秦符节研究》(台湾东华大学，2011)，在拟定题目及写作之初，笔者就计划以战国文字研究为核心，兼及材料分析及资料收集能力的训练，业师许学仁先生即提示可以"符节"为题，时代范围则锁定在先秦战国，许师曾言符节之器虽小但意蕴丰富，集文字、制度、工艺等研究面向于一体，若能细细分析整理、明辨慎思之后，在学识的增进上必有所得。而经笔者着手对于符节相关资料的搜罗整理之后，才深觉相对于断代铜器的整体研究，或单一类型铜器的整理研究，数量较少的先秦符节一直缺乏总体的整理分析与考释研究，除笔者撰写的学位论文外，至今学界也缺乏以符节为主题的研究专著，本书写作的积极意义正在于此。

二、研究目的

如前所述，先秦符节因其应用的功能和作用，形体多半较小，也因时代久远，传世器物的数量并不多。而本书撰写的主旨，兼具下述三项要点：

（一）战国文字考释。先秦符节多半形体较小，铭文字数亦多在四到十字之间，但如辟大夫虎符、鹰节的铭文考释与文意仍有深究的空间，对于铭文的考释研究亦是本书撰写的焦点。

（二）先秦符节形制考述整理。先秦符节之形制可谓多种多样，有虎、鹰、雁、熊、马等形，要根据国别的差异及应用的不同进行综合的研讨，以发现先秦符节的制度特点。

（三）先秦符节著录统整补苴。从清代以来学者所编著的金文图录、金文目录中，虎符、龙节等器经常被著录，如罗振玉《历代符牌图录》《三代金文存》、刘体智《小校经阁金石文字》等重要的金文图录，先秦符节的著录也散见于其他金文图录中，对符节的著录资料进行统整补苴，对学者查阅相关图录的线索大有帮助。

第二节　研究范围及章节安排

一、研究范围

本书题名为"先秦符节的搜集、整理与研究"，研究的材料主体是"符"和"节"，材料时代则聚焦在"先秦"，而"先秦"的时间断限，参照《汉书·河间献王传》："献王所得书皆古文先秦旧书，《周官》《尚书》《礼》《礼记》……"颜师古注云："先秦，犹言秦先，谓未焚书之前。"①准此，则"先秦"的定义大致包括了秦一统天下以前的时

---

① ［汉］班固撰、［唐］颜师古注：《汉书》卷五三，中华书局 1964 年版，第 2410 页。

期,而比较明确的时间断代,则参照了《殷周金文集成》对铜器的断代分期:

战国　公元前 475—前 222 年
战国早期　公元前 475—前 4 世纪中叶
战国晚期　公元前 4 世纪中叶—前 222 年①

而本书所收录的器物的时间范围,大抵属于战国。此外,为了顾及研究的整体性,少部分不属于先秦的器物也收录讨论,例如秦代的符节、西汉南越王国的虎节亦是本文所收录的器物。

符节使用的历史可谓久远,但目前尚未发现商、周时代有形制类似战国符节的器物②,如《周礼·地官·司徒第二·掌节》中有"凡邦国之使节,山国用虎节,土国用人节,泽国用龙节,皆金也,以英荡辅之。门关用符节,货贿用玺节,道路用旌节,皆有期以反节"的说法,由此看来,位于不同地理环境的邦国使用不同形制的符节,目前无法确知当时是否有战国以后符节"合符"这样的形式,而《周礼》为战国时人对于商周理想制度的托古之作,但从器物发展的历史来看,或许可以推知符节的运用理应不会突然活跃在春秋战国,并被广泛应用作为信凭稽核的器物,商、周时期是否有符节器物的运用仍有待相关材料的进一步考论。

而从现今所能见的先秦符节实物或仅存于前人著录的器形拓本来说,大多数是战国时代的符节,亦有秦代虎符如新郪虎符、阳陵虎符,战国至秦代的符节即为本书所收录器物的主要范围。历

① 中国社会科学院考古研究所编:《殷周金文集成·编辑凡例》,中华书局 1984 年版,第 17 页。
② 亦有学者将牙璋视为商周时代的信凭物,作用于军旅,如《周礼·春官宗伯第三·典瑞》云:"牙璋以起军旅,以治兵守。"应是虎符等符节制度的前身,但笔者认为牙璋的使用应与符节一类的信凭作用无涉,下文第二章"符节相关问题探讨"第三节"符节与牙璋的关系考论"将予以详论。

时至汉代,符节持续作为各诸侯国及将领与中央相互做凭证的重要器具,如《史记·孝文本纪》云:"九月,初与郡国守相为铜虎符、竹使符。"①但汉代符节在传世实物的数量较多,在典籍文献中记载得也比较详细,容易为学者所认识。至于汉以下至清,历代都有符节、符牌等器物的应用,足见符节此一信凭方式与制度使用的历史非常久远,在中国文化中有不可忽视的重要性。②

二、章节安排

本书先对符节有关的著录及研究材料采取穷尽式的收集并进行分析,再进行考证,因此在总体架构的安排上,分为上、下二编。上编为"研究编",第一章"绪论"论述研究动机、目的、范围、方法等基础的研究意识、研究方法;第二章"符节相关问题探讨"则对符节形制做整体考察,讨论、比较"符""节"的名义,并予以定义,接着纵向地对各时代不同的符节形制分期与演变作出考论,以明符节形制发展的轨迹,并对符节与牙璋的关系提出析论;第三章"先秦符节汇编校释"则从器号、器名、器形及说明、出土地、典藏地、著录、释文、注释、断代及国别、相关研究文献、备注诸项对符节各器做详细的综合考论,对铭文考释的成果,也会在本章呈现;第四章"先秦符节综论"则收束第二章、第三章所呈现的各种角度的讨论成果,重新予以梳理,以清眉目;第五章"结论"则将上述各章重点重新归纳。

下编为"著录编",第一章"前言"对"著录编"的写作目的和方法提出说明;第二章"先秦符节著录书目析评"则简要说明各种著录专书、图录著录的体例,所收录器类、数量,并对各

---

① 〔汉〕司马迁著、〔日〕泷川龟太郎注:《史记会注考证·孝文本纪》,万卷楼出版社1993年版,第23页,总第198页。
② 关于历代不同符节的图录,可称搜罗齐备者,可参见罗振玉《历代符牌图录》《增订历代符牌图录》及刘体智《善斋吉金录》第十三卷《符节》。

著录书目之拓本、图版提出析评,并整理书中著录的先秦符节资料。

第三节　研究回顾与现况

此处将先秦符节的研究历史与相关文献做全面的回顾,为显示研究的历时过程与时代差异,将以时间为经,以民国建立前后作为古代与近现代主要的时间断限,民国建立前的研究状况则再依对符节研究的重要时代进行区分,分为先秦、汉代、清代三个时期;为了呈现不同类型的研究文献,以文献类别为纬,对不同时代的文献记载分别进行说明。

一、1912 年以前

(一) 先秦

与先秦符节有关的古书文献记载,主要在《周礼》之中,如《周礼·地官·司徒第二·司市》:

> 凡治市之货贿、六畜、珍异,亡者使有,利者使阜,害者使亡,靡者使微。凡通货贿,以玺节出入之。①

《周礼·地官·司徒第二·司关》云:

> 司关:掌国货之节,以联门市。司货贿之出入者,掌其治禁与其征廛。凡货不出于关者,举其货,罚其人。凡所达货贿

---

① [汉]郑玄注、[唐]贾公彦疏:《周礼注疏》卷 14,艺文印书馆 1979 年版,第 18—22 页,总第 218—220 页。

者,则以节传出之。①

《周礼·地官·司徒第二·掌节》云:

> 掌节,掌守邦节而辨其用,以辅王命。守邦国者用玉节,守都鄙者用角节。凡邦国之使节,山国用虎节,土国用人节,泽国用龙节,皆金也,以英荡辅之。门关用符节,货贿用玺节,道路用旌节,皆有期以反节。凡通达于天下者必有节,以传辅之,无节者有几则不达。②

《周礼》无法全面反映周代实际政治制度与器物应用,但《周礼》作为战国时人对古代国家制度的设计理想,从书中所述,至少可知战国时人对于符节的认识与运用的想法,这是目前可见最早对于符节运用的记载。

(二) 汉代

汉代的典籍中不乏对于当时符节运用的相关记载,如《汉书》载高祖初定天下,"与功臣剖符做誓":

> 初,高祖不修文学,而性明达,好谋,能听,自监门戍卒,见之如旧。初顺民心做三章之约。天下既定,命萧何次律令,韩信申军法,张苍定章程,叔孙通制礼仪,陆贾造新语。又与功臣剖符做誓,丹书铁契,金匮石室,藏之宗庙。虽日不暇给,规摹弘远矣。③

---

① 〔汉〕郑玄注、〔唐〕贾公彦疏:《周礼注疏》卷 15,艺文印书馆 1979 年版,第 7—10 页,总第 229—230 页。
② 〔汉〕郑玄注、〔唐〕贾公彦疏:《周礼注疏》卷 15,艺文印书馆 1979 年版,第 10—13 页,总第 230—232 页。
③ 〔汉〕班固:《汉书》,中华书局 1964 年版,第 80—81 页。

从引文来看,当时"剖符"的具体形式虽然不得而知,但以剖符作为与功臣发起誓约的形式,在汉代应该是比较常见的。从传世所见的汉代符节文物来看,则以虎符为大宗,如《史记·酷吏列传》:

> 南阳有梅免、白政,楚有殷中、杜少,齐有徐勃,燕赵之间有坚卢、范生之属。大群至数千人,擅自号,攻城邑,取库兵,释死罪,缚辱郡太守、都尉,杀二千石,为檄告县趣具食;小群以百数,掠掳乡里者,不可胜数也。于是天子始使御史中丞、丞相长史督之。犹弗能禁也,乃使光禄大夫范昆、诸辅都尉及故九卿张德等衣绣衣,持节、虎符发兵以兴击,斩首大部或至万余级,及以法诛通饮食,坐连诸郡,甚者数千人。①

又如《汉书·王莽传下》:

> 唯翼平连率田况素果敢,发民年十八以上四万余人,授以库兵,与刻石为约。赤糜闻之,不敢入界。况自劾奏,莽让况:"未赐虎符而擅发兵,此弄兵也,厥罪乏兴。以况自诡必禽灭贼,故且勿治。"后况自请出界击贼,所向皆破。②

从古书文献中可知,虎符是实际使用于发兵领军的器物,如《汉书·王莽传下》:"未赐虎符而擅发兵,此弄兵也,厥罪乏兴。"没有虎符作为调兵遣将的凭证,发兵便无法取得正当性。虎符用于军事用途也可见于秦代虎符的铭文记述"凡兴士被(披)甲,用兵五十人以上,必会王符,乃敢行之",虎符用于军事延续到了汉代。罗振玉《历代符牌图录》中收录了十一件汉代的虎符,形制与铭文大致

---

① 〔汉〕司马迁著、〔日〕泷川龟太郎注:《史记会注考证》,万卷楼出版社 1993 年版,第 1302 页。
② 〔汉〕班固撰、〔唐〕颜师古注:《汉书》,中华书局 1964 年版,第 4172 页。

相似,或可见在汉时铸造与使用虎符有一定的规范,交付给治理地方的太守或守军,必要时中央与其合符执行任务。

(三)清代

宋代开始已有专门著录金文器物的图书,此后开启了历代著录金文器物的学术、收藏传统,但仍未见符节器物的踪迹。清代是有关先秦符节著录的高峰,对金文做图录编纂的名家辑录亦多收录符节,而专门针对符节图像的辑录,首推罗振玉编纂的《历代符牌图录》《历代符牌图录后编》《增订历代符牌图录》三部重要著作,再来便是各家所编纂的金文图录中对符节的收录,诸如阮元《积古斋钟鼎彝器款识》、冯云鹏《金石索》、邹安《周金文存》、罗振玉《三代吉金文存》《贞松堂吉金图》、刘体智《小校经阁金石文字》《善斋吉金录》《小校经阁金石文字》、黄濬《衡斋金石识小录》《尊古斋所见吉金图》等。[1] 专论符节的文章则有清人瞿中溶《集古虎符鱼符考》,瞿文主要是对于汉代铜虎符形制与汉代应用虎符的历史作讨论,以及对隋代虎符、唐代鱼符、龟符作出考论,但对于先秦符节并无着墨。[2] 而对符节有专论考释的文章,则是王国维《秦新郪虎符跋》《秦阳陵虎符跋》《隋铜虎符跋》《伪周二龟符跋》四篇,其中《秦新郪虎符跋》首先从铭文字体考释新郪虎符为秦物,诚为不易之论。但在清代除王国维对《新郪虎符》作出考释外,并无更多针对符节的考释文章。

二、1912 年及其后

1912 年及其后的先秦符节研究更胜于前代,各种与先秦符节

---

[1] 此处仅举出几种较为著名的著录书籍,关于先秦符节金文著录的书籍详细资料,及各本著录所收录之符节细目,可参阅本书下编"著录编"第二章"先秦符节著录书目析评"。

[2] [清] 瞿中溶:《集古虎符鱼符考》,收入陈乃乾《百一庐金石丛书》第六册,辛酉十月(1921 年)海昌陈氏影印本。

有关的研究皆有学者撰写涉猎,而受到重视的两类材料则是虎符与鄂君启节,是文献研究最多的两种材料。以下则分"图录"与"研究文献"两部分进行论述,"图录"部分以综合论述的方式,列举较为著名的图录作介绍,"研究文献"部分则以虎符、龙节、鄂君启节为三大论述重点,其他诸器的研究状况则一并论之。

(一)图录

在先秦符节图录的收录编纂上,中国台湾地区以严一萍所编著的《金文总集》为代表,共收录十六器;中国大陆有中国社会科学院考古研究所编著的《殷周金文集成》,收录二十七器。吴镇烽编著《商周青铜器铭文暨图像集成》《续编》《三编》共收录符节三十九件。[①] 而收录先秦符节零散材料的著录,则有容庚《海外吉金图录》收录乘虎符,于省吾《商周金文录遗》收录王命传赁虎节,山东博物馆《山东金文总集》收录齐大夫马节,刘彬徽、刘长武《楚系金文汇编》收录王命虎符、王命龙节、王命车驼虎节等,除上述所举书目,另有十四种金文著录专书。[②]

(二)研究文献

对研究文献的收录整理,可以了解研究主题的发展和变化,厘清研究的走向和尚待发掘的部分,提供研究者思考与探究的不同研究方向和开展的空间,例如从时间的角度来看,研究文献的写作发表年代集中的年份,或是产生新研究成果的时间间隔,可以理解材料在不同年代受到关注的程度;从研究主题来看,研究文献是针

---

① 严一萍编:《金文总集》,艺文印书馆 1983 年版,附目录索引共十二册,符节收录于第十册。中国社会科学院考古研究所编:《殷周金文集成》,中华书局 1984 年版,共十八册,符节收录于第十八册。另有修订增补本,中华书局 2007 年版,共 6 册,符节收录于第 6 册。

② 此处仅举出几种较为著名的著录书籍,关于先秦符节金文著录的书籍详细资料,及各本著录所收录之符节细目,可参阅下编"著录编"第二章"先秦符节著录书目析评"。

对哪个主题撰写的,或是讨论问题的完整程度,也能理解材料本身的研究价值,或是周围相关材料对研究主题本身的影响和帮助。从先秦符节研究文献的搜集整理来观察研究的发展,则可分为虎符、龙节、鄂君启节三个重点论述,其他器物的研究状况则一并论之。

1. 虎符

传世的新郪虎符最先受到学者的关注,经王国维以铭文字体考释,定其为秦器,殆无疑义,但铸造年代的问题,则成为另一个讨论的焦点,如王国维言此符做于"秦并天下前二三十年间",唐兰《新郪虎符做于秦王政十七年灭韩后》考证此符做于"秦始皇十七年(230)灭韩置颍川郡之后,廿六年(221)称皇帝之前"。对于新郪虎符进行最为详尽研究的论文,则为侯锦郎《新郪虎符的再现及其在先秦军事、雕塑及书法研究上的意义》,侯锦郎从著录与研究、原器的观察、铭文释文及断代三个主题进行撰写,并附录铭文单字的彩色照片。①

而杜虎符的研究则聚焦在铸造年代问题与辨伪上,黑光《西安市郊发现秦国杜虎符》为发现杜虎符的首篇报道,讨论铸造年代问题的,如马非百《关于秦国杜虎符之铸造年代》、朱捷元《秦国杜虎符小议》、胡顺利《关于秦国杜虎符的铸造年代》、曾维华《秦国杜虎符铸造年代考》②;讨论辨伪的,如罗福颐《杜阳虎符辨伪》、戴应新《秦杜虎符的真伪及其有关问题》、陈尊祥《杜虎符真伪考辨》。③

---

① 唐兰:《新郪虎符做于秦王政十七年灭韩后》,《申报》文史版 1948 年 6 月 26 日。侯锦郎:《新郪虎符的再现及其在先秦军事、雕塑及书法研究上的意义》,《故宫季刊》第 10 卷第 1 期,台北故宫博物院,1975 年,第 35—77 页。
② 黑光:《西安市郊发现秦国杜虎符》,《文物》1979 年第 9 期,第 93—94 页。马非百:《关于秦国杜虎符之铸造年代》,《史学月刊》1981 年第 1 期,第 20—21 页。朱捷元:《秦国杜虎符小议》,《西北大学学报(哲学社会科学版)》1983 年第 1 期,第 53—55 页。胡顺利:《关于秦国杜虎符的铸造年代》,《文物》1983 年第 8 期,第 88 页。曾维华:《秦国杜虎符铸造年代考》,《学术月刊》1998 年第 5 期,第 79—80 页。
③ 罗福颐:《杜阳虎符辨伪》,《文物》1982 年第 3 期,第 62 页。戴应新:《秦杜虎符的真伪及其有关问题》,《考古》1983 年第 11 期,第 1012—1013 页。陈尊祥:《杜虎符真伪考辨》,《文博》1985 年第 6 期,第 25—29 页。

东郡虎符的考辨主要在辨伪上,如王辉《周秦器铭考释(五篇)》、王关成《东郡虎符考》《再谈东郡虎符辨伪》。①

王命车驻虎节的研究着重于铭文考释之上,其中█字是研究的重点,如何琳仪《南越王墓虎节考》考释为"駐"为"牡"字异体、王人聪《南越王墓出土虎节考释》释为"肚"读为"徒"、李家浩《南越王墓车驲虎节铭文考释——战国符节铭文研究之四》释为"駷"读为"驲"。②

至于"将军虎符""辟大夫虎符"的研究专文,有李家浩《贵将军虎节与辟大夫虎节——战国符节铭文研究之一》、郭永秉《将军虎节与嬖大夫虎节研究》,是针对两个虎节进行专题研究的重要文章。③ 此两器亦为符节研究中需要重点关注的材料。

最后则是对虎符进行综论的文章,如那志良《古玉介绍之8:虎符》、许英才《秦汉虎符述略》、王关成《秦汉虎符的特征及演变》都对虎符进行了全面的概述,有助于我们对虎符的基础认识及理解。④

2. 龙节

龙节共有六件传世,除细部的花纹雕饰略有差异,基本的形制尺寸、铭文都是相同的,最早的研究文献为唐兰《王命传考》,而论

① 王辉:《周秦器铭考释(五篇)》,《考古与文物》1991年第6期,第75—81页。王关成:《东郡虎符考》,《考古与文物》1995年第1期,第64—65页。王关成:《再谈东郡虎符辨伪》,《考古与文物》1995年第2期,第60—62页。

② 何琳仪:《南越王墓虎节考》,《汕头大学学报(人文科学版)》1991年第3期(总第25期),第26—27页。王人聪:《南越王墓出土虎节考释》,《尽心集——张政烺先生八十庆寿论文集》,中国社会科学出版社1996年版,第162—168页。李家浩:《南越王墓车驲虎节铭文考释——战国符节铭文研究之四》,《容庚先生百年诞辰纪念文集》(古文字研究专号),广东人民出版社1998年版,第662—671页。

③ 李家浩:《贵将军虎节与辟大夫虎节——战国符节铭文研究之一》,《中国历史博物馆馆刊》1993年第2期,第50—55页。

④ 那志良:《古玉介绍之8:虎符》,《故宫文物》第1卷第8期,台北故宫博物院,1983年11月,第26—28页。许英才:《秦汉虎符述略》,《中华学苑》第43期,台湾政治大学中文系,1993年3月,第79—110页。王关成:《秦汉虎符的特征及演变》,《历史月刊》第87期,1995年4月,第94—97页。

述最为完整的,是李家浩《传赁龙节铭文考释——战国符节铭文研究之三》,①而《龙节》之铭文"传赁"等词亦可以和王命虎节作对照。

3. 鄂君启节

鄂君启节可说是最受重视的先秦符节,研究文献数量最多。鄂君启节可分舟节、车节两种,其中铭文的释读一直都是古文字符及制度史关注的研究焦点,随着对楚系文字的认识逐渐深入与相关材料日益丰富,在铭文通读上,已无太大的问题,但其中诸如牂、𤕱、𦠄等字至今仍是学者考释古文字不时申覆的重要字例,而对铭文的释读也包含对铭文所载战国楚地地望的考证,地望又牵涉当时鄂君启所能掌握的航运、陆运范围和运输方式,因此在制度方面,鄂君启节为迄今所发现的最为完整的战国楚地运输制度记载。

最早对鄂君启节作全面讨论的论文为郭沫若《关于"鄂君启节"的研究》及殷涤非、罗长铭《寿县出土的"鄂君启金节"》,之后有商承祚《鄂君启节考》、于省吾《鄂君启节考释》②两位古文字学大家的文章,为后续学者们的研究立定了基础,当时由于楚系文字材料局限而犹豫不定的问题,现今随着材料的不断出土,也得到了很好的解答。

其后地理方位与交通路线的复原问题成为研究的焦点,如谭其骧《鄂君启节铭文释地》《再论鄂君启节地理答黄盛璋同志》、黄盛璋《关于鄂君启节地理考证与交通路线的复原问题》《再论鄂君启节交通路线复原与地理问题》《鄂君启节地理问题若干补正》、李

① 唐兰:《王命传考》,北京大学《国学季刊》6卷4号,1946年,第61—73页。李家浩:《传赁龙节铭文考释——战国符节铭文研究之三》,《考古学报》1998年第1期,第1—10页。
② 郭沫若:《关于"鄂君启节"的研究》,《文物参考资料》1958年第4期(总第92期),第3—7页。殷涤非、罗长铭:《寿县出土的"鄂君启金节"》,《文物参考资料》1958年第4期(总第92期),第8—11页。商承祚:《鄂君启节考》,《文物精华》第二辑,文物出版社1963年版,第49—55页。于省吾:《鄂君启节考释》,《考古》1963年第8期,第442—447页。

家浩《鄂君启节铭文中的高丘》、何琳仪《鄂君启舟节释地三则》。①
而除了中国学者外,日本学者也投入研究,如佐藤武敏《先秦时代
の关と关税》、船越昭生《鄂君启节について》,在学者们共同的努
力下,舟节与车节运行路线的大致轮廓,也逐渐取得了共识。②

对于铭文单字的考证,亦是研究过程的要点,除了上述对鄂君启
节进行全面讨论的文章之外,对铭文考释着力最深的,莫过于朱德熙、
李家浩《鄂君启节考释(八篇)》,其中考释出了弍、郢、槫等字,诚为不易
之论。"陛",黄盛璋《楚铭刻中"陵""陲"的考辨及其相关问题》认为应
释为"陵",郑刚《战国文字中的"陵"和"李"》亦认为应释为"陵"③;而
"斿"的释读可说是一大难题,如何琳仪《句吴王剑补释——兼释冢、
主、开、丂》隶定为"斿"读为"舸",吴振武《鄂君启节"斿"字解》,至近期
有陈剑《试说战国文字中写法特殊的"亢"和从"亢"诸字》读为"航"。④

① 谭其骧:《鄂君启节铭文释地》,《中华文史论丛》第二辑,中华书局 1962 年版,第
169—190 页。《再论鄂君启节地理答黄盛璋同志》,《中华文史论丛》第五辑,中华书
局 1964 年版,第 169—193 页。黄盛璋:《关于鄂君启节地理考证与交通路线的复原
问题》,《中华文史论丛》第五辑,中华书局 1964 年版,第 143—168 页。《再论鄂君启
节交通路线复原与地理问题》,湖北省楚史研究会、武汉师范学院学报编辑部合编:
《楚史研究专辑》,1982 年版,第 65—86 页。《鄂君启节地理问题若干补正》,《历史地
理论集》,人民出版社 1982 年版,第 286—288 页。李家浩:《鄂君启节铭文中的高
丘》,《古文字研究》第二十二辑,中华书局 2000 年版,第 138—140 页。何琳仪:《鄂君
启舟节释地三则》,《古文字研究》第二十二辑,中华书局 2000 年版,第 141—145 页。
② 〔日〕佐藤武敏:《先秦时代の关と关税》,《甲骨学》第 10 辑,1964 年 7 月,第 158—
173 页,总第 1186—1201 页。〔日〕船越昭生:《鄂君启节について》,《东方学报》
第 43 册,京都大学人文社会科学院,1972 年,第 55—95 页,此文提出了"鄂"即西
鄂南阳的说法;陈伟:《〈鄂君启节〉之"鄂"地探讨》,《江汉考古》1986 年第 2 期(总
第 19 期),第 88—90 页,该文将"逾油"之"油"读为"清",即"清水",俗名白河;陈蔚
松:《鄂君启舟节与屈原〈哀郢〉研究》《华中师院学报(哲学社会科学版)》1982 年增
刊(总第 38 期),第 16—35 页。上述文章都对先秦楚地的地理考释有很大的帮助。
③ 黄盛璋:《楚铭刻中"陵""陲"的考辨及其相关问题》,《安徽史学》1984 年第 1 期,第
41—46 页。郑刚:《战国文字中的"陵"和"李"》,《中国古文字学研究会成立十周年
学术研讨会论文》,1988 年 8 月,第 1—15 页。又辑入郑刚:《楚简道家文献辨证》,
汕头大学出版社 2004 年版,第 61—75 页。
④ 何琳仪:《句吴王剑补释——兼释冢、主、开、丂》,《第二届国际中国古文字学研讨会
论文集》,香港中文大学中国语言及文学系 1993 年版,第 249—263 页。吴振武:《鄂
君启节"斿"字解》,《第二届国际中国古文字学研讨会论文集》,香港中文大学中国语言及
文学系 1993 年版,第 273—292 页。陈剑:《试说战国文字中写法特殊的"亢"和从"亢"
诸字》,《出土文献与古文字研究》第三辑,复旦大学出版社 2010 年版,第 152—182 页。

在运输制度的考述上,陈伟《〈鄂君启节〉与楚国的免税问题》论及航线与楚地区域开发有所关联的可能。① 从鄂君启节来看,对于楚国航运与经济制度的考述仍有深入探讨的空间。

4. 其他诸器

除上举三类符节较受研究者关注外,其余诸器因研究文献较少,故于此一并论之。对鹰节铭文研究的文章,有朱德熙、裘锡圭《战国文字研究(六种)》考释"𩵋"为"虞",读"遽"。李家浩《传遽鹰节铭文考释——战国符节铭文研究之二》对鹰节作了全面的考释。② 针对马节专论的文章,有吴振武《燕马节补考——兼释战国时代的"射"字》。③

值得注意的是,李家浩对先秦符节的研究有四篇专文——《贵将军虎节与辟大夫虎节——战国符节铭文研究之一》《传遽鹰节铭文考释——战国符节铭文研究之二》《传赁龙节铭文考释——战国符节铭文研究之三》《南越王墓车驲虎节铭文考释——战国符节铭文研究之四》,都带给研究者很大的启发,也是笔者研讨相关符节不可或缺的参考文献,而笔者也尝试于相关的考释中,在李先生研究的基础上,提出一些不成熟的看法予以申论。在学位论文方面,朱翠翠以符节为主题,撰写硕士学位论文《秦汉符信制度研究》④,朱翠翠主要以秦、汉所见之虎符、信凭物为材料,针对制度及历史方面加以研究,对于先秦之符节及古文字考释、器形方面并无更多的着墨。

---

① 陈伟:《〈鄂君启节〉与楚国的免税问题》,《江汉考古》1989 年第 3 期(总第 32 期),第 52—58 页。
② 朱德熙、裘锡圭:《战国文字研究(六种)》,《考古学报》1972 年第 1 期,第 73—89 页、李家浩:《传遽鹰节铭文考释——战国符节铭文研究之二》,《海上论丛》第二辑,1998 年,第 17—33 页。
③ 吴振武:《燕马节补考——兼释战国时代的"射"字》,《中国古文字研究会第八届年会论文》,江苏太仓,1990 年 11 月,第 1—10 页。
④ 朱翠翠:《秦汉符信制度研究》,硕士学位论文,上海师范大学历史系,2009 年。

第二章　符节相关问题探讨

在对先秦符节进行全面探讨前,必须要先对符节的相关问题予以探讨厘清,首先是对"符"与"节"的名义进行考察与定义,以作后对于符节实物命名的基础,除古书文献上相关的记载外,也配合实物加以讨论。再对符节形制在不同时代的差异和特色进行讨论,以明符节形制的演变历程。要说明的是本书虽将讨论的符节材料时间限定于先秦,但前一章已论述符节器于历代的应用概况,因此本章将从商周开始,依春秋战国、秦、汉代、汉代以下分期,对各期的形制演变和特色加以考论。接着则是针对符节的制度方面,一是从传世文献的梳理分析出发,主要仍以先秦至汉代的文献为范围,从符节实物的考察出发,与传世文献相互对比,发现其制度。最后则探讨符节与牙璋的关系,关于牙璋的记载见于《周礼》,实物也在考古发掘中获得,或有学者认为牙璋为符节的前身,本章亦予以析论。

第一节　符、节的名义考察

"符"和"节"从名义上考察实为二义,本书以"符节"一词作为统称,则是兼具两词,一并称之,不做严格的分别。但从严格的区别上看,"符"和"节"所指称的,一为器物名,一为器物作用功能,因此对于现今所能见到的符节,检视诸器的名义、形制,予以定名,讨论符节名义的价值所在。

一、符之名义

符,《说文》曰:"信也,汉制以竹长寸六,分而相合。"据《说文》载,许慎是将"符"释为代表信用的器物,并引汉制言"竹长寸六,分而相合"①,可知命名为"符"的器物带有两部件或多部件组合的性质,其器形或为一器之剖半,或为成双、成组的部件拼合为一器,能将两部件完全相符地拼合在一起,人们以此引申表示"信用"的象征。但《说文》对于"符"的形制应用并无更多的着墨。《释名·释书契》曰:"符,付也,书所敕命于上,付使传行之也。亦言赴也,执以赴君命也。"②《释名》固然以音读训之,故释其有"付""赴"二义,但"付"义所释"书所敕命于上,付使传行之也",以龙节、虎符等诸器所铸铭文验之,不只说明了"符"的应用,同时说明"节"在应用上也有同样的性质。而再看《韩非子·主道第五》所述:

> 人主之道,静退以为宝。不自操事而知拙与巧,不自计虑而知福与咎。是以不言而善应,不约而善增。言已应则执其契,事已增则操其符。符契之所合,赏罚之所生也。故群臣陈其言,君以其言授其事,事以责其功。③

《韩非子》提到人主以"契""符"作为治事之手段,并以"契""符"相合,作为治理赏罚的标准,可见以"符"的"相合"作为认证之方法和标准,两物之"相合"有其独特性,"相合"代表了信用,因而作为赏罚的依据。

《汉书·高帝本纪》曰:

---

① "符"字下段注云:"按许云六寸,《汉书》注做五寸未知孰是。"[汉]许慎著、[清]段玉裁注:《新添古音说文解字注》,洪叶文化事业有限公司 2005 年版,第 193 页。

② [汉]刘熙著,[清]毕沅疏证、王先谦补:《释名疏证补·释书契》,中华书局 1998 年版,第 204—205 页。

③ [战国]韩非著、[清]王先慎撰:《韩非子集解》,中华书局 1998 年版,第 29—30 页。

　　初，高祖不修文学，而性明达，好谋，能听，自监门戍卒，见之如旧。初顺民心做三章之约。天下既定，命萧何次律令，韩信申军法，张苍定章程，叔孙通制礼仪，陆贾造新语。又与功臣剖符做誓，丹书铁契，金匮石室，藏之宗庙。虽日不暇给，规摹弘远矣。①

汉代史书如《汉书》《史记》载"符"及"剖符"之事甚多，发与边关守将、带兵之将领与诸侯国，作为信用及命令的作用，如上文所说的"剖符做誓"，则"符"在形制与意义的指称上，以典籍记载作为佐证，应相当清晰。而就文献所见对"符"的记载来看，"符"也不排除有作为信凭物，但不具"合符"性质的使用，如《墨子·旗帜》：

　　巷术周道者，必为之门，门二人守之，非有信符，勿行，不从令者斩。②

则应如上述将"符"作为"信凭"的代表，而无法严格区别其性质了。

二、节之名义

　　节，《说文》曰："竹约也。"段注云："约，缠束也，竹节如缠束之状。"③《说文》所述的"节"，是竹子上的竹节之意，段注言"竹节如缠束之状"。段注又云："引申为节省、节制。节义字又假借为符'卩'字。"

　　谨按：段注甚确，因而从《说文》来看，并没有表达出"节"字之义包含器物的外观与形体的意思。而《释名·释兵》："节者，号令赏罚之节也。"④则"节"为发号施令、传达赏罚的器物，对比《周礼》

① [汉]班固：《汉书》，中华书局1964年版，第80—81页。
② 吴毓江注：《墨子校注》，中华书局1993年版，第904页。
③ [汉]许慎著、[清]段玉裁注：《新添古音说文解字注》，洪叶文化事业有限公司2005年版，第191页。
④ [汉]刘熙著，[清]毕沅疏证、王先谦补：《释名疏证补·释兵》，中华书局1998年版，第246页。

所记载,如《周礼·地官·司徒第二·司关》云:

> 司关:掌国货之节,以联门市。司货贿之出入者,掌其治禁与其征廛。凡货不出于关者,举其货,罚其人。凡所达货贿者,则以节传出之。国凶札,则无关门之征,犹几。凡四方之宾客叩关,则为之告。有外内之送令,则以节传出内之。①

可见"节"的作用在于出入关卡的通行及传递命令。又《周礼·地官·司徒第二·掌节》云:"凡通达于天下者必有节,以传辅之,无节者有几则不达。"《周礼·夏官·司马第四·司险》云:"国有故,则藩塞阻路而止行者,以其属守之,唯有节者达之。"②则"节"用于核可认证及传令的作用,是很明确的。

三、符、节名义异同比较

从上文对于"符""节"分别的名义分析来看,据《说文》所述,"符"至少在汉代就被作为"分而相合"的器物名称,参阅典籍又有诸多例证;而《释名》《周礼》等文献,对"节"的功用说明是号令、信物、传命,并不牵涉对形制的解释,可见所谓的"节"在外形上,可能有不同的样式,但其担负的功能并没有改变。

又从《周礼·地官·司徒第二·掌节》的一段话来看:

> 门关用符节,货贿用玺节,道路用旌节,皆有期以反节。③

---

① [汉]郑玄注、[唐]贾公彦疏:《周礼注疏》卷15,艺文印书馆1979年版,第7—10页,总第229—230页。
② [汉]郑玄注、[唐]贾公彦疏:《周礼注疏》卷15,艺文印书馆1979年版,第10—13页,总第230—232页;卷30,第12—13页,总第459—460页。
③ [汉]郑玄注、[唐]贾公彦疏:《周礼注疏》卷15,艺文印书馆1979年版,第10—13页,总第230—232页。

对比上文,"符节""玺节""旌节"是用于三种不同场景的节。郑玄注:"符节者,如今宫中诸官诏符也。玺节者,今之印章也。旌节,今使者所拥节是也。"①则显然"符""玺""旌"指的是"节"应用于不同场合的不同形制,但同样作为传令、信凭的器物,可知"符节"原为"节"的一种类型,指的是"器形可以拼合,具有合符功用的信凭物"。由此可见"符"和"节"有其形制及意义上的差异,引文中的"符节"器是具有"符"性质的"节"。

今日习惯将"符节"一词作为各种形态符节器物的通称,本书在行文上也用了同样的方式,笔者认为从"统言""析言"这样的观念来看,将"符"和"节"并言为"符节"是总括来说的一种称呼,并不专指特定类型的器物,故本书中如不专指特定的器型,行文中则使用"符节"来作为通称。而在必要时以"析言"的概念分别称之。

值得注意的是,刘体智《善斋吉金录》第十三卷《符牌录》中,以"节""符""牌"分为三类:"节"之类下有列国鹰节、秦王命虎节、汉左戏行节;"符"之类下则有秦甲兵虎符及汉代以下各种虎符、鱼符;"牌"则是收录唐代以下各种兵牌、令牌。由此来看,刘体智的分类定义正与笔者上文所分析的"节""符"差异相合。

当前对于符节器物命名的理解,如果以"节""符"的形制特点来做区分,那基本能区分成不能再组合者为"节",能组合者为"符",能不能符合目前所能见到的符节器物实际情况呢? 其实还需要做进一步的分类讨论:

(一)器物为立体形纵向剖开,分左右两侧,铭文铸刻在器身上,因器身剖开,铭文也受到割裂,需要将器物拼合才能阅读完整的铭文。

例如新郪虎符、乘虎符、杜虎符、栎阳虎符是纵向剖半的形制,背部的铭文也因剖半被割裂开来,必须将两半器物合而为一才能

① [汉]郑玄注、[唐]贾公彦疏:《周礼注疏》卷15,艺文印书馆1979年版,第10—13页,总第230—232页。

阅读完整的铭文,这一类的"符"可以被视为标准的形制。

（二）器物为平版状,面上有铭文,器物背面没有铭文和雕饰,这样的器物应可命名为"节"。例如:王命虎节、王命传遽虎节、王命车驻虎节、王命龙节、鄂君启车节、鄂君启舟节都属于这样的器型,属于"节"的标准形制。

（三）器物为平版形,在器物面上已经刻铸了语义完整的铭文,器物的背面有榫头或卯眼的痕迹,可能具有拼合的功能,但另一半的器物已经丢失,是否还存在铭文,能否与现有的铭文通读,或是重复其内容,目前已难得知。值得注意的是,这一类的器物似乎具备拼合的作用,应该命名为"符",铭文也没有自名器物的类型。但这类器物也被学者在著录中命名为"节",该类器物的命名问题值得再作考虑。例如:骑传马节、鹰节、雁节、亡纵熊符。

（四）器物为立体形纵向剖开,分左右两侧,铭文铸刻在器身上,因器身剖开铭文也受到割裂,需要将器物拼合才能阅读完整的铭文,这一类器物似乎具备拼合的作用,应该命名为"符",但在铭文里自名器物为"节",这是在符节命名上的特殊情况。例如齐大夫马节、辟大夫虎节、将军虎节。

通过上述的分类讨论,对"节"和"符"的命名标准和定义,应以器物的形态和铭文的情况一起考虑,但目前所见的符节如果是缺少另一半的,则很难再对铭文的意义进一步探讨。

进一步考察金文著录对先秦符节的命名,在命名上也有对器物形制认定上的不同,如鹰节,邹安《周金文存》命名为"鹰符"①,可能是观察到在器物背面左、右、上有三处榫头,或疑具有与另一半器物合符的功能,从对形制的讨论来看,邹安之说有其道理,器物或可名为"鹰符",但目前所见的鹰节铭文内容可以直接通读,如乘虎符,《贞松堂集古遗文》名为"夹符",《海外吉金图录》名为"夹

---

① 邹安:《周金文存》卷六下,国风出版社 1978 年版,第 126 页,总第 1604 页。

虎符",《殷周金文集成》名为"乘虎节"①,而其器剖半,今仅存其右半,应以名"乘虎符"为确。

第二节　符节形制的分期与演变

综前所述,"符""节"就分类上是两种器物,而各自又有不同的形制,考察符节使用的历史源远流长,由汉代至清皆有符节的实际应用,本节拟先对符节各时代的分期提出简述,再对各时期的形制做讨论,并提出举例。

一、分期标准

本节的分期以"商周""春秋战国""秦""汉代""汉代以下"分为五期,"商周"符节实物目前未见,再加上历时已久,难以得知当时使用符节的样貌,故将商周分为一期;"春秋战国"为本书材料锁定的重点时期,此期符节的形制"各国异形"亦趋多元,此自当别立一期;"秦"传世的器物目前则有虎符,其铭文、形制趋于统一,亦立为一期讨论;"汉代"的传世器物见于著录者多数为虎符,古书文献中记述汉代符节的制度不在少数,则亦立一期;"汉代以下"因实物明确及典籍记载甚详,故综合汉代以下为一期讨论,不做各朝代细分。

二、各期形制考论

以下每个分期都将对该时期的特色提出说明,并列举该时期符节形制予以讨论。

---

① 罗振玉:《贞松堂集古遗文》卷十一,崇基书店 1968 年版,第 12 页,总第 897 页。容庚:"乘虎符",《海外吉金图录》(民国二十四年考古学社刊本影印),国风出版社 1978 年版,图一二七,第 269 页。中国社会科学院考古研究所编:《殷周金文集成》(修订增补本)第八册器号 12087,中华书局 2007 年版,第 6589 页。

（一）商周

商周有无符节的使用及制度，仅能依传世文献考论，以《周礼》考之，其中《司关》《掌节》二篇对用节之制所述较详①，如本书"绪论"曾引《周礼·地官·司徒第二·掌节》云：

> 掌节，掌守邦节而辨其用，以辅王命。守邦国者用玉节，守都鄙者用角节。凡邦国之使节，山国用虎节，土国用人节，泽国用龙节，皆金也，以英荡辅之。门关用符节，货贿用玺节，道路用旌节，皆有期以反节。凡通达于天下者必有节，以传辅之，无节者有几则不达。②

将上述引文做表格整理如下：

表 1 《周礼》所述符节分类表

			形　制　分　类		
			材质	形体	形制
应用场合	守域	守邦国	玉		
		守都鄙	角		
	国况	山国	金属	虎	
		土国		人	
		泽国		龙	
	场合	门关			符
		货贿			玺
		道路			旌

① 其他有提到"节"或"旌节"的篇章，有《乡大夫》《比长》《司救》《司市》《司险》《怀方氏》《布宪》《野庐氏》《修闾氏》《大行人》《小行人》《行夫》《环人》《掌交》。
② ［汉］郑玄注、［唐］贾公彦疏：《周礼注疏》卷15，艺文印书馆1979年版，第10—13页，总第230—232页。

《周礼》所述的各种节,从材质"玉""角""金"来说比较容易理解,但其外形无法得知,而以形制来看的"符""玺""旌",在本章第一节中已有简论。"符"当是剖半而用。"玺",《说文》:"王者之印也。"①则应为今之印章。"旌",《说文》:"游车载旌,析羽注旌首也。"②则为首有插羽饰的节。"符""玺""旌"随着形制的不同,应用于不同场合。至于不同方国所用的"虎""人""龙"三种外形不同的节,以传世的实物来看,确实有"虎""龙"两种器形的符节,所谓"人节"的实物则不得而知,但"虎节"是否用于山国,"龙节"是否用于泽国,目前则尚无更多证据佐证。

值得注意的是吴镇烽在其编著的《商周青铜器铭文暨图像集成》及《续编》《三编》收录了 7 件商代玺印,并将其归在"符节"类下③,应是将商代玺印认为是《周礼》中所说的"凡通货贿,以玺节出入之""货贿用玺节"的"玺节",但殷商时期的印章在使用上是否具有普遍性,以及使用的性质目前尚无更明确的实证④,因此暂不将商代玺印视为"玺节"收录在本书中讨论。

至于《周礼·典瑞》所提到的"牙璋以起军旅,以治兵守",⑤有学者认为是虎符之制的前身,用于传令调兵之信凭,但笔者认为牙璋的运用及性质应非符节,将于本章第三节"符节与牙璋的关系考

---

① [汉] 许慎著、[清] 段玉裁注:《新添古音说文解字注》,洪叶文化事业有限公司 2005 年版,第 694 页。
② [汉] 许慎著、[清] 段玉裁注:《新添古音说文解字注》,洪叶文化事业有限公司 2005 年版,第 312 页。
③ 三部书共收录了翼子玺、亚离示玺、刊旬抑埵玺、吾玺、爪玺、名玺、兽面纹玺共 7 件。
④ 何毓灵、岳占伟认为"我们认为虽然殷墟时期真正意义上的印章已产生,但这并不意味着殷墟时期已形成了后世的玺印制度。这时的印章,其主要功能还是与青铜器铭文类似,用以标识主人的私名或氏族。此时的印章也只是中国印章的起点与萌芽时期,其使用的范围还十分有限。""虽然殷墟时期出现并使用了印章,但殷墟时期印章并未广泛使用。更不能据此推测,在殷墟时期,国王和贵族已普遍使用了印章。"关于殷墟青铜印章的研究,参见何毓灵、岳占伟:《论殷墟出土的三枚青铜印章及相关问题》,《考古》2012 年第 12 期,第 70—77 页。
⑤ [汉] 郑玄注、[唐] 贾公彦疏:《周礼注疏》卷 20,艺文印书馆 1979 年版,第 22 页,总第 315 页。

论"予以详论,在此不多做说明。

(二) 春秋战国

春秋战国的符节有较多的实物传世,对战国时代制度、器样的考证帮助极大,加上当时六国异域、文字异形,铭文作为考论战国文字的材料,在符节制度的发展历程中,极具研究价值。而传世所见符节,及仅见著录之拓本图录,共可计一表如下:

表 2 春秋战国符节数量表

器　名	数　量	备　注
乘虎符	1	
王命虎节	2	
王命传遽虎节	1	
辟大夫虎节	1	
将军虎节	1	
节　节	1	仅见著录
鄝尿节	1	仅见著录
懯　节	1	应为伪器
齐大夫马节	1	
骑传马节	1	
亡纵熊符	1	仅见著录
陕者脂节	1	应为伪器
王命龙节	6	

器　　名	数　量	备　　注
雁　节	2	
鹰　节	2	
鄂君启车节	3	
鄂君启舟节	2	
合　计	28	

上述诸器详细的著录、相关研究文献及器物、铭文考释，将于下文第三章"先秦符节汇编校释"详论。而就目前所见的战国诸器以分域来看，楚器共有王命虎符、王命传遽虎节、王命龙节、鄂君启车节、鄂君启舟节，齐器共有乘虎符、节节、麔尿节、憨节、齐大夫马节、亡纵熊符、陕者旃节、辟大夫虎符、将军虎符，燕器共有雁节、鹰节、骑传马节，各国之器于形制及其铭文内容可谓丰富多样，但也因铭文文例精简，及战国文字号称"难读"，增加了通读理解铭文的难度。而关于符节之典籍记载，又可见于诸子之书，如上文所引《韩非子·主道第五》：

> 言已应则执其契，事已增则操其符。符契之所合，赏罚之所生也。

《墨子》《管子》书中又见以"符"为号令兵守之认证及信物，如《墨子·旗帜》：

> 巷术周道者，必为之门，门二人守之，非有信符，勿行，不

从令者斩。①

又《墨子·号令》：

> 吏从卒四人以上有分者，大将必与为信符，大将使人行，守操信符，信不合及号不相应者，伯长以上辄止之，以闻大将。当止不止及从吏卒纵之，皆斩。②

及《管子·君臣上》：

> 是故主画之，相守之；相画之，官守之；官画之，民役之。则又有符节、印玺、典法、策籍以相揆也。此明公道而灭奸伪之术也。③

由实物及传世文献考之，春秋战国此期符节之丰富，相较各期可说最为鼎盛者，亦不为过。

（三）秦

秦灭六国，复归天下于一统，符节的应用从秦代的传世实物来看，显得形制整齐，铭文亦谨饬划一，目前所见共有新郪虎符、杜虎符、阳陵虎符、栎阳虎符④四器，俱为虎符，采左右合符之式，铭文

---

① 吴毓江注：《墨子校注》，中华书局 1993 年版，第 904 页。
② 吴毓江注：《墨子校注》，中华书局 1993 年版，第 916 页。
③ 黎翔凤撰：《管子校注》，中华书局 2004 年版，第 553 页。
④ 另有被考辨为伪器的"东郡虎符"，本书则不列入汇编校释，相关的辨伪论证，可参见王辉：《周秦器铭考释（五篇）》，《考古与文物》1991 年第 6 期，第 75—81 页。王关成：《东郡虎符考》，《考古与文物》1995 年第 1 期，第 64—65 页。王关成：《再谈东郡虎符辨伪》，《考古与文物》1995 年第 2 期，第 60—62 页。陈昭容：《战国至秦的符节——以实物资料为主》，《"中研院"历史语言研究所集刊》第 66 本第一分，"中研院"历史语言研究所，1995 年 3 月，第 305—366 页。

之行款仅杜虎符采用虎身两侧横写，器形为站立虎形；其他三器皆为由虎首沿背脊至尾端的直行写法，器形为伏虎形。而铭文的文例可分为二式：

1. 新郪虎符、杜虎符

> 甲兵〔兵甲〕①之符，右才（在）王〔君〕②，左才（在）【地名】，凡兴士被（披）甲，用兵五十人以上，必会王符，乃敢行之。燔队（燧）事，虽母（毋）会符，行殹（也）。

2. 阳陵虎符、栎阳虎符

> 甲兵之符，右才（在）皇帝，左才（在）【地名】

阳陵虎符为伪器，其铭文应是仿自新郪虎符、杜虎符后进一步简化而成，栎阳虎符目前尚难定真伪，因此其铭文尚可视为秦代虎符铭文的一种简化形式。

从上述两类铭文的格式可以发现，秦代虎符用于军事兵权，右半保管于君王，左半则授予地方的将领，从"文例1"可以知道秦代军事制度之严及中央政府对地方军事的管控。但从两种不同的铭文格式来看，除了从铭文有繁简不同的写法来考虑，两种虎符应有权限上的差异，有层级之分。

再参看出土文献对秦代符节制度的记载：

《龙岗秦简》简二：

> 窦出入及母（无）符传而阑入门者，斩其男子左趾，□

---

① "杜虎符"作"兵甲"。
② "杜虎符"作"君"。

女【子】□①

《龙岗秦简》简五：

关。关合符，及以传书阅入之，及记□佩（佩）入司马门久②

上引《龙岗秦简》简二所言"符传"，不一定只指具合符性质的"符"，但作为信凭之用，且不守规定即受斩趾严惩，从简文可得知。而简五所述，即是记载出入关卡以合符的规定。

（四）汉代

汉代符节以虎符最为多见，而铭文文例与器物形制如承秦代一般，趋于统一工整，主要为虎形，仅在雕刻纹饰上略有小异，因铭文书之以汉隶，故释读上并无困难，而铭文文例可分为两类：

1. 侯爵用：

与【爵位名】为虎符第【数字】（铭刻于虎符左旁或右旁腹侧）

例如安国侯虎符及临袁侯虎符的铭文：

与安国侯为虎符第三
与临袁侯为虎符第二

2. 郡守用：

与【郡守名】为虎符（铭刻于虎符背脊上）

---

① 中国文物研究所、湖北省文物考古研究所编：《龙岗秦简》，中华书局 2001 年版，第 69 页。
② 中国文物研究所、湖北省文物考古研究所编：《龙岗秦简》，中华书局 2001 年版，第 71 页。

【郡守名】【左或右】第【数字】（铭刻于虎符左旁或右旁腹侧）

例如东莱太守虎符及桂阳太守虎符的铭文：

> 与东莱太守为虎符
>
> 东莱左一
>
> 与桂阳太守为虎符
>
> 桂阳右一

由上可知，由秦入汉，在符节的制度上，显得完备而于史有证，而传世典籍对于汉代符节的记载如《史记·孝文本纪》：

> 九月，初与郡国守相为铜虎符、竹使符。①

上述引文所述"初与郡国守相为铜虎符、竹使符"，其中"初与"一词是否表示汉开国直至文帝始行授予"虎符"和"竹使符"，用于君王与诸侯郡国信凭的证物？《汉书·高帝本纪》中说：

> 初，高祖不修文学，而性明达，好谋，能听，自监门戍卒，见之如旧。初顺民心做三章之约。天下既定，命萧何次律令，韩信申军法，张苍定章程，叔孙通制礼仪，陆贾造新语。又与功臣剖符作誓，丹书铁契，金匮石室，藏之宗庙。虽日不暇给，规摹弘远矣。②

高祖于初定天下之际即与功臣"剖符做誓"，虽然没有载明是否与

---

① ［汉］班固撰、［唐］颜师古注：《汉书·景十三三传》卷五三，中华书局 1964 年版，第 2410 页。

② ［汉］班固：《汉书》，中华书局 1964 年版，第 80—81 页。

各诸侯守相皆剖符为信，但由此看来，汉代与诸侯剖符以为信凭，应非于文帝之朝初见，因此笔者认为"初与"应指文帝即位之时，初次重新制发虎符、使符给郡国之守相，故言"初与"。

另又可参《史记》的《世家》《列传》篇章中常见与诸侯或功臣"剖符，世世勿绝"之语①，足见汉代自立国之初，即不乏剖符为信之制，而通行于汉世。

要特别说明的是，本书虽以战国至秦代所见的先秦符节为核心研究材料，但1983年出土于广州象冈山西汉南越王墓的"王命车驲虎节"，因其形制、铭文不类汉代制度，再加上南越地近战国时楚地，故王命车驲虎节的形制与铭文文例似楚器王命虎符，有楚地遗风，故《西汉南越王墓》云："这枚虎节的造型与上引楚虎节相同，应是南越王国仿楚器铸制，但不排除原属楚器因故流入岭南者。"②而李家浩认为"车驲虎节与传赁虎节形态相同，铭文格式相同，文字风格相同，显然是同一个国家，同一个时期铸造的"，为战国中期楚国所铸造的；并举出时代用字习惯的问题，认为虎节为战国楚器。③ 因此，本书亦将王命车驲虎节纳入第三章"先秦符节汇编校释"予以详论。

（五）汉代以下

汉代以下延续至魏晋、隋唐，由唐而至宋、元、明、清，因历时既久，又并非本书所考论的焦点，此处仅就创新或异于前代的形制做

---

① 如《陈丞相世家》："还至雒阳，赦信以为淮阴侯，而与功臣剖符定封。"《绛侯周勃世家》："赐爵列侯，剖符世世勿绝。食绛八千一百八十户，号绛侯。"《黥布列传》："布遂剖符为淮南王，都六，九江、庐江、衡山、豫章郡皆属布。"《韩信卢绾列传》："三年，汉王出荥阳，韩王信、周苛等守荥阳。及楚败荥阳，信降楚，已而得亡，复归汉，汉复立以为韩王，竟从击破项籍，天下定。五年春，遂与剖符为韩王，王颍川。"
② 参见广州市文物管理委员会、中国社会科学院考古研究所：《西汉南越王墓》上册，文物出版社1992年版，第315—316页。
③ 李家浩：《南越王墓车驲虎节铭文考释——战国符节铭文研究之四》，《容庚先生百年诞辰纪念文集》（古文字研究专号），广东人民出版社1998年版，第667—670页。

概论,不对各朝代进行详论。时至隋唐,除了虎符形制与汉代相类,功用亦为授予守将、地方官府所用,但又另有创新之制,如"鱼符""龟符"等制,清人瞿中溶言:"而考鱼符之制,实起于隋。"①而在鱼符实行之际,虎符同样并行使用,著录亦可见隋唐有虎符、鱼符,故瞿中溶言:"盖铜鱼符乃佩符,亦即符传,而唐鱼符文所谓传佩者是也,其起军旅则仍用铜虎符耳,故《北史》并不言改虎符为鱼符。"至于唐又有龟符,其作用与用于传佩之鱼符相同,应非用于军旅。

第三节　符节与牙璋的关系考论

上文讨论到关于商周时期的符节制度,提到牙璋与符节的关系,至于两者间的关系,一说认为牙璋之制为虎符的前身,用于军事信凭;一说认为牙璋与军事用途无关,应是祭祀或信仰用途。因为此处牵涉到符节之器制的起源和发展历程的问题,有必要说明其原委。

一、牙璋概述

关于牙璋之记载,见于《周礼·春官·宗伯第三·典瑞》云:

> 圭璧,以祀日月星辰。璋邸射,以祀山川,以造赠宾客。土圭以致四时日月,封国则以土地。珍圭以征守,以恤凶荒。牙璋以起军旅,以治兵守。璧羡以起度。②

---

① 清人瞿中溶所撰《集古虎符鱼符考》,对于魏晋隋唐虎符、鱼符的制度考论甚精,共录《鱼符》六器、汉《虎符》十一器,但有二器仅见考证而无图录:隋虎符一器、唐龟符一器,可参。见《续修四库全书·子部·谱录类》第一一〇九册,上海古籍出版社2002年版,总第521—536页。上引瞿氏之文俱出于此,不另加注。

② [汉]郑玄注、[唐]贾公彦疏:《周礼注疏》卷20,艺文印书馆1979年版,第22页,总第315页。

又《周礼·冬官·考工记第六·玉人》：

> 琰圭璋八寸，璧琮八寸，以眺、聘。牙璋、中璋七寸，射二
> 寸，厚寸，以起军旅，以治兵守。①

从《周礼》的描述来看，牙璋的作用是"以起军旅，以治兵守"，而《典瑞》条下郑玄注引郑司农云：

> 牙璋琰以为牙，牙齿兵象，故以牙璋发兵，若今时以铜虎
> 符发兵。

郑玄注：

> 牙璋亦王使之瑞节，兵守，用兵所守，若齐人戍遂，诸侯
> 戍周。②

可见从汉人起，批注"牙璋"一词，就可认为牙璋用于兵守、发兵，作用和汉代的虎符有点类似，故后世学者除了参照《周礼》所述，郑众、郑玄的批注也将牙璋释为兵守、发兵之器。

　　而清人吴大澂于其《古玉图考》③根据《周礼·冬官·考工记第六·玉人》所述"牙璋、中璋七寸，射二寸，厚寸"，及本条经文下郑玄注："二璋皆有锄牙之饰于琰侧，先言牙璋有文饰也。"将所藏古玉做下述图形者命为牙璋：

---

① ［汉］郑玄注、［唐］贾公彦疏：《周礼注疏》卷 41，艺文印书馆 1979 年版，第 6 页，总第 633 页。
② ［汉］郑玄注、［唐］贾公彦疏：《周礼注疏》卷 20，艺文印书馆 1979 年版，第 22 页，总第 315 页。
③ ［清］吴大澂：《古玉图考》，上海同文书局清光绪十五年石印本。

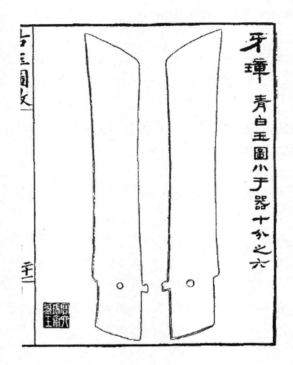

吴大澂并言:"首似刀而两旁无刃,世俗以为玉刀误矣。圭璋左右皆正直,此独有旁出之牙,故曰牙璋。"[1]随着近年考古出土文物的发现,一些古玉器形似《周礼》及郑注所说的"牙璋、中璋七寸,射二寸,厚寸","二璋皆有锄牙之饰于琰侧,先言牙璋有文饰也",且与吴大澂所描绘的外形相类,故如郑新来、冯汉骥、戴应新、李学勤[2]等诸位先生都将考古挖掘中相似的古玉(见下图)命名为"牙璋",是可信的。

---

[1] [清] 吴大澂:《古玉图考》,上海同文书局清光绪十五年石印本,第 21 页左。
[2] 郑来新:《郑州二里岗发现的商代玉璋》,《文物》1966 年第 1 期;冯汉骥:《记广汉出土的玉器》,《文物》1979 年第 2 期;戴应新:《神木石峁龙山文化玉器》,《考古与文物》1988 年第 5、6 期合刊;李学勤:《论香港大湾所出牙璋及有关问题》,《南方文物》1992 年第 1 期,第 18、25—29 页。

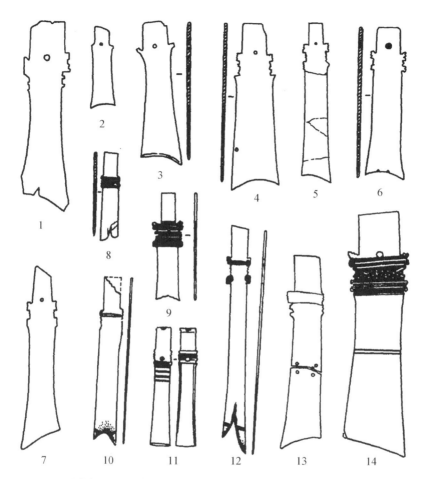

1. 石峁出土　2. 大范庄出土　3. 司马台出土　4～6. 二里头出土
8～12. 三星堆出土　13. 大湾出土　14. 大路陈村出土

引自杨亚长：《浅论牙璋》，《文博》2001 年第 4 期，第 48 页。

二、牙璋是否作为符节使用

上述诸位学者将玉器命为牙璋，但对于其功用之解释仍有不同，如冯汉骥认为：

牙璋是与军旅有关的,其作用与后代的虎符相似,之所以名为牙璋,是因为牙含有尖锐、攻击、示威的意义。一般的璋的射部,本来是一侧垂直,一侧斜上,有如半圭,而广汉这三件璋,其射部刿出叉形,中间开刃,它的形状正像牙齿,而且直伸向前,攻击威胁之意十分明显。①

则是按汉代旧说及记载,将牙璋视为虎符一类兵符信凭的前身。

戴应新则认为:

牙璋盖源自农耕工具耒耜,是仿耒耜的形状而做的瑞玉,其理甚明,也是古人重农思想的反映。

又:

牙璋既源于农具耒耜,则其用途正如戈钺类武器形状的瑞玉与军旅有关一样,它必然与农事有关。我以为是用做祈年的礼器,而且其齿牙还很像破土而出的禾稼的嫩芽,植物的根须又何其相似。②

戴应新认为牙璋仿耒耜农器之形,又有禾稼嫩芽之形隐含其中,笔者认为此说可备一说,但目前尚无更多证据。但关于"做祈年的礼器"之说,则有其可能。

而杨亚长提出三点论证,认为"由牙璋的形制及出土情况均不能证明其与军事有某种联系",他提出下述三点:

第一,由于牙璋一般器身窄长而且扁薄,稍加着力即有可

---

① 冯汉骥、童恩正:《记广汉出土的玉器》,《文物》1979年第2期,第33页。
② 戴应新:《神木石峁龙山文化》,《考古与文物》1988年第5、6期合刊。

能折断。此外,有些牙璋不仅刃部鲁钝(如石峁 SSY10、13、15
号牙璋),有的甚至不开刃(如石峁 SSY18 号牙璋),说明牙璋
不是实用的生产工具和兵器。再以出土情况来看,目前凡有
明确出土层位的牙璋全部都发现于墓葬和祭祀坑中(如二里
头、大路陈村、大湾、三星堆等),因此我们认为牙璋应是与某
种宗教祭祀活动有关的。

　　第二,牙璋亦不类似于虎符,因为虎符需剖为两半,右半
在君,领虎符将帅执其左半,有事调军时两相对合以为凭信;
而牙璋则自成整体,独立存在,显然不能起到与虎符相似的
作用。

　　第三,如果说牙璋与军事有关也与出土情况不符。例如,
神木石峁龙山文化的聚落规模不大,而该地却集中出土有四
十多件牙璋(出土之后散失以及尚未发现者还不计在内),因
此人们不能不怀疑当时总有那么多的"兵旅"需要调查。①

　上文杨亚长所述,第一、三点的讨论可信,由考古发掘
的实际发现来论证,第二点并非牙璋与虎符功用无涉的必然原因,
牙璋虽非如虎符以剖半合符为外形,但若真为军旅所用,也有作为
信凭而无合符性质的可能,但杨亚长的论证及意见,仍极具参考
价值。

　　笔者认为牙璋与军事信凭的制度并无明显的关联,而牙璋的
作用可能与宗教祭祀活动有关的说法,显然是较为可信的。

---

① 　杨亚长:《浅论牙璋》,《文博》2001 年 4 期,第 47 页。

第三章　先秦符节汇编校释

　　本章的研究核心在于对先秦符节进行全面整体的研究,因此对目前所能见到的先秦符节各类相关信息加以汇编,并对铭文通读校释。本章所收录的每一个符节器,都包括器号、器名、器形及说明、出土地、典藏地、著录、释文、注释、断代及国别、相关研究文献等部分对各器加以校释。以下对各部分加以说明,以为本章之凡例:

　　【器号】本书对于符节器物排序的序号。

　　【器名】依本书所考释的成果对器物定名。

　　【器形及说明】择取各著录中最为清晰、精良的拓本或摹本展示其器形,并于器形图片下对器物外形、构造、载录铭文字数加以描述说明。

　　【出土地】记录器物的出土地点,若为传世器物则不详述。

　　【典藏地】说明器物的收藏、流传情况,如曾经经手收藏的人名及现今器物的典藏地点,若器物已亡佚,则以"不详"述之。

　　【著录】记录曾经著录器物的金文著录图书、图录及研究文献中关于器形、铭文的记载加以统整,以明器物流传的情况,便于检索及查找信息。

　　【释文】将铭文以严式隶定书写,并以()表示通读字,以□表示缺字、补字。若铭文有分行分段的情况,则以原铭文之分行、分段、字数书写,再另列出全文通读。

【注释】对铭文需要考释的字予以注释，以○加上数字标注于【释文】旁。

【断代及国别】说明器物的时代及国别。

【相关研究文献】罗列出与器物直接相关或间接相关的研究文献资料。

【备注】与器物研究有关的备注说明。

第一节　节　　节

【器号】1

【器名】节节

【器形及说明】

引自刘体智：“节节”，《小校经阁金石文字》卷九，第 105 页。

器形呈长条形，铭文仅一字可识。

【出土地】

不详。

【典藏地】

邹安旧藏,《周金文存》拓本云:"己未四月得。"① 今不详其所在。

【著录】

《集成》器号	12086
著　　录	邹安:"节",《周金文存》卷六下,1916 年,第 129 页右
	刘体智:"节节",《小校经阁金石文字》,1935 年,卷九,第 105 页
	中国社会科学院考古研究所编:《殷周金文集成》,第十八册,中华书局 1994 年版,器号 12086,第 341 页
	吴镇烽:《商周青铜器铭文暨图像集成》,上海古籍出版社 2012 年版,器号 19151,第 525 页

【释文】

□节[1]

【注释】

〔1〕器形拓本为长条形,详细的器形不可得知,铭文可辨仅一"节"字,为铭文最末字,其前应有字磨灭不可识。考察铭文"节"字的写法,有助于器物国别的辨识,下表列出各分域的"节"字写法:

---

① 〔清〕邹安:"节",《周金文存》卷六下,国风出版社 1978 年版,第 129 页。

表3　"节"字形表

字形					
出处	鄂君启车节,《集成》卷十八,器号12112	《郭店·成之闻之》26	《上博(一)·性情论》12	《上博(四)·曹沫之陈》44	《上博(五)·姑成家父》6
分域	楚系				

字形					
出处	中山王礜方壶,《集成》卷十五,器号9735	陈纯釜,《集成》卷十六,器号10371	子禾子釜,《集成》卷十六,器号10374	《中国货币大辞典·先秦编》394	《齐币图释》58
分域	三晋系(中山国)	齐系			

从上表不同分域间的写法可见本器的"节"字与齐国量器子禾子釜的"节"字相近,但值得注意的是,齐系"节"字常见做 ，两个偏旁有横笔相连,如上举陈纯釜及齐系货币的例子,是与各系"节"字间最明显的差异。子禾子釜不见横笔相连,也可能是搨印漏失造成的。何琳仪也认为包括"节节"在内的九件符节铭文据文字风格可定为齐器。[①] 但因铭文仅一节字可识,故铭文文意不可知。

【断代及国别】

战国齐器。

---

① 何琳仪共列举"节节""乘虎符""麠殿""犹节""马节""熊节""柘岏者节""辟大夫虎节""贵将军虎节"九件符节器为齐器(器名从何琳仪所述原文)。见何琳仪:《战国文字通论(订补)》,江苏教育出版社2003年版,第87页。

【相关研究文献】

未见专文论著。

第二节 戁 节

【器号】2

【器名】戁节

【器形及说明】

引自中国社会科学院考古研究所编：《殷周金文集成》（修订增补本）第八册，中华书局 2007 年版，器号 12089，第 6589 页。

尚未见原器图版著录，因此器形全貌并未得见。但以拓本观之，原器形应为长方体，上有铭文两字，两字间有一圆穿孔，可能用于系绳佩戴。器形不明确，待考。

【出土地】

不详。

【典藏地】

方若旧藏，现藏于中国国家博物馆①。

---

① 中国社会科学院考古研究所编：《殷周金文集成》（修订增补本）第八册，中华书局 2007 年版，第 6650 页。

【著录】

《集成》器号	12089
著　　录	中国社会科学院考古研究所编：《殷周金文集成》第十八册，中华书局 1994 年版，器号 12089，第 342 页
	吴镇烽：《商周青铜器铭文暨图像集成》，上海古籍出版社 2012 年版，器号 19152，第 526 页

【释文】

㹬节[1]

【注释】

〔1〕㹬节拓本呈长方形，原器器形未见。铭文共计有两字，两字中间有■■形，应是原器上的圆孔，可用于结绳，将节系于身上携带。文字虽仅有两字，但从文字风格写法来看，可推定为齐器。先从■■的写法来看（为行文方便，下文以 A 代替），上从"犹"，而"犹"字的写法各分域有其差异，列表于下：

表 4　"犹"字形表

字形	■	■	■	■	
出处	《郭店·老子甲》8	《郭店·老子丙》2	《上博（一）·孔子诗论》21	《郭店·性自命出》7	
分域	楚系				

字形	■	■	■	■	■
出处	侯马三·一七	中山王𰎛鼎，《集成》卷五，器号 2840	《古玺汇编》1827	《古玺汇编》3143	陈纯釜，《集成》卷十六，器号 10371
分域	三晋系				齐系

从上表可知各系"犹"字写法的差异主要在于"犬"旁的不同，A 所从的"犬"旁 与陈纯釜的"犬"旁写法 完全相同，可知 A 字确带有齐系文字的写法特色。至于其下所从的偏旁并不是很清楚，《〈殷周金文集成〉释文》将字释为"懒（悄）"①，则是将其下所从释为"心"，考察各系文字中偏旁"心"的写法：

表 5   "心"字形表

字形				忌	忘
偏旁					
出处	包山 218	《郭店·五行》10	鑰镈，《集成》卷一，器号 0271	鼄公华钟，《集成》卷一，器号 0245	十四年陈侯午敦，《集成》卷九，器号 4646
分域	楚系		齐系		

字形			思	息
偏旁				
出处	侯马三：六	温县 WT1 K1：3417	《古玺汇编》3770	《陶文图录》4.57 - 1
分域	三晋系		燕系	

考察上表，各系"心"字的写法并无显著的差异，而齐系的写法则有在框内加一小点的写法如 、。A 字下部所从的偏旁做 ，

---

① 中国社会科学院考古研究所编：《殷周金文集成》（修订增补本）第八册，中华书局 2007 年版，第 6589 页。

其中外框较长的一笔由右向左延伸,考察各系写法外框较长的一笔,皆以由左向右延伸为主,而在齐系文字中也见外框较长的一笔由右向左延伸的写法:

字形	切	志	慈	悉
偏旁				
出处	《陶文图录》3.265.1	《陶文图录》2.17.1	《陶文图录》3.434.1	滕之不悉剑,《集成》卷十八,器号 11608

则笔者认为 A 字所从应为"心",字形当隶定为"慈"。

其次,则是"节"字的写法,上文曾在"节节"的讨论中谈到"节"字的写法,慈节的写法与齐系常见的"两个偏旁有横笔相连做"相符,通过上述两字的考察,可知应为齐国器。

而慈节整体的器形从拓本来看,是无法确认的,拓本仅为器形的一部分,铭文文意待考。

【断代及国别】

战国齐器。

【相关研究文献】

尚未见专文著录。

第三节　齐大夫马节

【器号】3

【器名】齐大夫马节

【器形及说明】

引自中国社会科学院考古研究所编：《殷周金文集成》（修订增补本）第八册，器号
12090，中华书局 2007 年版，第 6590 页。（上图左）

吴镇烽：《商周青铜器铭文暨图像集成》载录器物原图（上图右），文字释读同《殷周金文集成释文》。①

器型似为马形，根据拓本器物一面有浮雕的装饰和铭文，并有一处圆孔。另一面有两处榫头痕迹，或疑可以与现存的器物接合的另一半器物已丢失。

【出土地】

不详。

【典藏地】

《增订历代符牌图录》言上虞罗氏藏。此器罗振玉旧藏，现藏于中国社会科学院考古研究所。②

【著录】

《集成》器号	12090
著 录	罗振玉："齐夫夫牛节"，《增订历代符牌图录》图录上，1925年，第 2 页右上

① 吴镇烽编著：《商周青铜器铭文暨图像集成·第八册》，上海古籍出版社 2012 年版，第 529 页。
② 罗振玉：《增订历代符牌图录·图目》，收入《罗雪堂先生全集》七编第二册，据乙丑冬东方学会影印，大通书局 1976 年版，第 1 页，总第 449 页。中国社会科学院考古研究所编：《殷周金文集成》（修订增补本）第八册，中华书局 2007 年版，第 6650 页。

续　表

著　录	罗振玉："马节"，《贞松堂吉金图》，1935 年，卷中，第 45 页
	罗振玉："齐马节"，《三代吉金文存》卷十八，1937 年，第 31 页左，上
	严一萍编："齐马节"，《金文总集》，艺文印书馆 1983 年版，器号 7891，第 4590 页
	中国社会科学院考古研究所编：《殷周金文集成》，第十八册，中华书局 1994 年版，器号 12090，第 343 页
	山东博物馆："齐马节"，《山东金文集成》下册，齐鲁书社 2007 年版，第 919 页
	吴镇烽：《商周青铜器铭文暨图像集成》，上海古籍出版社 2012 年版，器号 19156，第 529 页

【释文】

齐[1]节夫＝（大夫）（右行）

遂[2]五夌（乘）[3]（左行）

齐节。大夫遂五乘。[4]（通读）

【注释】

〔1〕

　　罗振玉、《〈殷周金文集成〉释文》、何琳仪三家释为"齐"①，孙刚释为待考字存疑。② 铭文字形不清晰，对比古文字中"齐"的写法，及器物的原图照片，释为"齐"字应无误，试将字形罗列如下：

---

① 　罗振玉：《三代吉金文存》卷十八，第 31 页。中国社会科学院考古研究所编：《〈殷周金文集成〉释文》，香港中文大学出版社 2001 年版，第 769 页。何琳仪：《战国文字通论（订补）》，江苏教育出版社 2003 年版，第 87 页。
② 　孙刚：《齐文字编》，福建人民出版社 2010 年版，第 145 页。

表6 "齐"字形表

字形					
出处	《合》36821	《合》18692	《郭店·缁衣·二四》	《上博(一)·纺衣·十九》	《新蔡·甲三·二七二》
分域	甲骨		楚系		

字形				
出处	鼄羌钟,《集成》卷一,器号157	齐太宰归父盘,《集成》卷十六,器号10151	齐陈曼簠,《集成》卷九,器号4596	鲁司徒仲齐盘,《集成》卷十六,器号10116
分域	三晋系	齐系		

字形	郜	郜
偏旁		
出处	《古玺汇编》1598	《古玺汇编》1599
分域	燕系	

若〔图〕为"齐"字,应会接近上表齐太宰归父盘的写法,中间竖笔长于左右两笔,但铭文三画竖笔头部的尖端(也就是《说文》所说"禾麦吐穗上平也"所形容的"禾麦吐穗")虽不清晰,今仍暂释为"齐"。

〔2〕字形不清晰,〔图〕,《〈殷周金文集成〉释文》释为"㱃"或"戾""㱃"[1],则是将铭文认定为〔图〕形,将左半部释为"尸"旁,或疑下方

---

[1] 中国社会科学院考古研究所编:《〈殷周金文集成〉释文》,香港中文大学出版社2001年版,第769页。

有两横笔,故又释为"尸"。但此字为误释,因未将字形上部纳入铭文的一部分,所以将左旁误释为"尸"旁,将右旁释为"欠"。铭文应为 形,何琳仪释字为"遂"。① 孙刚将字列入附录,并疑读为"御"。②

"遂"字小篆为 ,《说文》古文为 ,古文字中,"遂"字比较少见,大盂鼎 (《集成》2837)、齡铙 (《集成》271.2)铭文虽然较不清晰,但左下的"辵"旁还可以看到,将铭文重新描摹为 。笔者认为应从何琳仪所释,将字形释为"遂"。

〔3〕字形为 ,与 (《陶文图录》2.404.4)、(《陶文图录》2.475.2)写法相合,释为"乘"字无疑,也是齐系文字的特色写法。

〔4〕铭文释文可通读为"齐节。大夫遂。五乘"。首两字"齐节","齐"所指有两种可能的意义:一为器物持有者之名;二为国别之名。笔者认为应是国别之名,换言之即表述为"齐国的节"。参考目前所见的符节器,如鄂君启节铭文就记载了"为鄂君启之府赋铸金节",将节的持有者载明于器物上也有其依据。而铭文若解释为自称国别之名,则需要考虑符节器有无跨国别使用的可能性,但如鄂君启节所记载的贸易路线,都是在楚国境内,虽然仅就齐大夫马节的铭文与鄂君启节相较,在记载的详细度跟体例上都有差距,虽然至今仍未见符节器有跨国使用的详细记载,但仍可相互参照。

笔者认为"齐节"二字是对国别的自称,从符节可以用于通关货贿来看,跨国使用的可能应是存在的,值得注意的是对于"大夫遂。五乘"的理解,"遂"有"行""进"之意,如《国语·晋语二》:"夫二国士之所图,无不遂也。"韦昭注:"遂,行也。"《易·大壮》:"羝羊触藩,不能退,不能遂,无攸利,艰则吉。"虞翻曰:"遂,进也。"因此"大夫遂"即"大夫出行"之意,"五乘"则是对出行车骑的数量给予明确的限制。从器物整体及铭文内容考虑,此器物可能是用于通关运输,因此对车乘的数量有所规范,在鄂君启节中有提到运输数

---

① 　何琳仪:《战国文字通论(订补)》,江苏教育出版社 2003 年版,第 87 页。
② 　孙刚:《齐文字编》,福建人民出版社 2010 年版,第 414 页。

量的上限规范,如"车五十乘,戴(岁)罷(一)返",即楚王给予鄂君启的贸易总额限制。虽然目前仍未在其他器物及古书文献找到明确关于通关车乘限制的记载,但从马节的铭文看来,或可作为补充此一缺漏的例子。此外,器物为马形,而马形应与马匹用以传递、运送的意义有关。

【断代及国别】

战国齐器。

【相关研究文献】

未见专文著录。

第四节 骑 传 马 节

【器号】4

【器名】骑传马节

【器形及说明】

引自中国社会科学院考古研究所编:《殷周金文集成》(修订增补本)第八册,中华书局 2007 年版,器号 12091,第 6590 页。

器型为马形,拓本器物的一面有马形的浮雕纹路还有铭文,马的躯体上有圆孔,尾部亦为圆孔形。另一面有三处卯眼痕迹,或疑可以与现存的器物接合的另一半器物已丢失。

【出土地】

不详。

【典藏地】

《衡斋金石识小录》言南皮张氏旧藏,《周金文存》言江宁胡𦥑（彝）藏。后归故宫博物院,现藏于中国国家博物馆。①

【著录】

《集成》器号	12091
著　　录	邹安:"马符",《周金文存》,1916 年,卷六下,第 127 页右
	罗振玉:"骑□马节",《增订历代符牌图录》图录上,1925 年,第 1 页左下
	黄濬:"骑𧽼马节",《衡斋金石识小录》上卷,1935 年,第 25 页
	罗振玉:"骑□马节",《三代吉金文存》卷十八,1937 年,第 31 页右,左上
	严一萍编:"骑𧽼马节",《金文总集》,艺文印书馆 1983 年版,器号 7888,第 4589 页
	中国社会科学院考古研究所编:《殷周金文集成》,第十八册,中华书局 1994 年版,器号 12091,第 343 页
	吴镇烽:《商周青铜器铭文暨图像集成》,上海古籍出版社 2012 年版,器号 19153,第 526 页

【释文】

骑遽（传）比屎（邮）[1]

【注释】

[1] 铭文共有四字,字形都很清晰,何琳仪、吴振武均有专文

---

① 黄濬:《衡斋金石识小录》,第 2 页,收入《石刻史料新编》第三辑第四十册,新文丰出版公司 1986 年版,总第 490 页。邹安:《周金文存》(1921)卷六,国风出版社 1978 年版,第 127 页。中国社会科学院考古研究所编:《殷周金文集成》(修订增补本)第八册,中华书局 2007 年版,第 6650 页。

对"马节"做讨论,都言据铭文的分域特征可知为燕国之器。① 以下则逐字析论。

1.

字形左从"马"、右从"奇",可知为"骑"字无疑,唯偏旁"马"的写法可推论马节的国别特征,现将古文字中"马"的写法罗列如下:

表7 "马"字形表

字形							
出处	《合》7350正	《合》27882	宅簋	九年卫鼎	包山二·二二	新蔡甲三·三一六	曾侯乙一二八
分域	甲骨		金文		楚系		

字形						
出处	侯马一八五:九	《古玺汇编》2757	《中国货币大辞典·先秦编》,第299页	邾大司马戈,《集成》卷十七,器号11206	《古玺汇编》5542	《陶文图录》2.352.2
分域	三晋系			齐系		

字形			
出处	郾侯载簋,《集成》卷十六,器号10583	《古玺汇编》50	《古玺汇编》54
分域	燕系		

---

① 何琳仪:《战国文字通论(订补)》,江苏教育出版社2003年版,第102页。吴振武:《燕马节补考——兼释战国时代的"射"字》,《中国古文字研究会第八届年会论文》,江苏太仓,1990年11月,第1页。

"马"的写法构形自逐渐简化的甲骨文象形,各分域的写法虽各有差异,但代表马特征的头部及鬃毛都保留了下来,而铭文左旁为 ,字形呈三角形,下方有两笔代表省形的符号"＝"①,与上表《古玺汇编》2757(三晋系)、《古玺汇编》55(燕系)的写法比较接近,虽然写做三角形的写法是齐系"马"字所常见的,但无法完全由偏旁"马"的写法断为燕器,马节的国别特征仍须根据其他铭文综合讨论。

2.

唐兰隶定"尃"当即"遵",亦即"传"。② 谨按,唐兰释为"传"甚是,但误将下一字 认为是偏旁,吴振武指出其误,详细的讨论参见下文。上文于王命龙节曾讨论过"遬"的写法及读法,而"遬"应是仅见于楚系文字的写法,用做"传"字。楚玺又有 《古玺汇编》0203),《古玺汇编》释为"遱",读"传"。另外齐陶文有 《陶文图录》2.406.4),《齐文字编》隶定为"遵"③,可从,在陶文中也应是读为"传"的。

3.

为方便讨论,先制一字形表如下:

字形		
代号	甲	乙

唐兰于上一字隶定为"尃",则以"甲"为"廾"(即"収"),认为是"乙"所从的偏旁之一④,吴振武指出其误,认为"甲"绝非"収"字,亦非"乙"的偏旁之一⑤。按,吴说为确,"廾"甲骨文为 《合》97

---

① 何琳仪:《战国文字通论》(订补),江苏教育出版社 2003 年版,第 253 页。
② 唐兰:《王命传考》,北京大学《国学季刊》6 卷 4 号,1946 年,第 72 页。
③ 孙刚:《齐文字编》,福建人民出版社 2010 年版,第 45 页。
④ 唐兰:《王命传考》,北京大学《国学季刊》6 卷 4 号,1946 年,第 72 页。
⑤ 吴振武:《燕马节补考——兼释战国时代的"射"字》,《中国古文字研究会第八届年会论文》,江苏太仓,1990 年 11 月,第 1 页。

正），小篆为，与"甲"字形相去甚远，且"甲"字应独立为一字。吴振武认为"甲"字应释为"比"，兹录其说如下：

《说文》说"反从为比"，在一定程度上反映了"比"字演变的趋势。在战国文字资料中，"从"字所从的"从"往往是：

《金文编》578 页（1985 年版，下同）

《古玺文编》213 页

如将他们反过来写，即跟此字非常接近。此外，战国玺印中含有"人"形的"身"和"厂"或是：

《古玺文编》216 页

同上 190—203 页

其"人"形的写法也可证明此字应释为"比"。燕襄安君釳"釳"字所从之"比"是：

《三代吉金文存》18·15·1

亦可资比较（竖画出头当是刻画不慎所致）。①

谨按：吴振武之说可从，则是燕系"比"字的写法，可以和马节字对比。燕襄安君釳铭文原字是：

（《集成》器号 9606，名为缴宎君扁壶）

从铭文的刻画字迹来看，字形中间的"金"旁左上少了一笔撇画，及左旁的有歧出的笔画，可知铭文在刻画上并不精细，则吴振武所提到的"竖画出头当是刻画不慎所致"甚确。

4.

为方便讨论，先制一字形表如下：

---

① 吴振武：《燕马节补考——兼释战国时代的"射"字》，《中国古文字研究会第八届年会论文》，江苏太仓，1990 年 11 月，第 1—2 页。

字形				
出处	骑传马节	字偏旁	鹰节	鹰节
代号	A	B	C	D

　　唐兰释为"庆"，以为"庆"当是候馆，而释为"庆"即"侯"①，吴振武提出驳议，认为其字应从"弓"从"矢"，释为"弥"，读做"驿"。②李家浩则隶定为"吳"，读为"邮"。③

　　首先讨论吴振武的意见，战国文字中"弓"如下表：

表8　"弓"字形表

字形				弧	强	强
偏旁						
出处	包山 260	曾侯乙 33	《古玺汇编》3139	侯马一七九：五	侯马一四九：一二	《古玺汇编》0079
分域		楚系			三晋系	

字形	弛	弭	弦	张	弭	弻
偏旁						

① 唐兰：《王命传考》，北京大学《国学季刊》6 卷 4 号，1946 年，第 72 页。
② 吴振武：《燕马节补考——兼释战国时代的"射"字》，《中国古文字研究会第八届年会论文》，江苏太仓，1990 年 11 月，第 2 页。
③ 李家浩：《传遽鹰节铭文考释——战国符节铭文研究之二》，《海上论丛》第二辑，1998 年，第 18—21 页。

出处	《陶文图录》2.243.1	《古玺汇编》0336	鄘叔之仲子平钟，《集成》卷一，器号174	《古玺汇编》3349	《古玺汇编》2749	《古玺汇编》3248
分域	齐系			燕系		

考察上表各分域"弓"字的写法，可理一表如下：

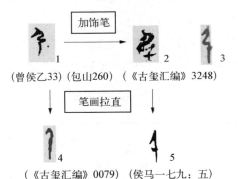

（曾侯乙33）（包山260）　（《古玺汇编》3248）

（《古玺汇编》0079）（侯马一七九：五）

上表各字形之间不一定存在着演变上的先后关系，但1应是"弓"的标准写法，2、3在竖画线条上加饰笔和点饰也是战国文字常见的现象，而其中（《古玺汇编》0079）将曲笔拉直，写法则与马节 相近，故吴振武释 为"弓"。至于释为"矢"之说，对比古文字中"矢"的几个写法：

表9　"矢"字形表

字形				侯	侯
偏旁					
出处	曾侯乙65	《上博（一）·孔子诗论》22	《上博（二）·容成氏》2	侯马二〇〇：二五	春成侯壶，《集成》卷十五，器号9616
分域	楚系			三晋系	

续　表

字形	▢侯	▢侯	▢侯	▢疾	▢侯
偏旁	▢	▢	▢	▢	▢
出处	十四年陈侯午敦,《集成》卷九,器号4646	鄘侯少子簋,《集成》卷八,器号4152	郾侯职戈,《集成》卷十七,器号11223	《古玺汇编》2812	《古玺汇编》0323
分域	齐系		燕系		

楚系的"矢"字从倒矢之形,与其他分域相异①,"B"是将矢头↑的笔画两端向下拉长,而成∩形,则"B"释为"矢"可从。

接着讨论李家浩的说法。李家浩对比鹰节中的"C"字,认为与"A"同字,"A"上半的写法为变体,而"A""C"同为"矣"字。又"矣"属疑母,"邮"属匣母,上古音疑、匣两母有互谐的情况,同为之部字,则"矣"可读为"邮"。②

《说文》:"𣏂,未定也。从匕矢声。矢,古文矢字。"③而在《汗简》尸部所收"矢"字古文,引《义云切韵》字做屎,写法与"C"相类。李家浩注意到了这个问题,认为"'屎'(谨按:李家浩将屎隶定为"屎")是一个形声字,根据一般古文字形体变化规律,'屎'可以写做屎之形,但无论如何不能写做'C''D'之形"。④ 笔者认为字形释读的思路可做下解:

---

① "楚文字'矢'字做倒矢形,当是为了避免与'人''内'同形。"其说可从。见李守奎、曲冰、孙伟龙主编:《上海博物馆藏战国楚竹书(一—五)文字编》,作家出版社2007年版,第280页。
② 李家浩:《传遽鹰节铭文考释——战国符节铭文研究之二》,《海上论丛》第二辑,1998年,第20—21页。
③ [汉]许慎著、[清]段玉裁注:《新添古音说文解字注》,洪叶文化事业有限公司2005年版,第388页。
④ 李家浩:《传遽鹰节铭文考释——战国符节铭文研究之二》,《海上论丛》第二辑,1998年,第20页。

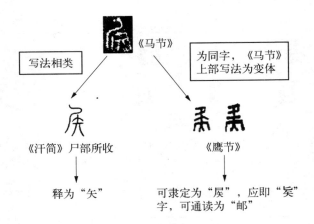

笔者认为李家浩的意见给了学者很大的启发,尤其是在传抄古文字中将 E 一类的写法释为"矢"的可能原因,在《汗简》中也收录了做 ᚨ 的"矢"字写法,屎与"矢"形近,确有因形近而被当作"矢"来使用的可能。屎与"A"应为同字,和鹰节"D"为异体字的关系,对比《说文》小篆 ᚡ 所从左旁,将"A"释为"㚒"。

至于"㚒"应如何通读,李家浩认为读"邮",是负责传驿的机构,与上字连读为"比邮"。

谨案:考察《史记》《汉书》《后汉书》中载有"邮"的地名,如《史记·白起王翦列传》:"武安君既行,出咸阳西门十里,至杜邮。"《史记·范雎蔡泽列传》:"身所服者七十余城,功已成矣,而遂赐剑死于杜邮。"《史记·淮南衡山王列传》:"臣请处蜀郡严道邛邮,遣其子母从居。"①《汉书·王莽传》:"黄邮、召陵、新野之田为入尤多,皆止于公,公欲自损以成国化,宜可听许。"②值得注意的是《史记》中提及"杜邮"同为记载白起之事,而地名与"邮"结合形成的词组,在秦汉应该是常见的,而在战国时代,有无这样的词组,目前尚无更多的例证。上述李家浩之说从文字释读及铭文意义与器物性质

---

① [汉]司马迁著、〔日〕泷川龟太郎注:《史记会注考证》,万卷楼出版社 1993 年版,第 940、983、1265 页。
② [汉]班固撰、[唐]颜师古注:《汉书》,中华书局 1964 年版,第 4067 页。

的理解上，应是目前释读传骑马节最具代表性的说法。

但笔者在前贤研讨的基础上，提出一个不同的思考，即将骑传马节的 ![字] 与鹰节的 ![字] 视为二字，而《汗简》尸部所收的"矢"字古文为 ![字]，《说文》："![字]，未定也。从匕矣声。矣，古文矢字。"[①]如果将 ![字]、![字]、矣都视为矢的异体，那么 ![字] 可以释为矢，节铭可读为"骑传比矢"，寓意持有符节的人员往来行动如同箭矢般快速，可能有以马状的器型及铭文祝愿持节人员通行顺利的意义在其中。

【断代及国别】

战国燕器。

【相关研究文献】

唐兰：《王命传考》，北京大学《国学季刊》6 卷 4 号，1946 年，第 61—73 页；又辑入《唐兰先生金文论集》，紫禁城出版社 1995 年版，第 53—61 页
朱德熙、裘锡圭：《战国文字研究（六种）》，《考古学报》1972 年第 1 期，第 73—89 页；又辑入《朱德熙古文字论集》，中华书局 1995 年版，第 31—53 页
吴振武：《燕马节补考——兼释战国时代的"射"字》，《中国古文字研究会第八届年会论文》，江苏太仓，1990 年 11 月，第 1—10 页
李家浩：《传遽鹰节铭文考释——战国符节铭文研究之二》，《海上论丛》第二辑，1998 年，第 17—33 页；又辑入李家浩：《著名中年语言学家自选集·李家浩卷》，安徽教育出版社 2002 年版，第 82—100 页

第五节　王命虎节（一）

【器号】5

【器名】王命虎节（一）

---

① ［汉］许慎著、［清］段玉裁注：《新添古音说文解字注》，洪叶文化事业有限公司 2005 年版，第 388 页。

【器形及说明】

图版引自周世荣：《湖南战国秦汉魏晋铜器铭文补记》，《古文字研究》第十九辑，中华书局 1992 年版，第 255 页图四十二；文字摹本引自中国社会科学院考古研究所编：《殷周金文集成》（修订增补本）第八册，中华书局 2007 年版，器号 12094，第 6591 页。

　　器形呈伏虎平版浮雕之状，与其他传世虎节相同，所载铭文亦相同。

【出土地】

不详。

【典藏地】

现藏于湖南博物院①。

【著录】

《集成》器号	12094
著　　录	周世荣：《湖南战国秦汉魏晋铜器铭文补记》，《古文字研究》第十九辑，中华书局 1992 年版，第 255 页图四十二
	中国社会科学院考古研究所编：《殷周金文集成》第十八册，中华书局 1994 年版，器号 12094，第 345 页
	刘彬徽、刘长武："王命虎节"，《楚系金文汇编》，湖北教育出版社 2009 年版，器号一〇五-2，第 401 页
	吴镇烽：《商周青铜器铭文暨图像集成》，上海古籍出版社 2012 年版，器号 19160，第 533 页

---

① 中国社会科学院考古研究所编：《殷周金文集成》（修订增补本）第八册，中华书局 2007 年版，第 6650 页。

【释文】

王命＝（命命）逾（传）赁[1]

王命。命传赁。（通读）

【注释】

[1] 王命虎节的铭文"王命＝（命命）逾（传）赁"和王命龙节正面铭文相合，断读的讨论可参本章"11. 王命龙节"。关于王命虎节只有载录"王命＝（命命）逾（传）赁"的铭文，李家浩说：

> 颇疑"一担食之"就是楚国《传食律》的内容之一。《传食律》条文不仅担任司法的官吏要熟习，而且担任传舍的官吏也要熟习，他们才能很好地按照律文的规定，规定对不同身份的人供给不同的饮食。正因为如此，节上的文字只要说明持节者的身份，不要注明待遇，传舍的官吏也会按照《传食律》的规定供给应有的饮食。传赁虎节铭文只有"王命命传赁"而没有"一担食之"，大概就是因为这个缘故。[1]

谨按：李家浩的意见可参，目前虽仅发现秦代的《传食律》，但战国楚地也应有类似秦代《传食律》一类的法律条例，规定给予负责传遽工作的人员符合身份的待遇，但持王命虎节者与持王命龙节者的待遇应是有所不同的。

【相关研究文献】

唐兰：《王命传考》，北京大学《国学季刊》6卷4号，1946年，第61—73页

李家浩：《传赁龙节铭文考释——战国符节铭文研究之三》，《考古学报》1998年第1期，第1—10页；又辑入李家浩《著名中年语言学家自选集·李家浩卷》，安徽教育出版社2002年版，第101—116页

---

① 李家浩：《传赁龙节铭文考释——战国符节铭文研究之三》，《考古学报》1998年第1期，第7页。

第六节 王命虎节（二）

【器号】6

【器名】王命虎节（二）

【器形及说明】

引自中国社会科学院考古研究所编：《殷周金文集成》（修订增补本）第八册，中华书局
2007 年版，器号 12095，第 6592 页。实物照片引自故宫博物院编：《故宫青铜器》，紫禁
城出版社 1999 年版，第 328 页图版。

【出土地】

不详。

【典藏地】

现藏于故宫博物院[①]。

【著录】

《集成》器号	12095
著　录	黄濬：《尊古斋所见吉金图》卷四，1936 年，第 47 页
	中国社会科学院考古研究所编：《殷周金文集成》第十八册，中华书局 1994 年版，器号 12095，第 345 页

---

① 中国社会科学院考古研究所编：《殷周金文集成》（修订增补本）第八册，中华书局 2007 年版，第 6650 页。

续　表

著　录	刘彬徽、刘长武："王命虎节",《楚系金文汇编》,湖北教育出版社 2009 年版,器号一〇五-2,第 400 页上
	故宫博物院编：《故宫青铜器》,紫禁城出版社 1999 年版,第 328 页图版
	吴镇烽：《商周青铜器铭文暨图像集成》,上海古籍出版社 2012 年版,器号 19159,第 532 页

【释文】

王命＝（命命）逑（传）赁[1]

王命。命传赁。（通读）

【注释】

〔1〕参器号 5,王命虎节（一）。

【相关研究文献】

唐兰：《王命传考》,北京大学《国学季刊》6 卷 4 号,1946 年,第 61—73 页
周世荣：《湖南战国秦汉魏晋铜器铭文补记》,《古文字研究》第十九辑,中华书局 1992 年版,第 196—281 页
李家浩：《传赁龙节铭文考释——战国符节铭文研究之三》,《考古学报》,1998 年第 1 期,第 1—10 页,又辑入李家浩：《著名中年语言学家自选集·李家浩卷》,安徽教育出版社 2002 年版,第 101—116 页

第七节　王命传遽虎节

【器号】7

【器名】王命传遽虎节

【器形及说明】

引自中国社会科学院考古研究所编:《殷周金文集成》(修订增补本)第八册,中华书局 2007 年版,器号 12096,第 6592 页。

器形呈平版状,虎形,虎首有一圆穿孔,尾部往上翘,一端与身体相接成一圆孔。全器以凹痕线条勾勒形体纹路,共计有铭文四字。

【出土地】

不详。

【典藏地】

旧藏故宫博物院,现藏于中国国家博物馆①。

【著录】

《集成》器号	12096
著　录	于省吾:《商周金文录遗》,科学出版社 1957 年版,器号 537,第 237 页
	严一萍编:"王命传赁节",《金文总集》,艺文印书馆 1983 年版,器号 7890,第 4590 页
	中国社会科学院考古研究所编:《殷周金文集成》第十八册,中华书局 1994 年版,器号 12096,第 345 页
	刘彬徽、刘长武:"王命虎节",《楚系金文汇编》,湖北教育出版社 2009 年版,器号一〇五- 2,第 400 页下
	吴镇烽:《商周青铜器铭文暨图像集成》,上海古籍出版社 2012 年版,器号 19161,第 534 页

---

① 中国社会科学院考古研究所编:《殷周金文集成》(修订增补本)第八册,中华书局 2007 年版,第 6650 页。

【释文】

王命逋(传)虎[1][2]

【注释】

〔1〕铭文 对比王命虎节铭文"王命₌(命命)逦(传)赁";王命龙节铭文"王命₌(命命)逦(传)赁",则字形应释为"命",考察古文字中"命"字的几个写法：

表 10　"命"字形表

字形						
出处	包山 12	《郭店·尊德义》10	《郭店·语丛一》2	包山 159	侯马一五六：一	郫孝子鼎，《集成》卷三，器号 2574
分域		楚系			三晋系	

字形		
出处	陈纯釜，《集成》卷十六，器号 10371	黏镈，《集成》卷一，器号 271
分域	齐系	

"命"字的写法有在字形下方加上两笔横画饰笔，如《郭店·尊德义》10，或除了两笔横画饰笔再加上"口"形，如《郭店·语丛一》2，而包山 159 则又以两笔横画饰笔取代"口"形，并未见以两笔横画取代"命"字右旁"卩"的写法，考察铭文 字形右旁疑似点画的 ，应非以两笔横画取代右旁"卩"，而是"卩"旁的残画，则铭文释"命"为确。

〔2〕拓本铭文有四字,前二字释为"王命"无疑。第三字为,对比骑传马节 字,两字写法相类,细审两字"重"旁的写法:

传骑马节　　　　　将军虎符

仅于字形上部"Ⅵ"的位置不同,![]亦释为"连",读为"传"。

而第四字为,对比先前讨论过的王命龙节与王命虎节的铭文"王命传赁",A 与"赁"字不类,何琳仪也有同样的看法,并以字形为"虞"之残文,通读为"遽",与上字连读为"传遽";陈昭容也认为字形有所残损,从何琳仪所释。① 关于古文字中"虞"的写法与"遽"的通读,朱德熙、裘锡圭做了精辟的考释②,而在文中所举出的"虞"字字形与 A 字形上部都从"虍"头,但下部的写法亦不类,且考察器形拓本③,笔者认为字形并无严重的残损,而字形写法与楚文字"虎"字相类,试看"虎"字的几个写法:

表 11　楚系"虎"字形表

字形	![]	![]	![]	![]	![]
出处	包山 273	曾侯乙 62	《上博(五)·三德》18	《上博(四)·逸诗》2	天星观
分域	楚系				

---

① 何琳仪:《南越王墓虎节考》,《汕头大学学报(人文科学版)》1991 年第 3 期(总第 25 期),第 27 页。陈昭容:《秦系文字研究·第五章 秦兵甲之符》,"中研院"历史语言研究所 2003 年版,第 250 页。

② 朱德熙、裘锡圭:《战国文字研究(六种)》,《考古学报》1972 年第 1 期,第 8389 页。

③ 器形拓本可参中国社会科学院考古研究所编:《殷周金文集成》(修订增补本)第八册,器号 12096,第 6592 页。

从声音的通读上，"虎"和"虘"韵部相同，同为鱼部①，或疑 A 字铭文为一种简省的写法②，考虑到虎符习见的文例，于此仍将 A 字暂读为"虘"通"遽"。则铭文通读为"王命传遽"，是用作受王命而传递用的信凭物。

【断代及国别】

战国楚器。

【相关研究文献】

沈宝春：《〈商周金文录遗〉考释》，硕士学位论文，台湾师范大学，1982 年，学位论文后正式出版为：《〈商周金文录遗〉考释》，花木兰文化出版社 2005 年版

【备注】

此虎节最早由于省吾著录于《商周金文录遗》，其器形与本文前所收录两件王命虎节有明显的差异③，但目前从器形及铭文写法上来看，仍无断定为伪器的确证，故仍收录校释汇编之中。

第八节　王命车驲虎节

【器号】8

【器名】王命车驲虎节

---

① "虎"，晓母鱼部；"虘"，群母鱼部，参郭锡良：《汉字古音手册》，北京大学出版社 1986 年版，第 94、115 页。
② 此说为许学仁师审阅本书原稿时面告笔者。
③ 季旭升师于本书初稿的硕士学位论文答辩时提醒笔者从器形及文字构形方面，仔细考虑此器是否有伪器之可能，感谢季师宝贵建议。因尚无确论证其为伪，此仍以真品处理，编入校释。

【器形及说明】

图版引自刘彬徽、刘长武："王命虎节"，《楚系金文汇编》，湖北教育出版社
2009 年版，器号一〇五-3，第 402 页。

　　器形为平版伏虎形，长 19 厘米、高 11.6 厘米、厚 1.2 厘米。青
铜铸成扁平版的老虎的形状，虎成蹲踞之势，虎口大张，尾部弯曲
成"8"字形。虎身上的斑纹铸有弯叶形浅凹槽，内贴金箔片，双面
共有 60 片。虎眼、虎耳均由细金片勾勒出。正面虎身斑纹间刻铭
文一行，共计五字，其中"命"字为重文。①

【出土地】

1983 年出土于广东省象岗西汉南越王墓②。

【典藏地】

广州南越王博物院③。

---

① 参广州市文物管理委员会、中国社会科学院考古研究所、广东省博物馆编辑：《西
汉南越王墓》，"一九、'王命＝车驲'铜虎节"，文物出版社 1992 年版，第 314 页。西
汉南越王博物馆网站：http://www.gznywmuseum.org/nanyuewang/HTML/
cangzhen/jingpinzhanshi/? left_20&＃nogo。
② 广州市文物管理委员会、中国社会科学院考古研究所、广东省博物馆编辑：《西汉
南越王墓》，"一九、'王命＝车驲'铜虎节"，文物出版社 1992 年版，第 314—316 页。
③ 西汉南越王博物馆：《西汉南越王博物馆珍品图录》，文物出版社 2007 年版。2021
年 9 月 8 日，由原西汉南越王博物馆、原南越王宫博物馆合并组建的南越王博物院
（西汉南越国史研究中心）正式揭牌成立。

【著录】

《集成》器号	未收
著　　录	黄展岳：《南越王错金虎节》，台北故宫博物院，《故宫文物月刊》第八卷第十期，第 94 号，1991 年 1 月，第 109 页
	广州市文物管理委员会、中国社会科学院考古研究所、广东省博物馆编辑："'王命═车駐'铜虎节"，《西汉南越王墓》，文物出版社 1992 年版，第 314—316 页；同书下册，图版二十
	刘雨、卢岩："王命车駐虎节"，《近出殷周金文集录》第四册，中华书局 2002 年版，器号 1254，第 295 页
	钟柏生、陈昭容、黄铭崇、袁国华："王命命车駐虎节"，《新收殷周青铜器铭文暨器影汇编》，艺文印书馆 2006 年版，器号 413，第 97 页
	西汉南越王博物馆：《西汉南越王博物馆珍品图录》，文物出版社 2007 年版
	刘彬徽、刘长武："王命虎节"，《楚系金文汇编》，湖北教育出版社 2009 年，器号一○五-3，第 402—403 页
	吴镇烽：《商周青铜器铭文暨图像集成》，上海古籍出版社 2012 年版，器号 19158，第 531 页

【释文】

王命═（命命）车駐（駬）[1]

【注释】

[1] 𩤲，下文为方便行文以 A 代之，并集录诸家说法如下：

何琳仪：

　　将 A 左旁释"马"并与右旁上方"═"合看为一个偏旁，右旁下部依《说文》"社"字古文右做"𡐦"，释为"土"，隶定为

"駐"，为"牡"之异体。"马"与"牛"作为形符，往往互做。节铭
"车牡"无疑是指"车马"，典籍习见。[1]

《西汉南越王墓》：

　　释字形 A 左旁为"马"，右旁释为"杜"，而"杜"与"土"通，
隶定做"駐"，可假借为"徒"。[2]

饶宗颐：

　　认为 A 字右旁与《说文》"社"字古文右旁做"✦"相同，可
释为"土"，A 字以土为声符，左旁为"且"之繁形。字形隶定为
"𧴕"，殆即"鞋"之异文，《说文》："且，所以荐也。"而鞋为车中
重荐，故从且会意；昜又组字之省。以形义论，从革与从昜
（组）无别，正如鞍之做被，其例相同。鞋与鞍实即是鞄。《释
名》曰："文茵，车中所坐者也，用虎皮为之有文采。鞄，因也。"
则虎节正呈炳灿虎文之状，取象于车鞋之鞄，𧴕为鞋字异形。
而《说文》徒字做赴，从辵土声，与本字声旁同为土声，故与赴
通。则铭文"命车𧴕"读为"命车徒"，语意更顺。[3]

王人聪：

　　意见承饶宗颐先生，释字形 A 从"且"从"土"为"𧴕"字，

① 何琳仪：《南越王墓虎节考》，《汕头大学学报（人文科学版）》1991 年第 3 期（总第
　　25 期），第 26—27 页。
② 广州市文物管理委员会、中国社会科学院考古研究所、广东省博物馆编辑：《西汉
　　南越王墓》，"一九·'王命＝车駐'铜虎节"，文物出版社 1992 年版，第 314—315 页。
③ 饶宗颐：《南越文王墓虎节考释》，《考古学研究》，三秦出版社 1993 年版，第 614—
　　615 页。

认为如果从"且""土"声,则可读为"徒";如果从"土""且"声,则为清母鱼部,古音清母或与定母通转,而"徒"字为定母鱼部,二字音近相通。因此"䢓"字无论从何形构来看,都可读为"徒"。①

李家浩:

> 将字形 A 左旁释为"马",右旁隶做"杢",对比金文、典籍中异文的例子,"杢"应释做"坴",即"埶"字的简体,则字形可释为"䮷"。而"埶"与"日"音近古通,则"䮷"疑是"駟"字的异体。"駟"汉代指传车,则节铭以"车駟"连言。②

谨按:考察上述诸说,先从分析 䮷 的构形所从,左旁有从"马"、从"且"两说,先看古文字中"马"的写法:

表 12　"马"字形表

字形						
出处	包山 30	天星观	新蔡甲三·三一六	郾侯载簋,《集成》卷十六,器号 10583	《古玺汇编》50	《古玺汇编》55
分域	楚系			燕系		

---

① 王人聪:《南越王墓出土虎节考释》,《尽心集——张政烺先生八十庆寿论文集》,中国社会科学出版社 1996 年版,第 166—167 页。
② 李家浩:《南越王墓车駟虎节铭文考释——战国符节铭文研究之四》,《容庚先生百年诞辰纪念文集》(古文字研究专号),广东人民出版社 1998 年版,第 662—666 页。

续　表

字形					
出处	侯马一八五：九	《古玺汇编》2757	《中国货币大辞典·先秦编》，页299	郏大司马戈，《集成》卷十七，器号11026	《古玺汇编》5542
分域	三晋系			齐系	

而古文字中"且"的写法：

表 13　"且"字形表

字形			
出处	《郭店·唐虞之道》5	邵黛钟，《集成》卷一，器号226	鼄公华钟，《集成》卷一，器号245
分域	楚系	三晋系	齐系

在上表邵黛钟、鼄公华钟的"且"字依辞例是读为"祖"的，但从上两表来看，左旁做""与天星观、侯马一八五：九的写法相近，而何琳仪认为："此字右上方'＝'应与左偏旁相连组成一个偏旁。换言之，此字由''和'尘'两部分所组成。前者应释'马'。因节铭马首与马鬃、马身脱节，遂使'马'旁颇难辨识。"①何琳仪之说笔者从之。左旁""确应与右旁上方"＝"相连组成一个偏旁，即为"马"。而释左旁为"且"之说，则需将右旁上方"＝"视为饰笔，且右旁下方""无关，汤余惠曾说过"辅助性笔画"的概念，认为辅助性笔画"＝"对于文字偏旁会起调节和均衡的作用②，如将右旁上

---

① 何琳仪：《南越王墓虎节考》，《汕头大学学报（人文科学版）》1991 年第 3 期（总第25 期），第 26 页。

② 汤余惠：《略论战国文字形体研究中的几个问题》，《古文字研究》第十五辑，中华书局 1986 年版，第 39 页。

方"〓"视为饰笔也自有其依据，但值得注意的是虎节铭文左旁释"且"于字形不合，释"且"不可从；如果仍考虑将"馬"释为"马"的异体写法，"〓"视为饰笔，则要考虑到古文字中"马"字代表马类特征的背部鬃毛，几不见简省之例，笔者认为应从何琳仪之说，将左旁释为"马"，右旁上方"〓"则是马鬃。

虎节铭文右下"坴"为一个独立偏旁，应隶定为"坴"。而"坴"何琳仪、饶宗颐、王人聪都认为与《说文》"社"字古文右旁"坴"相同，应释为"土"；《西汉南越王墓》认为可释为"杜"，但仍应读为"土"。李家浩则举盨方彝的"㭋"、克鼎的"㪤"等"埶"字，对比字形左旁，认为"坴"旁可释为"坴"，而"坴"为"埶"的省写。而从金文文例"守相坴波"（《三代》20.47.3）对比《史记·廉颇传》"以尉文封廉颇为信平君，为假相国"，"坴波"应即"廉颇"，若"坴"释为"杜"，通读为"廉"，音读相去甚远，故将"坴"释为"杜"也非全无疑问。李家浩认为"坴"应释为"埶"，"埶""日"音近古通，则"輊"可释为"駤"，疑是"馹"字的异体。"馹"汉代指传车，则节铭以"车馹"连言。[1]

考察上述诸家之说，在确认了字形左旁为"马"之后，对右旁的考释，笔者认为可以理出两条思路：

	思路 1		思路 2
铭文右旁"坴"	《说文》"社"字古文右旁"坴"		"㭋"（盨方彝）、"㪤"（克鼎）之"埶"字
编号	1·1	1·2	2·1
左旁释读	释为"杜"，而"杜"与"土"通	释为"土"	释为"坴"，而"坴"为"埶"的省写，"埶""日"音近古通

---

[1] 李家浩：《南越王墓车馹虎节铭文考释——战国符节铭文研究之四》，《容庚先生百年诞辰纪念文集》（古文字研究专号），广东人民出版社 1998 年版，第 662—666 页。

续　表

	思路 1		思路 2
字形隶定	隶定做"駓"		隶定为"駤"
文字读法	假借为"徒"	"牡"之异体	"駤"为"驲"字的异体，"驲"汉代指传车

上表两条思路无疑都有一定的道理，但笔者试着提出几点看法：

首先妖盉壶有 字，依上下文例"四—滂滂"，字形隶定为"駓"、读为"牡"应无问题①，而字形可以作为上述何琳仪所说，马的偏旁有马身与鬃毛笔画分离的现象佐证之一。当然，此一字形释"駓"读为"牡"，并不影响上述思路表 1·2 的合理性，而《上博（四）·柬大王泊旱》简 16 有 字，其文例为"戔（发）—迊（跰）四=疆=皆管"，濮茅左释为"駤"，引《集韵》："駤，良马。"释之②。季旭升认为字形从马、从"埶（艺）"省，当即"驲"的楚系特有的写法，可参李家浩之说，"发—跰四疆"，意思是：发传车到四境。③ 笔者认为""应依李家浩将"坴"释做"坴"，即"埶"字的简体，则铭文字形可释为"駤"。而"埶"与"日"音近古通，则"駤"疑是"驲"字的异体。"驲"指传车，所以节铭"车驲"连言。④

则本器铭文通读为"王命=（命命）车駤（驲）"，指的是以王命所命令的车驲，《左传》文公十六年："楚子乘驲，会师于临品。"杜预注："驲，传车也。"孔颖达《正义》引《尔雅·释言》舍人云："驲，尊者

---

① 参汤余惠："妖盉圆壶"《战国铭文选》，吉林大学出版社 1993 年版，第 38、41 页。
② 马承源主编：《上海博物馆藏战国楚竹书（四）》，上海古籍出版社 2004 年版，第 209 页。
③ 季旭升：《上博四零拾》，清华大学简帛研究网站，http://www.jianbo.org/admin3/2005/jixusheng002.htm，2005 年 2 月 15 日。
④ 李家浩：《南越王墓车驲虎节铭文考释——战国符节铭文研究之四》，《容庚先生百年诞辰纪念文集》（古文字研究专号），广东人民出版社 1998 年版，第 662—666 页。

之传也。"①则"车驷"应为较为尊贵之传车。

【断代及国别】

战国楚器。

【相关研究文献】

黄展岳：《新发现的南越国虎节》，台北故宫博物院，《故宫文物月刊》第八卷第十期，第 94 号，1991 年 1 月，第 108—111 页
何琳仪：《南越王墓虎节考》，《汕头大学学报（人文科学版）》1991 年第 3 期（总第 25 期），第 26—27 页
广州市文物管理委员会、中国社会科学院考古研究所、广东省博物馆编辑：《西汉南越王墓》，文物出版社 1992 年版，第 314—316 页
饶宗颐：《南越文王墓虎节考释》，《考古学研究》，三秦出版社 1993 年版，第 614—615 页
王人聪：《南越王墓出土虎节考释》，《尽心集——张政烺先生八十庆寿论文集》，中国社会科学出版社 1996 年版，第 162—168 页；又辑入王人聪：《古玺印与古文字论集》，香港中文大学文物馆 2000 年版，第 341—345 页
李家浩：《南越王墓车驷虎节铭文考释——战国符节铭文研究之四》，《容庚先生百年诞辰纪念文集》（古文字研究专号），广东人民出版社 1998 年版，第 662—671 页

第九节　王命龙节（一）

【器号】9

【器名】王命龙节（一）

---

① 杨伯峻编著：《春秋左传注（修订本）》，中华书局 2000 年版，第 619 页。

【器形及说明】

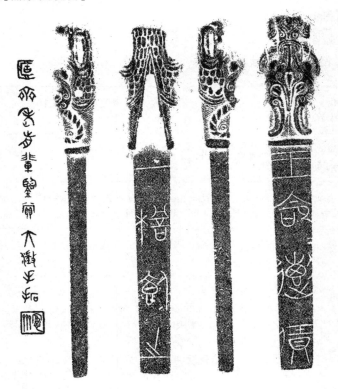

引自中国社会科学院考古研究所编：《殷周金文集成》（修订增补本）第八册，
中华书局 2007 年版，器号 12097，第 6593 页，吴大澂手拓本。

　　据 1946 年 9 月湖南省长沙市东郊黄泥坑墓葬出土的龙节形
制，龙节为长条形，头端较大，尾端较小，较大的头端铸有龙头，较
小的尾端为长方形。器形正面有铭文五字，一为重文；反面有铭文
四字。器形通长 21 厘米、头端宽 3 厘米、尾端宽 1.9 厘米。[①] 其他
几件传世的龙节以拓本观之，于形制上亦相去不远，唯头端龙首的
纹饰略有小异。

---

① 　参流火：《铜龙节》，《文物》1960 年第 8、9 期合期，第 82 页。

【出土地】

不详。

【典藏地】

《缀遗斋彝器考释》言"近归吴清卿中丞"。此器为吴大澂旧藏,现藏于上海博物馆。①

【著录】

《集成》器号	12097
著　录	〔清〕阮元:"汉龙虎铜节",《积古斋钟鼎彝器款识》卷十,1804 年,第 6 页
	〔清〕方濬益:"龙虎节",《缀遗斋彝器考释》卷二十九,1899 年,第 25 页
	〔清〕刘心源:"汉龙节",《奇觚室吉金文述》卷十一,1902 年,第 7 页
	刘体智:"王命车键",《小校经阁金石文字》卷九,1935 年,第 106 页左
	罗振玉:"王命𠚴车键",《三代吉金文存》卷十八,1937 年,第 36 页左
	严一萍编:"王命 𢑚 节一",《金文总集》,艺文印书馆 1983 年版,器号 7895,第 4592 页
	中国社会科学院考古研究所编:《殷周金文集成》第十八册,中华书局 1994 年版,器号 12097,第 346 页
	刘彬徽、刘长武:"王命虎节(其一)",《楚系金文汇编》,湖北教育出版社 2009 年版,器号一〇五-1,第 396 页
	刘彬徽、刘长武:"王命虎节(其二)",《楚系金文汇编》,湖北教育出版社 2009 年版,器号一〇五-1,第 397 页
	吴镇烽:《商周青铜器铭文暨图像集成》,上海古籍出版社 2012 年版,器号 19164,第 538 页

---

① 方濬益:《缀遗斋彝器考释》卷二十九,国风出版社 1976 年版,第 25 页,总第 1825 页。中国社会科学院考古研究所编:《殷周金文集成》(修订增补本)第八册,中华书局 2007 年版,第 6651 页。

【释文】

王命＝（命命）遄（传）[1]赁[2]（正面）

一橚（担）[3]飤（食）[4]之（反面）

王命。命传赁。一担食之。[5]（通读）

【注释】

[1] 唐兰隶定为"遄"读为"传"，[1]其后学者皆从之，唯字形隶定上，唐兰应是将右旁的"![字形]"释为"人"旁，故隶定字形为"遄"，但字形右旁于楚文字多见，应以从"刀"为是，刘雨隶定为"遄"甚是。[2] 李家浩隶定为"遄"，认为字形从"辵"从《说文》古文"断"声，当是传遽之"传"的专字。[3] 谨按，相同字形也见于其他楚文字材料中：

表 14　"遄"字形表

字形	![字形]④	![字形]	![字形]	![字形]
文例	遄（传）二人	若两轮相遄（传）	以遄（转）相土	王命命遄（传）赁
出处	曾侯乙 212	《郭店·语丛四》20	《楚帛书·甲篇》7.34	王命虎节⑤

上表所引述的为楚系的材料，刘雨引中山王𰀽方壶铭文"𫮃（专）赁（任）之邦"，认为"遄"应读为"专"[6]；汤余惠认为"遄（传）"指"传

---

① 唐兰：《王命传考》，北京大学《国学季刊》1946 年第 6 卷第 4 号，第 64 页。
② 刘雨：《信阳楚简释文与考释》，《信阳楚墓》，文物出版社 1986 年版，第 133 页。
③ 李家浩：《传赁龙节铭文考释——战国符节铭文研究之三》，《考古学报》1998 年第 1 期，第 1 页。
④ 字形略残，裘锡圭、李家浩：《曾侯乙墓竹简释文与考释》释为"遄"读"传"。并言"'遄'字亦见于王命传龙节，用为传遽之'传'"，参湖北省博物馆：《曾侯乙墓》（上），文物出版社 1989 年版，第 500 页；第 530 页，注释 278。
⑤ 中国社会科学院考古研究所编：《殷周金文集成》（修订增补本）第八册，器号 12095，第 6592 页。
⑥ 刘雨：《信阳楚简释文与考释》，河南省文物研究所《信阳楚墓》，文物出版社 1986 年版，第 133—134 页。

驿"，古传驿有车马供使者骑乘，有传舍以供行人食宿。① 李家浩则与下一字"赁"连读，认为是"逓(传)赁"是个复合词。②

〔2〕字形从"任"从"贝"，《说文》有"赁"字："庸也，从贝任声。"段注云："庸者，今之佣字。……凡佣俶皆曰庸，曰赁。"③其字亦见于中山王嚳铜器铭文：

表 15　"赁"字形表

字形				
文例	使智（知）社稷之赁（任）	氏以寡人医赁（任）之邦	尃（专）赁（任）之邦	受赁（任）猺邦
出处	中山王嚳鼎，《集成》卷五，器号 2840	中山王嚳鼎，《集成》卷五，器号 2840	中山王嚳壶，《集成》卷十五，器号 9735	中山王嚳壶，《集成》卷十五，器号 9735

上述表中的"赁"都读为"任"，唐兰、于省吾、刘雨、汤余惠将王命龙节中的"赁"都读为"任"。④ 汤余惠并引《诗经·小雅·黍苗》："我任我辇。"郑笺曰："有负任者，有挽辇者。"释"赁"读为"任"，"肩挑"之意。⑤

而李家浩认为应将"赁"如《说文》释为"雇佣"之意，与铭文上一字"逓(传)"连读为"传赁"，应指"雇佣从事驿传的人"。⑥ 李家

① 汤余惠：铜龙节，《战国铭文选·符节》，吉林大学出版社 1993 年版，第 51 页。
② 李家浩：《传赁龙节铭文考释——战国符节铭文研究之三》，《考古学报》1998 年第 1 期，第 2 页。
③ [汉]许慎著、[清]段玉裁注：《新添古音说文解字注》，洪叶文化事业有限公司 2005 年版，第 285 页。
④ 唐兰：《王命传考》，北京大学《国学季刊》，1946 年第 6 卷第 4 号，第 64 页。于省吾：《鄂君启节考释》，《考古》1963 年第 8 期，第 445 页。刘雨：《信阳楚简释文与考释》，河南省文物研究所《信阳楚墓》，文物出版社 1986 年版，第 133 页。汤余惠："铜龙节"，《战国铭文选·符节》，吉林大学出版社 1993 年版，第 51 页。
⑤ 汤余惠：铜龙节，《战国铭文选·符节》，吉林大学出版社 1993 年版，第 51 页。
⑥ 李家浩：《传赁龙节铭文考释——战国符节铭文研究之三》，《考古学报》1998 年第 1 期，第 3 页。

浩之说笔者从之。

〔3〕高田忠周释为"檜"认为是"檐"字的省文。① 其后,同样的字形亦见于鄂君启节及九店楚简:

表 16 "檜"字形表

字形				
文例	如檜徒,屯二十檜台(以)堂(当)一车	如檜徒,屯二十檜台(以)堂(当)一车	□三檜	敢稱之四檜
出处	鄂君启车节,《集成》卷十八,器号 12112	鄂君启车节,《集成》卷十八,器号 12112	九店 1	九店 1

于省吾将字形隶定为"檜",认为即"檐","儋"之初文,今为"擔"或"担"②,张振林的结论与于省吾相同,但未将字形为隶定。③ 将"檜"释为"檐",陈昭容认为"檐"宜读为"甀",是一种盛浆食的器具。④

谨按:"檜"释为"檐"甚确,可为定论,笔者亦赞成读"担",参看鄂君启节及九店楚简中"檜"的文例,"担"应是计算粮食数量的单位。

〔4〕《说文》有"飤"字:"飤,粮也,从人食。"段注云:"按,以食食人物。其字本做食,俗做飤,或做饲。经典无飤,许慎:'餗,食马谷也。'不做飤马,此篆浅人所增,故非其次,释为粮又非。宜删。"⑤

---

① 高田忠周:《古籍篇》卷三十一,大通书局 1982 年版,第 960 页。

② 于省吾:《鄂君启节考释》,《考古》1963 年第 8 期,第 446 页。

③ 张振林:《"棓徒"与"一棓飤之"新诠》,《文物》1963 年第 3 期,第 48—49 页。

④ 陈昭容:《战国至秦的符节——以实物资料为主》,《"中研院"历史语言研究所集刊》第 66 本,"中研院"历史语言研究所,1995 年 3 月,第 318 页。

⑤ [汉]许慎著、[清]段玉裁注:《新添古音说文解字注》,洪叶文化事业有限公司 2005 年版,第 222 页。

谨按，"飤"字又见于许多出土文献材料：

表 17　"飤"字形表

字　形	文　例	出　处
	见其金节则毋政（征），毋舍桴飤	鄂君启舟节①
	流飤之玺	《古玺汇编》0212
	戠（职）飤之玺	《古玺汇编》0217
	犆（特）猎，酉（酒）飤，馈之	包山 202
	一白犬，酉（酒）飤	包山 208
	既腹心疾，以上斁（气），不甘飤，旧（久）不疷（瘥）	包山 245
	戎（农）夫炌（务）飤不强耕，粮弗足悇（矣）	《郭店·成之闻之》13
	飤与頪（色）与疾	《郭店·语丛一》110
	聿（进）飤之衏（道），此飤乍（作）安	《郭店·语丛三》56

考察上表，文例中的"飤"，都以读为"食"较贴切。上文所述《说文》段注的意见很值得参考："以食食人物。"陈昭容认为"飤"字结构应

---

① 商承祚：《鄂君启节考》，《文物精华》第二辑，文物出版社 1963 年版，第 50 页车节摹本。

为从人就食,与歆字结构相似。并引《说文》艸部:"茹,饲马也。"竹部:"箂,饲牛筐也。"证"饲"有以食食人之义由来已久。[1] 王命龙节中的"饲"应读为"食",用作动词,即给予食物,下一字"之"则是接受粮食供应者的代词。

〔5〕王命龙节铭文的通读断句已有许多学者提出意见,主要有[2]:

表 18　《王命龙节》铭文通读表

	读　　法	出　　处
A	王命,命传任一輴,饲之。	唐兰:《王命传考》,北京大学《国学季刊》6卷 4 号,1946 年,第 64 页
B	王命,命传,赁一棓,饲之。	李学勤:《战国题铭概述(下)》,《文物》1959 年第 9 期,第 60 页
C	王命命遹赁,一棓饲之。	流火:铜龙节,《文物》1960 年第 8、9 期合期,第 82 页
D	王命命传,任一檐,饲之。	于省吾:《鄂君启节考释》,《考古》1963 年第 8 期,第 445 页
E	王命:命传赁一担食之。	裘锡圭:《"诸侯之旅"等印考释》,《中国文史论集》,吉林大学出版社 1981 年版,第 24 页
F	王命:命传赁,一担饲之。饲之。	许学仁:《先秦楚文字研究》,硕士学位论文,台湾师范大学,1979 年 6 月,第 94—95 页
G	王命,命专任一檐,饲之。	刘雨:《信阳楚简释文与考释》,河南省文物研究所《信阳楚墓》,文物出版社 1986 年版,第 133 页

---

[1] 陈昭容:《战国至秦的符节——以实物资料为主》,《"中研院"历史语言研究所集刊》第 66 本,"中研院"历史语言研究所,1995 年 3 月,第 317 页。

[2] 此表读法以出处原文通读。

续　表

	读　法	出　处
H	王命：命传，任一担食之。	陈世辉、汤余惠：《古文字学概要》，吉林大学出版社 1988 年版，第 236 页
I	王命命专任，一檐食之。	何琳仪：《南越王墓虎节考》，《汕头大学学报（人文科学版）》1991 年第 3 期（总第 25 期），第 27 页
J	王命命传：任一檐飤之。	汤余惠："铜龙节"，《战国铭文选・符节》，吉林大学出版社 1993 年版，第 51 页
K	王命，命传赁，一檐食之。	陈昭容：《战国至秦的符节——以实物资料为主》，《"中研院"历史语言研究所集刊》第 66 本，"中研院"历史语言研究所，1995 年 3 月，第 318 页
L	王命命传赁，一担食之。	李家浩：《传赁龙节铭文考释——战国符节铭文研究之三》，《考古学报》1998 年第 1 期，第 2 页

就铭文通读的问题来说，可以分为"王命命传赁"的断读、"逦""赁"二字的读法、"一担食之"释义三点论之：

一、"王命命传赁"的断读

诸家通读之说中，何琳仪认为据虎节"王命＝车牡"，再参照龙节正反面各铸四字的格式，则龙节铭文四、四停顿，似更为合理。①李家浩同样对比其他传世王命虎节："王命命传赁。"王命车驺虎节"王命命车驺"的铭文文例，且王命虎节、王命车駠虎节都是单面，

---

① 何琳仪：《南越王墓虎节考》，《汕头大学学报（人文科学版）》1991 年第 3 期（总第 25 期），第 27 页。

应无另一半符合的可能,"王命命传赁"是可以独立成句的。① 笔者认为"王命命传赁"的读法可从。而在"王命命传赁"单句的释读上,上表 C、I、J、L 的说法,差异主要在两个"命"字间有无断读,以及"传""赁"二字的读法(下文将详述)。流火的说法并没有对两个"命"字的读法作出解释②;何琳仪的读法白话释为"王命专门负责使命者,所到之处供给一担食馔"③,第一个"命"字是个动词,第二个"命"字则是名词;陈昭容的读法赞成唐兰之说,第一个"命"字是名词,第二个"命"字则是动词,白话释为"王命令传遽之赁者,供给持节者以饮食"④;李家浩认为"命传赁"是个名词词组,构成的方式如同古书中所见"命夫""命妇"等词语,并引《左传·哀公四年》之"使谓阴地之命大夫士蔑曰……"⑤为证。"王命命传赁"应解释为"楚王之命所任命的传赁"。⑥ 则两个"命"字都是名词了。

综合来看,何琳仪、陈昭容、李家浩诸位先生的释读都有一定的道理,参看鄂君启节中相似的文例:

大攻(工)尹雎台(以)王命,命窠(集)尹恩糌、裁尹逆

鄂君启节的叙述较为清楚,铭文的释读为:"大工尹雎以楚王的命令(大工尹雎受命于楚王),命令集尹恩糌、裁尹逆。"而王命龙节的叙述相对来说十分简略,若从符节辨识表明身份的角度考虑,"王命"应断读成词,表示王命龙节所记述的是"王所下的命令"。而李

① 李家浩:《传赁龙节铭文考释——战国符节铭文研究之三》,《考古学报》1998 年第 1 期,第 2 页。
② 流火:《铜龙节》,《文物》1960 年第 8、9 期合期,第 82 页。
③ 何琳仪:《南越王墓虎节考》,《汕头大学学报(人文科学版)》1991 年第 3 期(总第 25 期),第 27 页。
④ 陈昭容:《战国至秦的符节——以实物资料为主》,《"中研院"历史语言研究所集刊》第 66 本,"中研院"历史语言研究所,1995 年 3 月,第 318、320 页。
⑤ 杨伯峻编著:《春秋左传注(修订本)》,中华书局 2000 年版,第 1627 页。
⑥ 李家浩:《传赁龙节铭文考释——战国符节铭文研究之三》,《考古学报》1998 年第 1 期,第 4 页。

家浩认为"命传赁"是名词词组，笔者认为李家浩的意见可从，但以名词与"命"字结合的名词词组，如"命妇"见于《管子·君臣下》："是故国君聘妻于异姓，设为侄娣、命妇、宫女，尽有法制，所以治其内也。"①《管子》中仅一见；"命大夫"见于《左传·哀公四年》，于《左传》也仅有一见，于典籍中出现的例子并不多见。或可说王命龙节、王命虎符的"传赁"，王命车驻虎节的"车驻"冠以"命"字是一种见于符节信物的特别构词，用以代表此一官职或职务是承受王命而来的。

二、"遀""赁"二字的读法

"遀""赁"二字诸家分别的读法，在上文注〔2〕、〔3〕中已有陈述，笔者认为"遀""赁"二字应连读为一个词组，若读为"专任"在文意上很通顺，但不足的地方在于，对比王命车驻虎节"王命命车驻"铭文有"车驻"，明确记载了职务，而王命龙节若只言"传任"没有对职务明确记载，对用以标示职务及身份的符节信物来说，是有些奇怪的。笔者认为"遀"读为"传"，如汤余惠所说"遀（传）"指"传驿"。"赁"字应如《说文》所说，为雇佣之义。"传赁"可释为"从事传驿所雇佣的人"。

三、"一担食之"释义

上文注〔3〕已论"檐"应释为"檐"，是计算粮食数量的单位，李家浩对"担"的计量作了详细的讨论，据《周礼·秋官·掌客》：

车米视生牢，劳十车，车秉有五籔。

郑玄注：

---

① 黎翔凤撰、梁运华整理：《管子校注》，中华书局 2004 年版，第 585 页。

车米,载车之米也。《聘礼》曰:"十斗曰斛,十六斗曰籔,十籔曰秉。"每车秉有五籔,则二十四斛也。①

又《仪礼·聘礼》:

门外米三十车,车秉有五籔。

郑玄注:

秉籔数名也。秉有五籔,二十四斛。②

又鄂君启节车节:

如檐(擔)徒,屯二十檐(担)台(以)当(当)一车。

据上述的记载推论,一担的容量是一斛二斗,是一个月食物的计量。③ 董珊认为:

"檐"可能与战国秦汉作为计量单位的"石"有关。秦汉简的"石",《说文》做"䄷"。秦汉之"石"既可以作为重量单位(120斤)计量全禾,也可以作为脱粒之后的粟米或粝米的计量单位。④

---

① [汉]郑玄注、[唐]贾公彦疏:《周礼注疏》卷三十八,台北艺文印书馆1979年版,第17页,总第583页。
② [汉]郑玄注、[唐]贾公彦疏:《仪礼注疏》卷二十二,台北艺文印书馆1979年版,第2页,总第261页。
③ 李家浩:《传赁龙节铭文考释——战国符节铭文研究之三》,《考古学报》1998年第1期,第5—6页。
④ 董珊:《楚简簿记与楚国量制研究》,《考古学报》2010年第2期,第199页。

并引张世超之说,认为计算粟米的单位是大石,$16\frac{2}{3}$斗;计算粝米的单位为小石,一粝米小石相当于 10 斗;大、小石之比是 5∶3,并认为容量单位"石"读"dàn"音,是语音演化的结果,与檐负之义无关。[①] 董珊之说可从。

而"食之"的对象自然是"传赁",传舍等管理运输的单位依《龙节》所述的身份、粮食数量的规定,供给"传赁"食物。

【断代及国别】

战国楚器。

【相关研究文献】

唐兰:《王命传考》,北京大学《国学季刊》6 卷 4 号,1946 年,第 61—73 页,又辑入《唐兰先生金文论集》,紫禁城出版社 1995 年版,第 53—61 页
流火:《铜龙节》,《文物》1960 年第 8、第 9 期合期,第 82 页
石志廉:《对"铜龙节"一文的商榷》,《文物》1961 年第 1 期,第 72 页
汤余惠:"铜龙节",《战国铭文选·符节》,吉林大学出版社 1993 年版,第 51 页
陈昭容:《战国至秦的符节——以实物资料为主》,《"中研院"历史语言研究所集刊》第 66 本第一分,"中研院"历史语言研究所,1995 年 3 月,第 305—366 页
李家浩:《传赁龙节铭文考释——战国符节铭文研究之三》,《考古学报》,1998 年第 1 期,第 1—10 页,又辑入李家浩:《著名中年语言学家自选集·李家浩卷》,安徽教育出版社 2002 年版,第 101—116 页

【备注】

据清人以来的著录拓本,迄《殷周金文集成》所录,王命龙节共有六件,所记载的铭文、器的形制都是相同的,唯龙首的纹饰略有

[①] 张世超:《容量石的产生及其相关问题》,《古文字研究》第二十一辑,中华书局 1991 年版,第 318—319、322—323 页。

小异。本文为便于著录讨论,故将本王命龙节标注为王命龙节
(一),以下依序编号为(二)、(三)……以此类推。

第十节　王命龙节(二)

【器号】10

【器名】王命龙节(二)

【器形及说明】

引自中国社会科学院考古研究所编:《殷周金文集成》(修订增补本)第八
册,中华书局 2007 年版,器号 12098,第 6594 页。

【出土地】

不详。

【典藏地】

《金石索》云吴门陆贯夫藏,今不详其所在。①

---

① 　中国社会科学院考古研究所编:《殷周金文集成》(修订增补本)第八册,中华书局
2007 年版,第 6651 页。

【著录】

《集成》器号	12098
著　录	[清] 冯云鹏、冯云鹓:“周龙虎节”,《金石索》卷二,1821 年,第 103 页
	严一萍编:“王命＝节二”,《金文总集》,艺文印书馆 1983 年版,器号 7896,第 4593 页
	中国社会科学院考古研究所编:《殷周金文集成》,第十八册,中华书局 1994 年版,器号 12098 ,第 347 页
	刘彬徽、刘长武:“王命虎节(其三)”,《楚系金文汇编》,湖北教育出版社 2009 年版,器号一〇五- 1,第 398 页右
	吴镇烽:《商周青铜器铭文暨图像集成》,上海古籍出版社 2012 年版,器号 19165,第 539 页

【释文】

王命〔＝(命命)〕[1]遖(传)赁(正面)

一檐(担)飤(食)之(反面)

王命。命传赁。一担食之。(通读)

【注释】

〔1〕《金石索》及《殷周金文集成》所录拓本“命”字下无重文符“＝”,疑搨印时漏失,参照其他《王命龙节》的文例,此补重文符“＝”。

【断代及国别】

战国楚器。

【相关研究文献】

唐兰:《王命传考》,北京大学《国学季刊》6 卷 4 号,1946 年,第 61—73 页,又辑入《唐兰先生金文论集》,紫禁城出版社 1995 年版,第 53—61 页
流火:《铜龙节》,《文物》1960 年第 8、第 9 期合期,第 82 页
石志廉:《对“铜龙节”一文的商榷》,《文物》1961 年第 1 期,第 72 页

汤余惠:"铜龙节",《战国铭文选·符节》,吉林大学出版社 1993 年版,第 51 页

李家浩:《传赁龙节铭文考释——战国符节铭文研究之三》,《考古学报》1998 年第 1 期,第 1—10 页;又辑入李家浩:《著名中年语言学家自选集·李家浩卷》,安徽教育出版社 2002 年版,第 101—116 页

第十一节 王命龙节（三）

【器号】11

【器名】王命龙节（三）

【器形及说明】

引自中国社会科学院考古研究所编:《殷周金文集成》（修订增补本）第八册,中华书局 2007 年版,器号 12099,第 6594 页。

【出土地】

不详。

【典藏地】

端方旧藏，现不详其所在。①

【著录】

《集成》器号	12099
著　录	邹安："龙节一"，《周金文存》卷六下，1916 年，第 127 页左
	［清］端方："龙节"，《陶斋吉金续录》卷二，1909 年，第 19 页左
	严一萍编："王命𧊕节三"，《金文总集》，艺文印书馆 1983 年版，器号 7897，第 4594 页
	中国社会科学院考古研究所编：《殷周金文集成》第十八册，中华书局 1994 年版，器号 12099，第 347 页
	刘彬徽、刘长武："王命虎节（其四）"，《楚系金文汇编》，湖北教育出版社 2009 年版，器号一〇五- 1，第 398 页左
	吴镇烽：《商周青铜器铭文暨图像集成》，上海古籍出版社 2012 年版，器号 19162，第 535 页

【释文】

王命＝（命命）遄（传）赁（正面）

一檐（担）飤（食）之（反面）〔1〕

王命。命传赁。一担食之。（通读）

【注释】

〔1〕参上文王命龙节（一）所释。

【断代及国别】

战国楚器。

---

① 中国社会科学院考古研究所编：《殷周金文集成》（修订增补本）第八册，中华书局 2007 年版，第 6651 页。

【相关研究文献】

唐兰：《王命传考》，北京大学《国学季刊》6卷4号，1946年，第61—73页；又辑入《唐兰先生金文论集》，紫禁城出版社1995年版，第53—61页
流火：《铜龙节》，《文物》1960年第8、第9期合期，第82页
石志廉：《对"铜龙节"一文的商榷》，《文物》1961年第1期，第72页
汤余惠："铜龙节"，《战国铭文选·符节》，吉林大学出版社1993年版，第51页
李家浩：《传赁龙节铭文考释——战国符节铭文研究之三》，《考古学报》1998年第1期，第1—10页；又辑入李家浩：《著名中年语言学家自选集·李家浩卷》，安徽教育出版社2002年版，第101—116页

第十二节　王命龙节（四）

【器号】 12

【器名】 王命龙节（四）

【器形及说明】

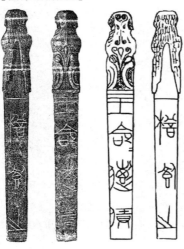

复印件引自中国社会科学院考古研究所编：《殷周金文集成》（修订增补本）第八册，中华书局2007年版，器号12100，第6595页。摹本引自周世荣：《湖南出土战国以前青铜器铭文考释》，《古文字研究》第十辑，中华书局1983年版，第279页图版38.

【出土地】

1946 年 9 月出土于湖南省长沙市东郊黄泥坑墓葬①。

【典藏地】

现藏于湖南省博物馆②。

【著录】

《集成》器号	12100
著　录	流火：《铜龙节》，《文物》1960 年第 8、9 期合期，第 82 页
	湖南省博物馆：《湖南省文物图录》，1964 年，图版 51
	湖南省博物馆、湖南考古学会：《湖南考古集刊》第一集，岳麓书社 1982 年版，图版 14，编号 9
	周世荣：《湖南出土战国以前青铜器铭文考释》，《古文字研究》第十辑，中华书局 1983 年版，第 279 页图版 38
	中国社会科学院考古研究所编：《殷周金文集成》，第十八册，中华书局 1994 年版，器号 12100，第 348 页
	吴镇烽：《商周青铜器铭文暨图像集成》，上海古籍出版社 2012 年版，器号 19162，第 535 页

【释文】

王命₌（命命）遽（传）赁（正面）

一檐（担）飤（食）之（反面）[1]

王命。命传赁。一担食之。（通读）

【注释】

〔1〕参上文王命龙节（一）所释。

【断代及国别】

战国楚器。

① 流火：《铜龙节》，《文物》1960 年第 8、9 期合期，第 82 页。

② 中国社会科学院考古研究所编：《殷周金文集成》（修订增补本）第八册，中华书局 2007 年版，第 6651 页。

【相关研究文献】

唐兰：《王命传考》，北京大学《国学季刊》6 卷 4 号，1946 年，第 61—73 页；又辑入《唐兰先生金文论集》，紫禁城出版社 1995 年版，第 53—61 页

流火：《铜龙节》，《文物》1960 年第 8、第 9 期合期，第 82 页

石志廉：《对"铜龙节"一文的商榷》，《文物》1961 年第 1 期，第 72 页

汤余惠："铜龙节"，《战国铭文选·符节》，吉林大学出版社 1993 年版，第 51 页

李家浩：《传赁龙节铭文考释——战国符节铭文研究之三》，《考古学报》1998 年第 1 期，第 1—10 页；又辑入李家浩：《著名中年语言学家自选集·李家浩卷》，安徽教育出版社 2002 年版，第 101—116 页

第十三节　王命龙节（五）

【器号】13

【器名】王命龙节（五）

【器形及说明】

引自中国社会科学院考古研究所编：《殷周金文集成》（修订增补本）第八册，中华书局 2007 年版，器号 12101，第 6595 页。

【出土地】

不详。

【典藏地】

《衡斋金石识小录》言江夏黄氏藏，现藏于故宫博物院①。

【著录】

《集成》器号	12101
著　录	黄濬："龙节"，《衡斋金石识小录》上卷，1935 年，第 24 页
	黄濬："龙节"，《尊古斋所见吉金图》卷四，1936 年，第 46 页
	严一萍编："王命龥节四"，《金文总集》，艺文印书馆 1983 年版，器号 7898，第 4595 页
	中国社会科学院考古研究所编：《殷周金文集成》第十八册，中华书局 1994 年版，器号 12101，第 348 页
	刘彬徽、刘长武："王命虎节（其五）"，《楚系金文汇编》，湖北教育出版社 2009 年版，器号一〇五-1，第 399 页右
	吴镇烽编：《商周青铜器铭文暨图像集成》，上海古籍出版社 2012 年版，器号 19163，第 537 页

【释文】

王命＝（命命）湍（传）赁（正面）

一楮（担）飤（食）之（反面）[1]

王命。命传赁。一担食之。（通读）

【注释】

〔1〕参上文王命龙节（一）所释。

【断代及国别】

战国楚器。

---

① 黄濬："龙节"，《衡斋金石识小录》上册卷二，收入《石刻史料新编》第三辑第四十册，新文丰出版公司 1986 年版，第 2 页，总第 490 页。中国社会科学院考古研究所编：《殷周金文集成》（修订增补本）第八册，中华书局 2007 年版，第 6651 页。

【相关研究文献】

唐兰：《王命传考》，北京大学《国学季刊》6 卷 4 号，1946 年，第 61—73 页，又辑入《唐兰先生金文论集》，紫禁城出版社 1995 年版，第 53—61 页
流火："铜龙节"，《文物》1960 年第 8、第 9 期合期，第 82 页
石志廉：《对"铜龙节"一文的商榷》，《文物》1961 年第 1 期，第 72 页
汤余惠："铜龙节"，《战国铭文选·符节》，吉林大学出版社 1993 年版，第 51 页
李家浩：《传赁龙节铭文考释——战国符节铭文研究之三》，《考古学报》1998 年第 1 期，第 1—10 页；又辑入李家浩：《著名中年语言学家自选集·李家浩卷》，安徽教育出版社 2002 年版，第 101—116 页

第十四节　王命龙节（六）

【器号】14

【器名】王命龙节（六）

【器形及说明】

引自中国社会科学院考古研究所编：《殷周金文集成》（修订增补本）第八册，中华书局 2007 年版，器号 12101，第 6595 页。

【出土地】

不详。

【典藏地】

中国社会科学院考古研究所藏①。

【著录】

《集成》器号	12102
著　　录	中国社会科学院考古研究所编：《殷周金文集成》第十八册，中华书局 1994 年版，器号 12102，第 349 页
	刘彬徽、刘长武："王命龙节(其六)"，《楚系金文汇编》，湖北教育出版社 2009 年版，器号一〇五-1，第 399 页左
	吴镇烽：《商周青铜器铭文暨图像集成》，上海古籍出版社 2012 年版，器号 19166，第 540 页

【释文】

王命=（命命）迦（传）赁（正面）

一槍（担）飤（食）之（反面）[1]

王命。命传赁。一担食之。（通读）

【注释】

〔1〕参上文王命龙节(一)所释。

【断代及国别】

战国楚器。

【相关研究文献】

唐兰：《王命传考》，北京大学《国学季刊》6 卷 4 号，1946 年，第 61—73 页；又辑入《唐兰先生金文论集》，紫禁城出版社 1995 年版，第 53—61 页
流火："铜龙节"，《文物》1960 年第 8、9 期合期，第 82 页

---

① 中国社会科学院考古研究所编：《殷周金文集成》（修订增补本）第八册，中华书局 2007 年版，第 6651 页。

续　表

石志廉：《对"铜龙节"一文的商榷》，《文物》1961 年第 1 期，第 72 页
汤余惠："铜龙节"，《战国铭文选·符节》，吉林大学出版社 1993 年版，第 51 页
李家浩：《传赁龙节铭文考释——战国符节铭文研究之三》，《考古学报》1998 年第 1 期，第 1—10 页；又辑入李家浩：《著名中年语言学家自选集·李家浩卷》，安徽教育出版社 2002 年版，第 101—116 页

第十五节　鹰　节（一）

【器号】15

【器名】鹰节（一）

【器形及说明】

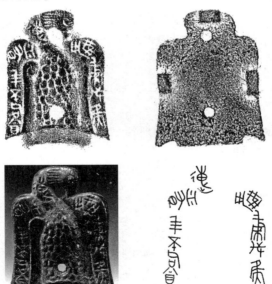

器形、文字摹本引自中国社会科学院考古研究所编：《殷周金文集成》（修订增补本）第八册，中华书局 2007 年版，器号 12105，第 6597 页。实物照片引自故宫博物院编：《故宫青铜器馆》，故宫出版社 2012 年版，第 197 页图版。

　　器物呈浮雕鹰形，平版状，上下各有一圆孔，器物背面左、右、上有三处榫头，或疑具有与另一半器物合符的功能，但形制不详，疑器物有另一半丢失。铭文由鹰首起至左右两翅处，共计十一字。①

【出土地】

不详。

【典藏地】

罗振玉旧藏，现藏于故宫博物院②。

【著录】

《集成》器号	12105
著　录	邹安："鹰符"，《周金文存》卷六下，1916 年，第 126 页左
	罗振玉："鹰节"，《增订历代符牌图录》图录上，1925 年，第 1 页右上
	刘体智："鹰节一"，《小校经阁金石文字》卷九，1935 年，第 105 页右，左上
	罗振玉："鹰节一"，《三代吉金文存》卷十八，1937 年，第 32 页右，右上
	严一萍编："鹰节二"，《金文总集》，艺文印书馆 1983 年版，器号 7894，第 4591 页
	中国社会科学院考古研究所编：《殷周金文集成》第十八册，中华书局 1994 年版，器号 12105，第 350 页
	故宫博物院编：《故宫青铜器馆》，故宫出版社 2012 年版，第 197 页图版
	吴镇烽：《商周青铜器铭文暨图像集成》，上海古籍出版社 2012 年版，器号 19172，第 546 页

---

① 程鹏万认为按照鹰节目前有的摹本、拓本及照片来看，颈部的造型与雁的长颈比较接近，无法与鹰直接联系起来。青铜节喙的造型与鹰喙也有一定的差距，特别是《善斋吉金录》13.1 所描绘的喙形，它与雁节（《集成》12103）喙的造型比较接近。认为集成 12105、12106 应称为"雁节"，不应该命名为"鹰节"。参程鹏万：《传遽鹰节、雁节研究补遗》，《战国文字研究的回顾与展望》，中西书局 2017 年版，第 115—119 页。按：程说有一定道理，但器型的外观差异尚难论断，本书于此依然以"鹰节"命名此器。

② 中国社会科学院考古研究所编：《殷周金文集成》（修订增补本）第八册，中华书局 2007 年版，第 6651 页。

【释文】

速（传）虞（遽）。帚戊吴（邮）正（铸）。有丰（契），不句（苟）
酉（留）。[1]

【注释】

[1] 与鹰节铭文有关的考释，针对单字讨论的有唐兰《王命传
考》；朱德熙、裘锡圭《战国文字研究（六种）》，李家浩《传遽鹰节铭
文考释》则专文对整个鹰节做考释。① 在此拟在前辈学者的基础
上对铭文进行逐字考释，并对于铭文旨意及器物的作用进行讨论。

1. （遽）

铭文第一字刻铸于器物颈部的位置，与铭文同样的写法见于
骑传马节，唐兰隶定"速"即"遽"，亦即"传"。②

谨按：唐兰所释甚是，在王命龙节中"传"字作，可隶定作
"遯"，此应是仅见于楚系文字的写法，用作"传"字。楚玺又有
（《古玺汇编》0203），《古玺汇编》释为"速"读"传"，其中"辶"旁下部的
"止"写法与"舟"接近做，细察左边的竖笔较细，应非实际的笔
画，还是从"止"为确。另外齐陶文有（《陶文图录》2.406.4），《齐文字
编》隶定为"遽"③，可从，在陶文中也应是读为"传"的。

2. （遽）

铭文第二字刻铸于器物右侧第一字，朱德熙、裘锡圭考释为
"虞"，读"遽"，认为字形上从"虍"，下部为"吴"字的进一步简化，即
把邵钟和壬午剑虞字所从的吴省去形，只剩下下端的足形。④

谨按：二位先生所释笔者从之，与铭文"虍"写法相近的字形

---

① 唐兰：《王命传考》，北京大学《国学季刊》6 卷 4 号，1946 年，第 61—73 页。朱德
熙、裘锡圭：《战国文字研究（六种）》，《考古学报》1972 年第 1 期，第 73—89 页。李
家浩：《传遽鹰节铭文考释——战国符节铭文研究之二》，《海上论丛》第二辑，1998
年，第 17—33 页。
② 唐兰：《王命传考》，北京大学《国学季刊》6 卷 4 号，1946 年，第 72 页。
③ 孙刚：《齐文字编》，福建人民出版社 2010 年版，第 45 页。
④ 朱德熙、裘锡圭：《战国文字研究（六种）》，《考古学报》1972 年第 1 期，第 88 页。

又见▦（《古玺汇编》3447）偏旁▦、▦①（《古玺汇编》3478）偏旁为▦，笔画略有残损，笔者将笔画复原后为▦，"虍"旁与铭文相近。铭文下部为▦（▦），写法与"乘"字上部足形▦《二十年距末》，《集成》卷十八，器号 11916 - 6）相合，朱、裴二位先生举▦（邵黛钟，《集成》卷一，器号226）、▦（少虡剑，《集成》卷十八，器号 11696）两虡字为例，认为▦是"吴"的进一步简化，省去▦形，只剩下下端的足形，甚确。铭文释为"虡"，读"遽"②，与上字连读"传遽"，"传遽"或做"遽传"，见于典籍，如《周礼·秋官·行夫》："掌邦国传遽之小事。"郑玄注："传遽，若今时乘传骑驿而使者也。"《左传·哀公二十一年》："群臣将传遽以告寡君。"③

3. ▦（▦）

铭文第三字为右侧第二字，李家浩释为"帚"④，对比古文字中"帚"的写法：

表 19　"帚"字形表

字形	▦	▦	▦遝(归)	▦遝(归)	▦归	▦归
偏旁			▦	▦	▦	▦

---

① 玺文在笔画上略有残缺，汤余惠：《略论战国文字形体研究中的几个问题》，《古文字研究》第十五辑，中华书局 1986 年版，第 72 页。何琳仪：《战国古文字典》，中华书局 1998 年版，第 445 页，释为"虎"。

② "虡"，《说文》"篆文虞省"，实与"虞"为同字，而"虡""遽"皆为群母鱼部字，字音通读上没有问题。然"虞"之或体做"鐻"，"鐻""遽"皆从"豦"得声，又为字音通读之一证。

③ ［汉］郑玄注、［唐］贾公彦疏：《周礼注疏》卷十八，艺文印书馆 1979 年版，第 13 页，总第 581 页。杨伯峻编著：《春秋左传注（修订本）》，中华书局 2000 年版，第 1718 页。

④ 李家浩：《传遽鹰节铭文考释——战国符节铭文研究之二》，《海上论丛》第二辑，1998 年，第 17 页。

续 表

出处	《合》20505	《合》17534	包山205	包山206	归父敦,《集成》卷九,器号4640	齐大宰归父盘,《集成》卷十六,器号10151
分域	甲骨		楚系		齐系	

字形	归	妇	帚	帚	
偏旁					
出处	侯马一:五一	晋公盆,器号10342-8,《集成》卷十六	《古玺汇编》60	《古玺汇编》158	
分域	三晋系		燕系		

对比上表,则铭文释为"帚"无疑。上举玺印两字同为燕玺,而铭文写法与燕系文字写法相合,可见"鹰节"可能是燕地的器物。

4. （戉）

铭文第四字为右侧第三字,李家浩释为"戉"①,铭文写法与古文字常见"戉"字 （包山31）、 （晋公盆,《集成》卷十六,器号10371）、 （《古玺汇编》0703）、 （《古玺汇编》3821）相合,故释为"戉"可从。

5. （邮）

铭文第四字为右侧最末一字,李家浩认为读"邮",《说文》:"邮,境上行书舍。"是负责传驿的机构,与上字连读为"帚戉邮"。详细的考释参本章器号5"骑传马节"。

---

① 李家浩:《传遽鹰节铭文考释——战国符节铭文研究之二》,《海上论丛》第二辑,1998年,第17页。

6. （泟）

铭文第五字为左上第一字，李家浩释为"舟"，并对比燕国燕王戈器铭文中的字（李家浩摹本①），将字形分析为从"爪"从"舟"从"心"，是从"心"，"受"省声的字，可能为"愋"字的异体。而有字的兵器，其铭文为：

> 郾侯职□萃锯（《集成》卷十七，器号 11221）
> 郾王詈巨攸锯（《集成》卷十七，器号 11240）

对比燕国兵器铭文同样语法位置上的字，如：

> 郾侯职乍（作）萃锯（《集成》卷十七，器号 11223）

字或为"乍（作）"，上古音"受""舟""铸"都是幽部字，可通，故铭文"舟"应读为"铸"。②

谨按：要分析此字所释，首先要对李家浩将铭文释为"舟"的根据——燕国燕王戈器铭文中的字应释为何进行讨论。

在燕王戈器铭文中，燕王的名字后都有一个表示制造义的动词，随着戈器时代的不同，使用的动词也有所差异，早期的戈器使用"乍（作）"字，而晚期兵器中表制造义的动词，字形写法则颇有差异③，例如：

---

① 李家浩摹自《文物》1982 年 8 期图版八·1，可参见《传遽鹰节铭文考释——战国符节铭文研究之二》，《海上论丛》第二辑，1998 年，第 22 页。

② 李家浩：《传遽鹰节铭文考释——战国符节铭文研究之二》，《海上论丛》第二辑，1998 年，第 22—23 页。

③ 关于燕王戈器表示制造义的动词早期用"乍（作）"，和晚期用字有所差异的讨论，参见冯胜君：《战国燕王戈研究》，《华学》第三辑，紫禁城出版社 1998 年版，第 244 页。林清源：《战国燕王戈器铭特征及其定名辨伪问题》，"中研院"历史语言研究所《"中研院"历史语言研究所集刊》第七十本第一分，1999 年，第 242 页注释 5。

表 20　"慁"字形表

编号	I	II	III	IV	V	VI	VII
字形							
器名	郾侯职戈	郾王詈戈	郾王喜戈	郾王詈戈	郾王喜矛	郾王喜剑	郾王职剑
集成器号	11221	11240	11249	11350	11529	11613	11634

值得注意的是,上表所罗列的字形很明显下部都是从"心"旁的,但上部所从的构形并不十分清楚。

汤余惠曾讨论字,摹本为,隶定为"慁",即"愛",从"心","受"省声,铭文读为"授"。李家浩对于字的分析亦是参自汤余惠,但是将字形分析为从"爪"从"舟"从"心",是"愛"字的异体。[1]

笔者认为将字上部隶定或分析为从"爪"从"舟",恐还有待商榷,首先考察古文字中"舟"字的写法:

表 21　"舟"字形表

字形				般	俞	俞
偏旁						
出处	包山 157	《郭店·成之闻之》35	庚壶,《集成》卷十五,器号 9733	鲁伯厚父盘,《集成》卷十六,器号 10086	侯马一九七:二〇	《古玺汇编》3316

---

① 汤余惠的说法见《战国铭文选·燕王喜戈》,吉林大学出版社 1993 年版,第 64 页。李家浩参看汤余惠的说法,见《传遽鹰节铭文考释——战国符节铭文研究之二》,《海上论丛》第二辑,1998 年,第 22 页注释 1。

续　表

分域	楚系		齐系	三晋系
字形	栦	愉		
偏旁				
出处	《古玺汇编》2407	《古玺汇编》3403	《古玺汇编》5500	
分域	燕系			

考察上表各分域"舟"字的写法,皆与李、汤二位先生所摹字释为"舟"的形和各系文字的写法相远,则将旁释为"舟"不可从,吴振武也提出"舟字无论怎样变,都不出现点状笔画"[1]的看法。董珊、陈剑对旁的写法作过讨论,认为是"乍"形的一种变体,其说可从。[2] 然如字代表制造义动词的字形,上表 20 共理出七字,其中字形"Ⅳ",林清源曾作过讨论,认为上表所述的字形"Ⅳ"应释为从"乍"从"心"的"作",读为"作"。[3] 而战国燕系的"乍"字写做(郾王职戈,《集成》卷十七,器号 11224),与字形"Ⅳ"上部的写法是相合的,则旁释为"乍",读为"作"。

苏建洲认为与《上博(五)·三德》16"夺民时以水事,是谓"中的"潮"字所从的右旁相类,战国燕系兵器铭文""字还是应该理解为从"潮"声,读为"铸"。"寿"的基本声符""是定母幽

---

[1] 关于战国燕系"舟"字的写法,可参见吴振武:《战国刻铭中的"泉"字》,《华学》第二辑,中山大学出版社 1996 年版,第 47—48 页之分析。

[2] 董珊、陈剑:《郾王职壶铭文研究》,《北京大学中国古文献研究中心集刊》第三辑,北京大学出版社 2002 年版,第 32—34 页。

[3] 林清源:《战国燕王戈器铭特征及其定名辨伪问题》,"中研院"历史语言研究所《"中研院"历史语言研究所集刊》第七十本第一分,1999 年,第 242 页注释 5。

部,与"朝(潮)"音近可通。① 苏建洲的意见笔者从之。则 旁释为"潮",读为"铸"。

7. ()

铭文第五字为左上第一字,李家浩释为"右",并举《古玺汇编》0846,蔡侯盘"佑受无已"之"佑"所从"右"旁的写法为例证之。

谨按:《古玺汇编》0846 中"右"字做 ,蔡侯盘"佑受无已"之"佑"所从"右"旁则写做 (《集成》卷十六,器号 10171),上引两字皆可分析为从"又"从"日",写法确实与铭文相类②,但铭文下部的"日"字,其下又有笔画为 (),同样写法的 字同样见于两件鹰节和二件雁节共四件节器,若依李家浩将字形释为"右",从"又"从"日"的"右"字写法于古文字中实为少见,从"日"应是"右"字本所从的"口"形增繁加上点画,如 (《古玺汇编》0846)从所的"口"为 ;或是从所的"口"加上横笔,如 (《蔡侯盘》,《集成》卷十六,器号 10171)从所的"口"为 。但鹰节的 (),很显然,下方右边还有一笔撇画,笔者认为此字应释为"有",考察战国文字中几个"有"字:

表 22 "有"字形表

字形						
出处	包山签牌 15	《上博五·三德》13	十年陈侯午敦,《集成》卷九,器号 4648	陈侯因育敦,《集成》卷九,器号 4649	侯马一六:三六	侯马一:七一
分域	楚系		齐系		三晋系	

---

① 见苏建洲:《〈上博楚竹书〉文字及相关问题研究·利用〈上博竹书〉字形考释金文二则》,万卷楼图书股份有限公司 2008 年版,第 138—139 页。
② 李家浩又举 (《古玺汇编》0941)、(《古玺汇编》3243)两个字形下方加二短横的例子,但笔者认为二短横疑为饰笔。

"有"字中所从的"月"(肉)若在笔画书写、刻铸较近的情况下,就容易出现如 的形体,参照上表十年陈侯午敦、陈侯因資敦的形体,也可作为铭文此字释为"有"的线索,因此笔者认为 应释为"有"。①

8. (丰)

李家浩隶定为"丰",并据《说文》言"契"从"㓞"声,而"㓞"又从"丰"声,故"丰"可读做"契",与上文连读为"右契"。② 何琳仪则释为"身"。③ 以上述二家之说,对比战国文字各系之"身"字做下述等形:

表 23　"身"字形表

字形				
出处	《郭店·老子甲》35	《上博(二)·容成氏》35	鼄公华钟,《集成》卷一,器号 245	叔夷镈,《集成》卷一,器号 285－5
分域			齐系	

字形				
出处	侯马一六五:一九	《古玺汇编》4639	《古玺汇编》0364	《古玺汇编》3463
分域	晋系		燕系	

据上表各系"身"字的写法,与 写法不类。李家浩将"丰"读做"契"之说,是与上字释为"右"通读为"右契"。但依笔者所见,此字

① 关于将本字铭文考释为"有",程鹏万也有同样的看法,相关的讨论参见程鹏万:《传遽鹰节、雁节研究补遗》《战国文字研究的回顾与展望》,中西书局 2017 年版,第 115—119 页。
② 李家浩:《传遽鹰节铭文考释——战国符节铭文研究之二》,《海上论丛》第二辑,1998 年,第 23—29 页。
③ 何琳仪:《战国古文字典》,中华书局 1998 年版,第 1552 页。

应与上文连读为"有契",即拥有此符契之意。

9. 🀙(禾)

铭文第七字为左侧第三字,字形释为"不"无疑。

10. 🀙(句)

铭文第八字为左侧第四字,李家浩释为"句",读为"拘","拘"从"句"声,故可通,与下字连读为"拘留"。① 笔者认为字形释为"句"可从,但读法仍有待考释。

谨按:字形释为"句"可从,但读法仍有可考之处,此字应可读"苟",其义与下字一起讨论。

11. 🀙(酉)

铭文第八字为左侧第四字,李家浩释为"酉",读为"留",而"酉"从"酉"声。《说文》中"留"从"丣"声。"丣"即《说文》古文"酉"。"酉"可读为"留",与上字连读为"拘留",并疑节铭"不句酉"应读为"不拘留"。在居延出土的汉代通行证上的文字,往往在末尾有习惯用语"毋苟留"或"勿苟留",节铭的"不句酉"可能是其异文。②

谨按:"酉"字见🀙(《古玺汇编》5268)、🀙(《上博(二)·容成氏》1),释"酉"可从,李家浩将其通读为"留"亦十分正确,笔者认为应和上字连读为"苟留"。铭文全文的意义容下详论。

根据李家浩的讨论,鹰节铭文应该隶定并通读为:

传虞(遽),帚戊吴(邮)舟(铸),右丰(契),不句(拘)酉(留)。

并认为"帚戊邮铸右契"也可能连作一句读。铭文的意思是说:此

---

① 李家浩:《传遽鹰节铭文考释——战国符节铭文研究之二》,《海上论丛》第二辑,1998年,第29页。
② 李家浩:《传遽鹰节铭文考释——战国符节铭文研究之二》,《海上论丛》第二辑,1998年,第29页。

右契是传遽用的，为帝戊邮所铸造，关、津等的官吏见到持此契的人不得扣留。①

依笔者之见，将铭文通读如下：

連(传)虡(遽)。帝戊吳(邮)正(铸)。有羊(契)，不句(苟)酋(留)。

"連(传)虡(遽)"是通关、传递用符节常见的语词，又见于王命虎节、王命传遽虎节、王命龙节、雁节。"传遽"一语见于先秦典籍，《周礼·秋官·司寇·行夫》："行夫：掌邦国传遽之小事、美恶而无礼者。凡其使也，必以旌节。虽道有难而不时，必达。居于其国，则掌行人之劳辱事焉，使则介之。"而《说文》中"传""遽"二字互训，《尔雅·释言》："遽，传也。"郭璞注："皆传车驿马之名。"《左传·昭公二年》："闻之，惧弗及，乘遽而至。"在铭文中"传遽"应皆指传递、递送之意，指持有此符契的人员具有负责"传遽"的责任。

"帝戊吳(邮)正(铸)"一句正如李家浩所论，指明符节铸造的地点，但帝戊明确的地望为何已不可考。在符节中叙述铸造地点、单位具有指明往来出发之处与归属责任的意义，如鄂君启节：

大攻(工)尹脽台(以)王命=(命，命)窠(集)尹㤟糈、裁尹逆、裁敓(令)阢，为鄻(鄂)君启之寳(府)賸(鑄)盟(铸)金节。

清楚说明了负责铸造金节的单位、人员职称、姓名，这也是研究楚国行政工作体系的重要资料。

"有羊(契)"指通过关、津时持有符契以验明身份，从目前所见的器物拓本上看，鹰节正面的线条及雕花以浮雕呈现，而铭文则

---

① 李家浩：《传遽鹰节铭文考释——战国符节铭文研究之二》，《海上论丛》第二辑，1998年，第29页。

是刻铸,器物的背部上、左、右三处各有一个长方形的卡榫,是用于与器物另一半在通关时予以"契合"时用的,这和古书中对符契使用性质的记载相合。但此鹰节的半部究竟是右半还是左半,仅从目前所见的实物恐怕难以确指,再者典籍也未明说持有符节是否有左、右意义上的差异。但如新郪虎符铭文中有"甲兵之符,右才(在)王,左才(在)新郪"的说明,使用于军事上的虎符则应有较明确的说明和规范。于此笔者将铭文读为"有𰀀(契)",即持有此符契。

"不句(苟)酉(留)"一语之意,李家浩读为"不拘留",所论极精,但笔者认为细考文献及铭文,"句酉"似不须非读为"拘留"。李家浩曾在讨论"句酉"一词时引用了居延汉简中汉代通行证的例子,往往在末尾有习惯用语"毋苟留"或"勿苟留"。例如:

> 封传,移过所,毋苟留。 　　《居延新简》E·P·T50:39
> 部载米糒,毋苟留,如律令。《居延新简》E·P·T13:3
> 过所。建武八年十月庚子,甲渠守侯良遣临木侯长刑博便休十五日,门亭毋河(苟)留,如律令。
> 　　　　　　　　　　　　　　　《居延新简》E·P·F22:698
> 　□□□年六月丁巳朔庚申,阳翟邑狱守丞就兼行承事,移函里男子李立弟临自言取传之居延,过所县邑侯国勿苟留,如律令。 　　　　《居延汉简甲乙编》140·1A①

在上引居延汉简的通行证中,"过所""毋苟留"都是习见的套语,根据陈直的研究,"过所"为文书之名,其性质分为两大类:一类是先发过所,人马尚未启程,等于通知公牍;一类是随身携带过所,等于路证形式。而至于"过所"之意义,陈直则认为"过所谓过所县邑河

---

① 李家浩:《传遽鹰节铭文考释——战国符节铭文研究之二》,《海上论丛》第二辑,1998年,第30页。

津之地,便利宿食及随从之人,其作用等于路证"。此外,过所移文中令取传谒过所县道之语,意为过所必须与传相辅相成。传之作用,等于身份证。① 但陈直以"毋苛留"为公牍中的习俗语,并未详说。而在传世文献中,也有"苛留"一词,例如《汉书·成帝纪》:

> 秋,关东大水,流民欲入函谷、天井、壶口、五阮关者,勿苛留。遣谏大夫博士分行视。

《汉书·王莽传中》:

> 盗铸钱者不可禁,乃重其法,一家铸钱,五家坐之,没入为奴婢。吏民出入,持布钱以副符传,不持者,厨传勿舍,关津苛留。

上引《汉书·成帝纪》言因阳朔三年秋的关东水灾,造成流民欲入函谷等几个险要的关口,此时采取的手段是允许流民入关,并不加以"苛留",再看《汉书·王莽传中》提到王莽因推行新货币造宝货五品,但民众不从,因此盗铸钱币,王莽遂以宝货五品作为出入通行的证明之一,若不持者则供应过客食宿、车马的处所不得收留,关津也要"苛留"。因此,从文意及语词的分析看来,"苛留"并非拘留之意,而是详加责问,不使通过、离开的意思。居延汉简中的"苛留"应也非指拘留,而是在边境的军民要出入守备的据点时,要出具"过所""符""传"等证明身份的许可文件,否则就要详加责问,不使通过。

因此铭文的"不句酉"应参照居延汉简及传世文献的例子,读为"不苛留"。至于"句""苛"相通的例证,李家浩言"句"为见母侯部;"苛"从丂得声,溪母幽部,两字声母"见""溪"皆为喉音,韵母

---

① 　陈直:《居延汉简研究》,天津古籍出版社 1986 年版,第 35、37 页。

"侯""幽"旁转,也举出典籍中侯、何相通;侯、胸的例证,胸与侯都是匣母侯部字,故可通用。胸、苟皆从句声。苟跟何、呵等字一样,也从可声。侯与何、分相通,那么苟与苛也应该可以相通。① 李家浩的意见笔者亦从之。而"酋"与"留"相通的例证,上文也已引述了李家浩的研究成果。

总结前文的讨论,笔者重新梳理关于鹰节的考释,以铭文言:

速(传)虞(遽)。帛戊吳(邮)㠪(铸)。有丰(契),不句(苟)酋(留)。

此物为使用于"传遽"任务的信凭,由"帛戊吳(邮)"铸造,可能亦是任务出发的起始单位。若持有此符契,则中途关津不得责问、不使通过。

附带一说,鹰节的外形应也和其任务的性质有关,在目前已知的先秦符节中,制成动物形状的器物居多,除了鹰节,尚有齐大夫马节、骑传马节、王命虎节、王命传遽虎节、王命车驲虎节、王命龙节、雁节、辟大夫虎节、将军虎节。大致考察一下其用途,只要与虎形有关的多半与军事用途的信凭有关,只有王命虎节是用于"传遽";其他的鹰、雁、马、龙等形都是用于"传遽",而除了龙形可能是因使用职等差异故铸造此形,鹰、雁、马应该都是取义其移动敏捷快速的特性,象征"传遽"能够同样地快速敏捷。但其中也不排除同一国别的器物因不同的铸造器形,而有使用职级上的差异。②

【断代及国别】

战国燕器。

---

① 李家浩:《传遽鹰节铭文考释——战国符节铭文研究之二》,《海上论丛》第二辑,1998 年,第 30—31 页。
② 上述对于鹰节的考释另可参见拙作:《先秦符节再探》,《战国文字研究的回顾与展望》,中西书局 2017 年版,第 120—131 页。

【主要参考文献】

唐兰：《王命传考》，北京大学《国学季刊》6卷4号，1946年，第61—73页；又辑入《唐兰先生金文论集》，紫禁城出版社1995年版，第53—61页

朱德熙、裘锡圭：《战国文字研究（六种）》，《考古学报》1972年第1期，第73—89页；又辑入《朱德熙古文字论集》，中华书局1995年版，第31—53页

李家浩：《传遽鹰节铭文考释——战国符节铭文研究之二》，《海上论丛》第二辑，1998年，第17—33页；又辑入李家浩：《著名中年语言学家自选集·李家浩卷》，安徽教育出版社2002年版，第82—100页

第十六节　鹰　节（二）

【器号】16

【器名】鹰节（二）

【器形及说明】

引自中国社会科学院考古研究所编：《殷周金文集成》（修订增补本）第八册，中华书局2007年版，器号12106，第6598页。

【出土地】

不详。

【典藏地】

不详。

【著录】

《集成》器号	12105
著　录	邹安:"鹰符",《周金文存》卷六下,1916 年,第 126 页左
	罗振玉:"鹰节",《增订历代符牌图录》,1925 年,图录上,第 1 页右上
	刘体智:"鹰节一",《小校经阁金石文字》卷九,1935 年,第 105 页右,左上
	罗振玉:"鹰节一",《三代吉金文存》卷十八,1937 年,第 32 页右,右上
	严一萍编:"鹰节二",《金文总集》,艺文印书馆 1983 年版,器号 7894,第 4591 页
	中国社会科学院考古研究所编:《殷周金文集成》第十八册,中华书局 1994 年版,器号 12105,第 350 页
	吴镇烽:《商周青铜器铭文暨图像集成》,上海古籍出版社 2012 年版,器号 19137,第 547 页

【释文】

遱(传)虡(遽)。尋戉吳(邮)垩(铸)。有羊(契),不句(苟)酉(留)[1]

【注释】

〔1〕参器号 15,"鹰节"(一)考释。

【断代及国别】

战国燕器。

【主要参考文献】

唐兰:《王命传考》,北京大学《国学季刊》6卷4号,1946年,第61—73页;
又辑入《唐兰先生金文论集》,紫禁城出版社1995年版,第53—61页

朱德熙、裘锡圭:《战国文字研究(六种)》,《考古学报》1972年第1期,第
73—89页;又辑入《朱德熙古文字论集》,中华书局1995年版,第31—53页

李家浩:《传遽鹰节铭文考释——战国符节铭文研究之二》,《海上论丛》第
二辑,1998年,第17—33页;又辑入李家浩:《著名中年语言学家自选集·
李家浩卷》,安徽教育出版社2002年版,第82—100页

第十七节　雁　节（一）

【器号】17

【器名】雁节(一)

【器形及说明】

引自中国社会科学院考古研究所编:《殷周金文集成》(修订增补本)第八
册,中华书局2007年版,器号12103,第6596页。

　　器形为雁形,从拓本及摹本来看,器形一面为雕饰纹路的立体
浮雕,另一面有凹陷,并有两处似为榫头的痕迹,或疑器物有另一
半丢失。器物铭文字形不甚清晰,对比另一同为雁形器的铭文,和
鹰节铭文相同,则此器铭文依他器补之。

【出土地】

不详。

【典藏地】

现藏于中国社会科学院考古研究所①。

【著录】

《集成》器号	12103
著　　录	罗振玉："雁节",《增订历代符牌图录》图录上,1925 年,第 1 页左上
	罗振玉："雁节",《三代吉金文存》卷十八,1937 年,第 31 页左,右下
	严一萍编："雁节",《金文总集》,艺文印书馆 1983 年版,器号 7892,第 4591 页
	中国社会科学院考古研究所编:《殷周金文集成》第十八册,中华书局 1994 年版,器号 12103,第 349 页
	吴镇烽:《商周青铜器铭文暨图像集成》,上海古籍出版社 2012 年版,器号 19170,第 544 页

【释文】

連(传)虞(遽)。〔帚戉吴(邮)𢓊(铸)。有𢀜(契),不〕句(苟)酉(留)。[1]

【注释】

〔1〕参器号 15,"鹰节"(一)考释。

【断代及国别】

战国燕器。

【相关研究文献】

李家浩:《传遽鹰节铭文考释——战国符节铭文研究之二》,《海上论丛》第二辑,1998 年,第 17—33 页;又辑入李家浩:《著名中年语言学家自选集·李家浩卷》,安徽教育出版社 2002 年版,第 82—100 页

---

① 中国社会科学院考古研究所编:《殷周金文集成》(修订增补本)第八册,中华书局 2007 年版,第 6651 页。

第十八节　雁　节（二）

【器号】18

【器名】雁节（二）

【器形及说明】

器形、摹本引自中国社会科学院考古研究所编：《殷周金文集成》（修订增补本）第八册，中华书局 2007 年版，器号 12104，第 6597 页。

　　器形呈雁形团状，雕饰为立体浮雕，器之首尾有残损，铭文亦有缺漏，铭文可据鹰节铭文补缺。

【出土地】

　　不详。

【典藏地】

　　方若旧藏，现藏于中国国家博物馆①。

---

①　中国社会科学院考古研究所编：《殷周金文集成》（修订增补本）第八册，中华书局 2007 年版，第 6651 页。

【著录】

《集成》器号	12104
著　录	罗振玉:"雁节",《增订历代符牌图录》图录上,1925 年,第 1 页右下
	罗振玉:"雁节",《三代吉金文存》卷十八,1937 年,第 31 页左,左下
	严一萍编:"雁节",《金文总集》,艺文印书馆 1983 年版,器号 7893,第 4591 页
	中国社会科学院考古研究所编:《殷周金文集成》第十八册,中华书局 1994 年版,器号 12104,第 350 页
	吴镇烽:《商周青铜器铭文暨图像集成》,上海古籍出版社 2012 年版,器号 19171,第 545 页

【释文】

迶(传)虞(遽)。帚戉矣(邮)⫶(铸)。〔有〕丰(契),不〔句(苟)酉(留)〕。[1]

【注释】

〔1〕参器号 15,"鹰节"(一)考释。

【断代及国别】

战国燕器。

【相关研究文献】

李家浩:《传遽鹰节铭文考释——战国符节铭文研究之二》,《海上论丛》第二辑,1998 年,第 17—33 页;又辑入李家浩:《著名中年语言学家自选集·李家浩卷》,安徽教育出版社 2002 年版,第 82—100 页

第十九节　辟大夫虎节

【器号】 19

【器名】辟大夫虎节
【器形及说明】

拓本图版引自中国社会科学院考古研究所编：《殷周金文集成》（修订增补本）第八册，中华书局 2007 年版，器号 12107，第 6598 页。彩色照片及铭文摹本引自郭永秉：《将军虎节与嬖大夫虎节研究》，《中国国家博物馆馆刊》2022 年第 8 期，第 148、150 页。

　　器形呈伏虎状，仅存右半，有虎形的浮雕及铭文九字，合文一字。根据拓本器物另一面有两处卯眼，或疑器物有另一半丢失。

【出土地】

不详。

【典藏地】

陶祖光、罗振玉旧藏，现藏于故宫博物院①。

————————

① 中国社会科学院考古研究所编：《殷周金文集成》（修订增补本）第八册，中华书局 2007 年版，第 6651 页。

【著录】

《集成》器号	12107
著　录	罗振玉:"辟夫夫虎节",《增订历代符牌图录》图录上,1925年,第2页右下
	中国社会科学院考古研究所编:《殷周金文集成》第十八册,中华书局1994年版,器号12107,第351页
	吴镇烽:《商周青铜器铭文暨图像集成》,上海古籍出版社2012年版,器号19169,第543页

【释文】

辟夫＝(大夫)信节⑴(文字摹本右行)

市丘牙(与)塿絣⑵(文字摹本左行)

市丘牙(与)塿絣辟大夫信节⑶(通读)

【注释】

〔1〕铭文右行共计五字,又合文一字,前三字为官名,后两字为"信节",铭文句势与将军虎节相同,以下则逐字论之。

1. ![辟]

字释为"辟",与下文连读为"辟大夫",李家浩认为"辟"非人名,引《左传·成公二年》齐晋鞌之战,齐顷公免于难时,与"辟司徒"之妻有一段对话,而"辟司徒"一词,杜注曰:"辟司徒,主垒壁者。"①出土文献中亦多见假"辟"为"壁"的例子,"辟大夫"之"辟"也应读为"壁",对比推之,"辟大夫"的职掌应该跟"辟司徒"一样是主垒壁。② 古书中有"壁垒"之语,《六韬·龙韬·王翼》:"股肱四人:主任重持难,修沟堑,治壁垒,以备守御。"《淮南子·兵略训》:"相地形,处次舍,治壁垒,审烟斥,居高陵,舍出处,此善为

① 杨伯峻编著:《春秋左传注(修订本)》,中华书局2000年版,第796页。
② 李家浩:《贵将军虎节与辟大夫虎节——战国符节铭文研究之一》,《中国历史博物馆馆刊》1993年第2期,第54页。

地形者也。"①则"辟司徒"应如杜注所言为主治垒壁之官,"辟大夫"之执掌或与主治垒壁有所相关。

翻检文献,不难发现"辟"通读为"壁"音虽然不成问题,但在典籍及出土文献中罕见其例,"辟(壁)大夫"之名亦未见于典籍。陈伟武提出将"辟"通读为"嬖",石小力又引《上博(四)·曹沫之陈》及《清华(二)·系年》等出土文献材料补证"辟大夫"通读为"嬖大夫"的正确性。②

因此笔者亦认为"辟"应读为"嬖","辟大夫"即"嬖大夫"。《左传·昭公元年》子产执子南而责其罪,其中云:"子晳,上大夫;女,嬖大夫,而弗下之,不尊贵也。"杨伯峻注曰:"春秋时晋、郑、吴双称下大夫为嬖大夫。""下大夫"之名义于《周礼》《礼记》有载,《韩非子·外储说左下》:"故晋国之法,上大夫二舆二乘,中大夫二舆一乘,下大夫专乘,此明等级也。"《周礼·地官·司徒》:"司门:下大夫二人,上士四人,中士八人,下士十有六人。"又《夏官·司马》:"军司马,下大夫四人。""五百人为旅,旅帅皆下大夫。百人为卒,卒长皆上士。"

出土文献中亦见"嬖大夫"之名,见《上博(四)·曹沫之陈》:

> 庄公又问:"为和于陈如何?"答曰:"车间容伍,伍间容兵,贵有常。凡贵人思(使)处前位一行,后则见亡。进必有二将军,毋将军必有数辟(嬖)大夫,毋俾(嬖)大夫必有数大官之师、公孙公子、凡有司率长。"③

《清华(二)·系年》69—70:

---

① 曹胜高、安娜注:《六韬 鬼谷子》,中华书局 2007 年版,第 77 页。[汉]刘安编,何宁撰:《淮南子集释》,中华书局 1998 年版,第 1095 页。
② 陈伟武:《简帛兵学文献探论》,中山大学出版社 1999 年版,第 132 页。石小力:《东周金文与楚简合证》,上海古籍出版社 2017 年版,第 75—76 页。
③ 释读依陈剑:《上博竹书〈曹沫之陈〉新编释文(稿)》,收入《战国竹书论集》,上海古籍出版社 2013 年版,第 118 页。陈剑指出"辟"字原误释为"狱"。"辟(嬖)大夫"即下文之"俾(嬖)大夫"。

　　　　齐三辟(嬖)夫=(大夫)南郭子、蔡子、晏子率师以会于断道。

《曹沫之陈》简文中"辟(嬖)大夫、俾(嬖)大夫"义同,都是指负责军务工作的下大夫,《国语·吴语》:"陈士卒百人,以为彻行百行。行头皆官师,拥铎拱稽,建肥胡,奉文犀之渠。十行一嬖大夫……"韦昭注:"三君皆云:'官师,大夫也。'昭谓:下言'十行一嬖大夫',此一行宜为士。《周礼》:'百人为卒,卒长皆上士。'……十行,千人。嬖,下大夫也。子产谓子南曰:'子皙,上大夫。汝,嬖大夫。'"

　　据此,则虎节之一是授予"嬖大夫"作为军事凭证之用,应是可信的。

　　2. ![]

　　铭文为"大夫"二字合文,"大夫"合文常见于出土文献,何琳仪归为"合文借用形体"一类,并定义为"这类合文虽属借用偏旁,但所借用的偏旁在合文中又是一个独立的字"[①]。下表则罗列各分域"大夫"之合文:

表 24 "大夫"合文字形表

字形	![]	![]	![]	![]	![]	![]	![]	![]
出处	包山 41	《上博(四)·曹沫之陈》39	《古玺汇编》0098	《战国玺印分域编》601	中山王鼎壶,《集成》卷十五,器号9735	侯马一六:三	大夫北镦,《集成》卷十八,器号11991	六年五大夫弩机,《集成》卷十八,器号11931
分域	楚系		齐系		三晋系		燕系	

---

① 何琳仪:《战国文字通论(订补)》,江苏教育出版社 2003 年版,第 212 页。

3. "信"字铭文右下略残,为 🖿,但知释为"信"字无疑。"节"字右旁写法为 🖿,与一般战国文字常见"节"字的写法略有差异,但亦释"节"字为确。

〔2〕铭文左行共计五字,首字不清,句式亦与将军虎节相同,可对比将军虎节补字,以下则逐字论之。为对照将军虎节、辟大夫虎节相同之铭文,制一表如下:

隶　定	填	丘	牙	塿	綄
将军虎节	🖿	🖿	🖿	🖿	🖿
辟大夫虎节	🖿	🖿	🖿	🖿	🖿

首字不清,拓本为🖿,李家浩摹本为🖿,认为可据将军虎节文例补"填"字。[1] 郭永秉认为此字应该分析为从"土"从"贝""之"声,就是"市"字繁形。节铭的写法只不过是把"土""贝"的位置调换了一下,这种左"土"右"贝"的"市",在齐系陶文中间也曾出现过。[2] 郭说甚确可从。考察上表,其他四字写法与将军虎节相合,故释丘、牙、塿、綄皆可从。

〔3〕依李家浩之说,铭文其义为"填丘颁发给塿綄的辟大夫的信节","填丘"可通读为"临淄",应是由首都颁发给驻地大夫的信凭符节。郭永秉认为铭文应为"市丘牙(与)塿綄辟大夫信节","市丘"为战国时韩国的重要城邑,战国以后可以用"市丘"这一韩国大邑作为韩国的代称,"塿綄"应读"楼烦"。"楼"与"塿"同从"娄"声,可以相通。符节可能反映了韩王信在楚汉战争中与楼烦人不同寻常的关系。[3]

---

① 李家浩:《贵将军虎节与辟大夫虎节——战国符节铭文研究之一》,《中国历史博物馆馆刊》1993 年第 2 期,第 51—52 页。
② 郭永秉:《将军虎节与璧大夫虎节研究》,《中国国家博物馆馆刊》2022 年第 8 期,第 150 页。
③ 郭永秉:《将军虎节与璧大夫虎节研究》,《中国国家博物馆馆刊》2022 年第 8 期,第 154—158 页。

　　谨按：铭文的释读隶定当从郭永秉之说，对于铭文及器物史实的讨论颇具启发。关于铭文意义及有关的详细考释可与下文"将军虎节"一起参看。

【断代及国别】

秦至汉初之间。

【相关研究文献】

李家浩：《贵将军虎节与辟大夫虎节——战国符节铭文研究之一》，《中国历史博物馆馆刊》1993 年第 2 期，第 50—55 页
郭永秉：《将军虎节与嬖大夫虎节研究》，《中国国家博物馆馆刊》2022 年第 8 期，第 147—159 页

第二十节　将军虎节

【器号】 20

【器名】 将军虎节

【器形及说明】

图版引自钟柏生、陈昭容、黄铭崇、袁国华编：《新收殷周青铜器铭文暨器影汇编》，艺文印书馆 2006 年版，器号 1559，第 1067 页（左下）；吴镇烽：《商周青铜器铭文暨图像集成》，上海古籍出版社 2012 年版，器号 19168，第 542 页（左上）。文字摹本引自郭永秉：《将军虎节与嬖大夫虎节研究》，《中国国家博物馆馆刊》2022 年第 8 期，第 150 页。

【出土地】

不详。

【典藏地】

现藏于中国国家博物馆①。

【著录】

《集成》器号	未收
著　录	中国青铜器全集编辑委员会编:《中国青铜器全集》第八册,文物出版社 1993 年版
	钟柏生、陈昭容、黄铭崇、袁国华:"贵将军信节",《新收殷周青铜器铭文暨器影汇编》,艺文印书馆 2006 年版,器号 1559,第 1067 页
	吴镇烽:《商周金文通鉴》,2007 年,器号 19180
	刘雨、严志斌:"韩将庶虎节",《近出殷周金文集录二编》,中华书局 2010 年版,器号 1345,第 311 页
	吴镇烽:《商周青铜器铭文暨图像集成》,上海古籍出版社 2012 年版,器号 19168,第 542 页

【释文】

为牆(将)军信节[1](文字摹本右行)

市丘牙(与)塿絣[2](文字摹本左行)

市丘牙(与)塿絣为将军信节[3](通读)

【注释】

〔1〕李家浩曾对铭文作过全面的讨论,郭永秉又对铭文作过更详细的研究,今拟在李、郭两位先生讨论的基础上,对铭文进行释读。

---

① 钟柏生、陈昭容、黄铭崇、袁国华编:《新收殷周青铜器铭文暨器影汇编》,艺文印书馆 2006 年版,器号 1559,第 1067 页。

1.

李家浩摹写字形为 ，认为字形虽与"弁""贵"上部写法相近，铭文左行最末字已有"弁"之偏旁，故以释"贵"较确①，并将"贵"通读为"锐"，即《左传》所言的"锐司徒"，为主管锐兵之将军。②

郭永秉根据虎节的高像素的照片，认为铭文字形为战国多系文字常见的"为"字简体。郭说正确可从。

2.

李家浩认为铭文为"牆"，原文所从的"酉"旁写做"目"字形，当是变体。③

谨按：字形左从"彳"，右上从"夕"，右下所从与战国文字酉字 （包山233）下部相类，而与战国文字"目"字相较：

表 25 "目"字形表

字形					
出处	《郭店・五行》47	《陶文汇编》2.463.3	《古玺汇编》3135	《古玺汇编》0378	《古玺汇编》0565
分域	楚系	齐系	三晋系		燕系

铭文右下的写法与战国文字"目"的写法不类，应非"酉"之变体写做"目"形，而应是"酉"的简省。另外，考察古文字中释为"将"的字形：

---

① 李家浩：《贵将军虎节与辟大夫虎节——战国符节铭文研究之一》,《中国历史博物馆馆刊》1993年第2期，第50页。
② 李家浩：《贵将军虎节与辟大夫虎节——战国符节铭文研究之一》,《中国历史博物馆馆刊》1993年第2期，第54页。
③ 李家浩：《贵将军虎节与辟大夫虎节——战国符节铭文研究之一》,《中国历史博物馆馆刊》1993年第2期，第51页。

表 26　"将"字形表

字形	![字形1]	![字形2]	![字形3]	![字形4]	![字形5]
出处	《郭店·老子丙》9	《上博(一)·孔子诗论》4	中山王方壶,《集成》卷十五,器号 9735	《古玺汇编》0048	九年将军戈,《集成》卷十七,器号 11325
分域	楚系		三晋系	燕系	

上表各系皆以"牆"字读为"酱"或"将"等音读相同或相类的字,《说文》:"将,从寸,酱省声。"而《说文》小篆"酱"字的写法为牆,跟铭文的写法相类,只是铭文右下的"酉"字写法有所简省。

郭永秉指出"牆"的"酉"旁写法见于燕系,而其他字形中却没有发现明显与燕文字相合的特点。但是两件节铭的秦文字底色却很明显地通过六国文字表征显露出来。例如用作"将"的"牆(酱)"字,是目前仅见于秦文字的特征性字形,他系尚未见此形(即从"肉""牆"的写法)。"竹"旁写成平头的,惯见于秦印及秦铜器篆文,这种风格在六国文字中也没有出现过。[①]

3. 𨚖

李家浩分析字形为从"兄"从"勹",铭文所从"兄"字与《齐子仲姜镈》"兄"字相同,并引《古文四声韵》卷一臻韵古文"军"字证之,认为铭文为"军"字。[②]

谨按,李家浩所说"齐子仲姜镈"于《集成》名为"鮑镈"(又名齐侯镈,器号 271),其中"兄"字为𠰉,相似的字形也见𠰉 (《郭店·语丛一》70),皆与铭文相类。而偏旁"勹"于古文字中为:

---

① 　郭永秉:《将军虎节与壁大夫虎节研究》,《中国国家博物馆馆刊》2022 年第 8 期,第 152 页。

② 　李家浩:《贵将军虎节与辟大夫虎节——战国符节铭文研究之一》,《中国历史博物馆馆刊》1993 年第 2 期,第 51 页。

表 27 "勹"字形表

字形	(字形)	(字形)	(字形) 勻	(字形) 旬	(字形) 旬
偏旁			(字形)	(字形)	(字形)
出处	《合》14295	《合》14294	勻作宝彝簋,《集成》卷三,器号3381	《上博(二)·容成氏》14	包山 183
分域	甲骨		楚系		

字形	(字形)	(字形)	(字形)	(字形)
偏旁	(字形)	(字形)	(字形)	(字形)
出处	庚壶,《集成》卷十五,器号 9733	《陶文汇编》3.42.1	十年扁壶,《集成》卷十五,器号 9683	《古玺汇编》1565
分域	齐系		三晋系	

在甲骨文中 (字形) 是用作"旬"的,"勹"在古文字中大抵为 (字形) (字形) 等形,因此将铭文所从的 (字形) 释为"勹"甚确。

《古文四声韵》中"军"应见卷一"文韵"第二十一,其载字形做:

字形	(字形)	(字形)	(字形)	(字形)
出处	古老子	王庶子碑	华岳碑	王存乂切韵

铭文 (字形) 的写法与《王存乂切韵》中的 (字形) 相合。《说文》:"军,圜围也,四千人为军,从包省从车。"可见《说文》所说的"从包省"当是从

勹,故铭文释为"军"可信。

郭永秉指出节铭中有一些字存在与齐系文字相合的现象,但现在能确定独见于齐系文字(含传抄古文)的写法,只有从"兄(光)"的"军"字一例,其他的所有字形特点皆非齐系所独有。[1]

4.

李家浩释为"信"[2],左旁从"人",右旁与常见的"言"偏旁写法相较:

表 28　"言"字形表

字形						
出处	《合》404正	《合》4521	包山 14	《上博(一)·孔子诗论》2	中山王䚫鼎,《集成》卷五,器号 2840	《古玺汇编》4284
分域	甲骨		楚系		三晋系	

铭文的写法则是在中间的竖笔上有两笔交叉成"✕"形,和常见的"言"字写法相比,则是中间的竖笔上多了一笔横,类似的写法亦见于《上博(一)·紂衣》:

字形			
出处	简 4	简 16	简 23

---

① 郭永秉:《将军虎节与嬳大夫虎节研究》,《中国国家博物馆馆刊》2022 年第 8 期,第 152 页。
② 李家浩:《贵将军虎节与辟大夫虎节——战国符节铭文研究之一》,《中国历史博物馆馆刊》1993 年第 2 期,第 51 页。

则铭文 应释为"信"甚确。郭永秉指出则指出"信"字的文字结构和写法特点也较近于秦系。①

5.

李家浩释为"节"②,而参看本章"表 3'节'字形表",铭文左旁 与古文字各分域"节"字所从"卩"旁不类,疑是铭文讹写,或笔画摹写不清,但释为"节"可从。郭永秉指出铭文"节"字所从"欠"旁的两种写法,也有不同的特色,张口形中一竖笔贯通的特点,常见于晋系。③

〔2〕下文逐字讨论文字摹本左行。

1.

如辟大夫虎节同字,郭永秉认为此字应该分析为从"土"从"贝","之"声,就是"市"字繁形。

2.

"丘"字《说文》古文做 ,参看古文字中"丘"的写法:

表 29 "丘"字形表

字形					
出处	《上博(一)·孔子诗论》21	包山 241	鄂君启车节,《集成》卷十八,器号 12112	闌丘为鵬造戈,《集成》卷十七,器号 11073	《陶文图录》3.37.1
分域	楚系			齐系	

---

① 郭永秉:《将军虎节与璧大夫虎节研究》,《中国国家博物馆馆刊》2022 年第 8 期,第 152 页。

② 李家浩:《贵将军虎节与辟大夫虎节——战国符节铭文研究之一》,《中国历史博物馆馆刊》1993 年第 2 期,第 51 页。

③ 郭永秉:《将军虎节与璧大夫虎节研究》,《中国国家博物馆馆刊》2022 年第 8 期,第 152 页。

续　表

字形			
出处	《古玺汇编》3229	《古玺汇编》0324	
分域	三晋系		

对比铭文的写法，与鄂君启车节、《古玺汇编》0324 相合，则铭文释为"丘"字无疑。郭永秉指出"丘"的写法，经比勘后可以发现与战国晋系文字的写法最为密合。[1]

李家浩认为"丘"应与上字连读为"填丘"，是个地名，即齐国初封的都城"营丘"，也就是"临淄"。因"填""营"二字古音相近，从声母来说，"填"属定母，"营"属喻母四等，喻母四等与定母十分接近。从韵母来说，"填"属真部，"营"属耕部，真耕二部字音关系密切。[2]

郭永秉认为铭文"丘丘"应释为"市丘"，是战国时韩国除国都之外的最重要的城邑之一，战国以后可以用"市丘"这一韩国大邑作为韩国的代称。[3]

3.

李家浩释为"牙"，读"与"，并引裘锡圭的意见，认为两周金文和秦汉篆隶"与"字偏旁皆写做"牙"。而《战国纵横家书》中有"牙"字读为"与"，"与""牙"古音都是鱼部字。则"与"字本从"牙"

---

[1]　郭永秉：《将军虎节与嬖大夫虎节研究》，《中国国家博物馆馆刊》2022 年第 8 期，第 152 页。

[2]　李家浩：《贵将军虎节与辟大夫虎节——战国符节铭文研究之一》，《中国历史博物馆馆刊》1993 年第 2 期，第 53 页。

[3]　郭永秉：《将军虎节与嬖大夫虎节研究》，《中国国家博物馆馆刊》2022 年第 8 期，第 155 页。

得声。故铭文中的"牙"应读为"与"。① 按,考察古文字中"与"的写法:

表 30 "与"字形表

字形					
出处	《上博(二)·容成氏》25	《上博(一)·孔子诗论》4	《郭店·老子甲》5	虧 镈,《集成》卷一,器号 0271	《陶文图录》2.435.1
分域	楚系			齐系	

字形					
出处	中山王𦜶鼎,《集成》卷五,器号 2840	侯马一九八:一〇	《文物》1983.3,温县 T1 坎 1:3211②		
分域	三晋系				

今从李家浩之说,将铭文隶定为"牙",读"与"。

4.

字形右旁为"娄",参看古文字中的"娄"字:

---

① 李家浩之说见《贵将军虎节与辟大夫虎节——战国符节铭文研究之一》,《中国历史博物馆馆刊》1993 年第 2 期,第 52 页。裘锡圭之说见《读〈战国纵横家书〉释文注释札记》,《文史》第 36 辑,中华书局 1992 年版,第 78—79 页。《战国纵横家书》的例子见《马王堆汉墓帛书〔叁〕》,《战国纵横家书》图版第 56、58、65、74 行,文物出版社 1983 年版。

② 河南省文物研究所:《河南温县东周盟誓遗址一号坎发掘简报》,《文物》1983 年第 3 期,第 78—89 页,下接第 77 页。

表 31 "娄"字形表

字形				鄭	鏤	
偏旁						
出处	包山 5	包山 75	《郭店·语丛二》44	《古玺汇编》0237	《古玺汇编》3687	长陵盉,《集成》卷十五,器号 9452
分域	楚系			齐系		三晋系

字形	鄭	嘼
偏旁		
出处	《古玺汇编》3247	《古玺汇编》0158
分域	燕系	

由上表来看,铭文的写法与齐、晋系的写法相类,故释为"塿"可从。

5.

李家浩认为字形左旁似是"糸",右半与魏《正始石经》古文"变"字()的左半角近。并认为魏《正始石经》古文实从"支"从"弁"字的异体,而将铭文释为"緶"。[①]

谨按:石经《无逸》古文对比上引"表 31'娄'字形表"各分

---

① 李家浩:《贵将军虎节与辟大夫虎节——战国符节铭文研究之一》,《中国历史博物馆馆刊》1993 年第 2 期,第 51 页。

域"弁"字的写法,与三晋系牪(侯马一:七七)的写法相近,而𦥑字左旁的异体写法演变,赵立伟认为:

> 《侯马盟书》写于春秋末年,因此在目前所能见到的材料中,"ㄓ"当为"兑"字的最早形体,其表示冠饰的折笔下移则为"𠈕"(包山简 258"筮"字所从),或做"𠈕"(郭店·性自43),表示冠饰的两点继续下移与人旁结合最后变做石经古文所从的"桌"。①

其说可参。

郭永秉指出"綷"所从"弁"旁写法都见于传抄古文资料,而汉魏传抄古文资料的主要来源正是齐鲁文字抄写的古文经。②

而李家浩也认为"綷"应与上字连读为"塿綷",是个地名,可据辟大夫虎符出土地定在胶县境内。另据 1857 年胶县灵山卫古城出土三件量器都记有"左关"。如果灵山卫古城是左关所在地,那么它可能是塿綷所属之关。③

郭永秉则将"塿綷"读为"楼烦"。"楼"与"塿"同从"娄"声,可以相通。并认为楼烦是历史悠久的古族,与燕、赵毗邻,燕曾于战国中期征服楼烦人并设县治民。韩王信能够在中原腹地封王,自然与其韩王之后的身份、同时又"材武"有战功相关,恐怕也与他善于招募、利用极善骑射的楼烦军参与到楚汉战争中密切相关。④

〔3〕按李家浩的释读将铭文通读为"塡丘牙(与)塿綷偏将军

① 赵立伟:《魏三体石经古文辑证》,社会科学文献出版社 2007 年版,第 298 页。
② 郭永秉:《将军虎节与嬰大夫虎节研究》,《中国国家博物馆刊》2022 年第 8 期,第 152 页。
③ 李家浩:《贵将军虎节与辟大夫虎节——战国符节铭文研究之一》,《中国历史博物馆馆刊》1993 年第 2 期,第 53—54 页。
④ 郭永秉:《将军虎节与嬰大夫虎节研究》,《中国国家博物馆刊》2022 年第 8 期,第 154—158 页。

信节"，即"填丘颁发给塿綧的贵将军的信节"。① "填丘"可通读为"临淄"，应是由首都颁发给驻地将军的信凭符节。

郭永秉则将铭文释为"市丘牙（与）塿綧（楼烦）为牂（将）军信节"，并认为虎节即当时韩王军队与楼烦将军、嬖大夫为调动军队而一起制作的凭信，是韩王信辅佐刘邦与项军作战的历史见证。郭说认为：

> 据《汉书》卷一《高帝纪》，此事应发生在汉四年冬十月。此时韩王信应已从楚军中逃归汉并复立为韩王，在成皋、广武这些韩国故地的战争，无疑有韩兵的参与；而且这些战争所涉的区域，正与前文所考证的可作为韩国代称的重要都邑"市丘"咫尺之遥，前引《韩策一》记五国伐秦不胜，"兵罢而留于成皋"，随即准备攻市丘，可证虎节文字内容与楚汉对峙的形势若合符节（图七）。因此，认为这两件用六国文字刻写的虎符，制作于汉二年信被立韩王到汉六年韩王信被徙封太原之间，是最为合理的。
>
> 将军虎节与嬖大夫虎节，从某种程度上可以印证韩王与胡人之间这种特殊关联，对我们深入了解汉初历史进程是极有裨益的。②

基于上述对于两件虎节器物的形制及铭文的解读，从对两件器物铭文的释读可以知道，持有信节的应是当时主管基层军事的官员，以现有的符节器物来看，符节授与的对象不一定与官员的身份等级高低有必然的关系，而是普遍用在授予权力和信凭用途，因

---

① 郭永秉：《将军虎节与嬖大夫虎节研究》，《中国国家博物馆馆刊》2022 年第 8 期，第 154—158 页。

② 郭永秉：《将军虎节与嬖大夫虎节研究》，《中国国家博物馆馆刊》2022 年第 8 期，第 154—158 页。

此铭文中的"辟（嬖）大夫""将军"即使不是主管军事的高级官员，也可以拥有中央授权军事的信凭器物。① 铭文按内容可以分析为：

铭 文	辟大夫	信节	市丘	牙（与）	壥綿
	将军	信节	市丘	牙（与）	壥綿
内容格式	持有者之官职	器物自名	颁发凭证的地点	给予	持有者所在的地名

然而就目前所见的先秦符节器物分析，先秦符节铭文的内容还未见因地域或作用上的特点，而存在规律性与一致性，目前所见的器物多随着用途与场合的不同，铭文就有不同形式的内容与叙述，②因此很难在器物之间提供参照对比的标准。而以器物形体言，虎形符节用于军事是有虎形动物象征威猛及攻击力的特点，器形与器物作用之间存在相互发明的关系。

而本节所讨论的两件信节符合了在军事作用上表明官职器名、授予地、持有地等内容，也自名其为"信节"。只是相较于秦虎符，本节讨论的两件虎符缺少具体的使用规范与军令记载，③如秦兵符新郪虎符：

① 对此，郭永秉认为古代的兵符，未必就专门是中央颁发给其所辖的地方使用的，还有其他很多用途。从李家浩所举出的《吕氏春秋·首时》"墨者有田鸠欲见秦惠王，留秦三年而弗得见。客有言之于楚王者，往见楚王，楚王说之，与将军之节以如秦，至，因见惠王"一段文字来看，战国时代将军节可以颁发给得到重用的客卿、游士、纵横家，作为凭信赴他国出使，近人甚至怀疑"或当时使者皆假将军之号"。所以，君主代表国家也可以对国内外的特定个人颁发将军节，并不限于中央对地方颁授。
② 特例是鄂君启车节、舟节因为有明确的铸造单位及作用，故两种器物存在铭文及形制的相似性。
③ 关于秦汉虎符铭文格式及制度意义的讨论可参孙闻博：《兵符与信玺：秦君军事角色的制度史考察》，《第四届简帛学国际学术研讨会暨谢桂华先生诞辰八十周年纪念座谈会》，2018 年 10 月，第 445—456 页。后改写为孙闻博："第四章 兵符、帝玺与玺书：秦君政治信物的行用及流变"，《初并天下—秦君主集权研究》，西北大学出版社 2021 年版，第 151—185 页。

　　　　甲兵之符,右才(在)王,左才(在)新郪。凡兴士被甲,用
　　　兵五十人以上,必会王符,乃敢行之。燔队(燧)事,虽母(毋)
　　　会符,行殹。

而相较于汉代虎符,器物给予的对象及身份刻载得很清楚,但相关
的具体作用及规范没有说明,如汉列侯虎符:

　　　　与堂阳侯为虎符第一(脊部铭)①

汉郡太守虎符:

　　　　与齐郡太守为虎符(脊部铭)　右二(右肋部铭)　齐郡左
　　　二(左肋部铭)②

就目前的材料来看,秦汉虎符之间除了合符的作用相同,铭文的格
式与记载内容似无必然的时代发展关系,而是受使用场合及功能
的影响而有所不同,在同一个时代断限中具有其特征。
　　郭永秉进一步指出:

　　　　如要合理解释虎节铭文中的战国文字糅杂性及异化特
　　　征,以及在文字结构和风貌方面反映出来的秦篆文底色,最宜
　　　考虑李家浩、田炜等先生所指出的秦王朝覆灭以后楚汉时代
　　　人刻写的可能。从符节制度本身来看,前文已经指出,汉代符
　　　节文字格式与虎节铭文相合,尤其是鲁王虎符等,与其格式更
　　　是完全一致,可见虎节所反映的军事制度与汉制衔接更为紧

① 傅振伦:《西汉堂阳侯错银铜虎符考释》,《文物天地》1990 年第 1 期。
② 景明晨、刘晓华:《咸阳发现汉齐郡太守虎符》,《文博》1990 年第 6 期;刘晓华、李晶
　　寰:《鲁王虎符与齐郡太守虎符小考》,《文物》2002 年第 4 期。

密。汉初的三件侯符——堂阳侯虎符、安国侯虎符及临袁侯虎符,据研究,分别是汉高帝颁给堂阳哀侯孙赤、安国武侯王陵、临辕坚侯戚鳃的虎符,时代大致皆在公元前 2 世纪初,其文字刻写形式与将军信节、嬖大夫信节皆同,都是由背脊往肋部书刻。堂阳侯虎符是目前可见的唯一左右合符的例子,可以明确证实这类虎符左右两半文字内容完全相同、行文方向相反。

汉初侯符自然与将军节、嬖大夫节的文字内容、制度也有所区别:第一,虎节自名为"信节",侯符自名"虎符";第二,侯符铭末皆有"第某"序数编号,虎节无;第三,虎节"与"字前连接制节主词的前半,侯符无;第四,侯符以标准小篆刻写、错银(临袁侯符不存,不明是否错银),虎节以六国文字为主体刻写,不错银。这些差异,应当是高帝建立汉朝以后的兵符制度与楚汉之际兵符制度的不同的反映,但是此二者之间的制度承续关系,以及虎符"信节"制度与更早的战国时代秦国"信符"制度的关联,则都是非常明确的,换言之,汉帝"信玺"制度仍应视为汉承秦制的体现。制度脉络梳理的结果,与文字形体方面的证据恰好相合,恐怕不是偶然的。

又两件虎节的制度,与汉初侯符制度一脉相承,很可能汉代信符制度在楚汉战争期间的汉军中已经确立,可能要到"张苍定章程、叔孙通制礼仪"之后,符节文字的刻写才统一使用秦篆,韩军符节遵汉制,但使用六国文字刻写,是值得注意的。[1]

谨按:至于两个虎符铭文相似的可能原因,笔者认为目前传

---

① 郭永秉:《将军虎节与嬖大夫虎节研究》,《中国国家博物馆馆刊》2022 年第 8 期,第154—158 页。

世的两件虎符是传世数量不多的先秦符节中非常特殊的,是目前除鄂君启节、雁节之外,另一类具有两件以上相同器型内容成套的器物,其实学界目前对鄂君启节的探讨表明,成套成组符节反映了一式多份的使用特质,如鄂君启节以性质分为舟节、车节,区分了水陆运输的不同,又各有一类五枚的符节,虽然五枚符节是不是真的分配给不同的通关辖区,而又回收组成现在所见的竹节之形,可能还有待确论。

但本书所讨论的两件虎符显然是具有固定的内容形式与使用功能的器物,具有身份、职级、属地的认定作用,从目前所能见到的符节器物来看,似乎还很难具体分析整理出完整的国别体系差异,但至少以功能而言,用于往来通关及军事凭证是其核心用途,期待将来能有更多符节器物能被发现,为此一器物的研究带来更多的突破。

【断代及国别】

秦至汉初之间

【主要参考文献】

李家浩:《贵将军虎节与辟大夫虎节——战国符节铭文研究之一》,《中国历史博物馆馆刊》1993 年第 2 期,第 50—55 页

郭永秉:《将军虎节与璧大夫虎节研究》,《中国国家博物馆馆刊》2022 年第 8 期,第 147—159 页

第二十一节　鄂君启车节(一)

【器号】21

【器名】鄂君启车节(一)

【器形及说明】

图版引自安徽省博物馆:《安徽省博物馆藏青铜器》,人民美术出版社 1987 年版,图版七九;摹本引自中国社会科学院考古研究所编:《殷周金文集成》(修订增补本)第八册,中华书局 2007 年版,器号 121110B,第 6602 页。

【出土地】

1957 年出土于安徽省寿县东门外丘家花园①。

---

① 殷涤非、罗长铭:《寿县出土的"鄂君启金节"》,《文物参考资料》1958 年第 4 期(总第 92 期),第 8 页。当时共出土车节三枚。

【典藏地】

现藏于中国国家博物馆①。

【著录】

《集成》器号	12110
著录	郭沫若：《关于"鄂君启节"的研究》，《文物参考资料》1958 年第 4 期（总第 92 期），第 7 页（二）、第 9 页图版
	中国文化研究所编：《文物精华》第二册，中国文化研究所 1960 年版，第 16 页左、第 50 页左
	于省吾：《鄂君启节考释》，《考古》1963 年第 8 期，图版八
	汤余惠："鄂君启节"，《战国铭文选》，吉林大学出版社 1993 年版，第 43 页
	吴镇烽：《商周青铜器铭文暨图像集成》，上海古籍出版社 2012 年版，器号 19168，第 542 页

【释文】

大司马卲（昭）鄗（阳）败晋市（师）于襄陵[1]之哉（岁）[2]，顕（夏）层之月[3]，乙亥之日，王尻（居）[4]于菝郢之游宫[5]。大攻（工）尹[6]腄台（以）王命＝（命，命）栗（集）尹恶糟、裁尹逆[7]、裁敏（令）阢，为鄙（鄂）君启之贳（府）赎（㑼）[8]盟（铸）金节[9]。车五十乘，哉（岁）罷（一）返[10]。母（毋）载金、革、黾箭[11]。女（如）马、女（如）牛、如德（犆）[12]，屯[13]十台（以）壴（当）一车[14]；女（如）楉（檐）徒[15]，屯廿＝（二十）楉（檐）台（以）壴（当）一车，台（以）毁于五十乘之中[16]。自鄙（鄂）坴（市）[17]，臸（就）[18]易（阳）垒（丘）[19]，臸（就）邡（方）城[20]，臸（就）⿰刀兔（兔）禾[21]，臸（就）栖（柳）焚（棼）[22]，臸（就）緐（繁）易（阳）[23]，臸（就）高垒（丘）[24]，臸（就）下都（蔡）[25]，臸

---

① 中国社会科学院考古研究所编：《殷周金文集成》（修订增补本）第八册，中华书局 2007 年版，第 6651 页。

（就）居鄩（巢）[26]，橐（就）郢[27]。见[28]其金节则母（毋）政（征），（毋）母舍（余）椊（槫/传）飤（食）[29]，不见其金节则政（征）[30]。

【注释】

〔1〕铭文为 ![字]，前一字诸家释为"襄"，又见于金文 ![字]（《薛侯匜》）、楚简 ![字]（《郭店·成之闻之》29）殆无疑义。后一字早期考释则有"陵""陲"二说，游移难定，早期将铭文释为"陲"但又要考虑到文意，"襄陵"成词于史有证，则需将"陲"通读为"陵"，以切合文意。但随着出土材料日益丰富，可供对比的资料渐多，字形的考释也终能确定下来，其中郑刚所论甚详，其所举例证可参，"夌""垂"二字的写法在古文字中虽然相近，但还是有明显的区别，如郑刚所释：

> ![字]字与"陲"字在字形上也还是有一定的差别的。"垂"字，小篆做 ![字]，金文做 ![字]（齐叔夷镈垂字所从）、籀文做 ![字]（《说文》"骓"字籀文所从）。经过比较，我们可以看出，![字]字所从 ![字]的与垂字所从的 ![字]是不同的，第一，![字]上部两个各只有一枝，向下贯穿写做 ![字]，而垂字两侧各有两枝，互不相连写做 ![字]；第二，![字]字上部为卜，是一横附在一竖上，而垂字却是 ![字]，是一竖的上部向下弯；第三，![字]字的一竖并不向下穿透，而 ![字]字无一例外地都要延伸下来。[①]

值得注意的是郑刚又进一步将 ![字] 释为"来"，此一意见相当正确，则铭文隶定为"陞"读"陵"，与上字连读为"襄陵"。

〔2〕铭文为 ![字]，诸家考释有"岁""载"二说，许学仁云：

> ![字]为岁之异构，金文岁字多从戈从戉，而不从戊，如：![字]

---

① 郑刚：《战国文字中的"陵"和"李"》，《中国古文字学研究会成立十周年学术研讨会论文》，1988 年 8 月，第 1 页。

舀鼎、▨国差蟾、▨陈猷釜、▨子禾子釜、▨为人甫盘，甲骨岁字则多数做▨▨，偶有做▨▨形者，与小篆及金文岁字最近，其另有别体做▨▨，金祥恒氏据卜辞文例，疑为"夕岁"之合文。今观缯书、鄂君启节▨字，知▨▨亦岁字，非夕岁之合文，盖积月成岁也。①

古文字"岁"字作下述等形：

表 32　"岁"字形表

字形	▨	▨	▨	▨	▨
出处	《合》27654	《合》25155	利簋	毛公厝鼎	包山 4
分域	甲骨		金文		楚系

字形	▨	▨	▨		
出处	国差蟾，《集成》卷十六，器号 10361	《古玺汇编》4426	《古玺汇编》4427		
分域	齐系	三晋系			

战国文字各系的写法显然保留了如甲骨"戈""止"的主要构形部件，但值得注意的是楚系的写法增加了"月"的部件，且在楚文字相关材料中此一构形的写法极为常见，知可释"岁"为确。

铭文"大司马卲(昭)鄔(阳)败晋帀(师)于襄陵之戠(岁)"反映了楚人以大事纪年的记岁用法，在包山、望山、新蔡等楚简材料中都能够见到此一记事的形式②，在记事形式上则有不同程度

① 许学仁：《楚文字考释》，《中国文字》新七期，艺文印书馆 1983 年版，第 113 页。
② 如包山简 12："东周之客鄦涅至胙于菽郢之岁。"望山简 5："鄦客困刍问王于菽郢之岁。"新蔡甲三简 20："齐客陈异致福于王之岁。"

的简省。① 与鄂君启节同样采用大事纪年的形式见于包山 103 简,是用重要战争作为大事纪年,诸家考证皆认为是《史记·楚世家》所记楚怀王六年(323)"楚使柱国昭阳将兵而攻魏,破之于襄陵,得八邑"之战事,确是。

〔3〕铭文为 ,"夏"常见于战国文字,楚文字即有多形:

表 33　楚系"夏"字形表

字形				
出处	《郭店·性自命出》25	新蔡甲 1.16	《上博(二)·容成氏》22	包山 200

字形				
出处	《郭店·成之闻之》38	《郭店·唐虞之道》13	《上博(二)·民之父母》5.9	

考上表,字形当以右旁从"页"左旁从"日"为标准形,另又有加上"止""正""女""虫"等偏旁的写法,值得注意的是《郭店·唐虞之道》13、《上博(二)·民之父母》5.9 的写法将"页"旁简省,而《上博(二)·民之父母》5.9 又将"虫"旁写成"它"。

铭文 ,隶定为"层",与上字连读"夏层",为楚地之月名。据《睡虎地秦简·日书》可绘制出的《秦楚月名对照表》中"二月楚夏层",秦历建亥,楚历建寅,两者间的月份相差三个月,则秦历所载的"二月",就是楚历的五月,则"夏层之月"为楚之五月。②

〔4〕铭文作 ,隶定为"尻",学者释读有"居""处"二说,《说

---

① 可参吴良宝:《战国楚简地名辑证》,武汉大学出版社 2009 年版,第 15 页。
② 可参曾宪通:《楚月名新探——兼论昭固墓竹简的年代问题》,《古文字研究》第五辑,中华书局 1981 年版,第 303—304 页。

文》："凥，处也。从尸得几而止。《孝经》曰：'仲尼凥'。凥，谓闲居如此。"《说文》："处，止也。得几而止，从夂从几。，处或从虍声。"①《说文》将"凥"释为"处"，但又举《孝经》"仲尼凥"一语，将"凥"读为"居"。

谨按："凥""居""处"三字间于字形上有别，如"凥"作（包山3）；"居"作（《包山》32）；"处"作（墙盘）。在字义用法分析上，鄂君启节中有"王凥于葳郢之游宫"及地名"居鄵"；《包山》简32"名族"，"凥""居"二字分写，故有学者认为"凥""居"二字分用有别。

关于"凥""居""处""處"四字之关系，季旭升认为：

> "凥"应该是"處"的省体，但是它可能有两个读音，一是"九鱼切"，与"居"同源，音义俱近，因此文献往往混用无别。……但是"凥"也可以读"处"。《包山》简238"囟左尹旎践遝凥"。一般读"凥"为"處"，字做""。……如果从文字形体发展来看，我们似乎可以推测"處"字既然从"虍"声，那么它的早期读音应该近于"凥（居）"……后期"處"字渐渐转向舌头，读成穿组，因此读成"昌与切"。而从"處"简化的"凥"因此也保留了"居"和"處"两种读法；而另一简体"处"因为产生得较晚，所以只有"昌与切"一个读音。②

又云：

> "居"有两个意义，一是蹲踞义，《说文·卷八·尸部》："居，蹲也。"这个字在《郭店·唐虞之道》简16中做"凥"："舜

---

① ［汉］许慎著、［清］段玉裁注：《新添古音说文解字注》，洪叶文化事业有限公司2005年版，第723页。
② 季旭升：《说文新证》（下册），艺文印书馆2008年版，第250页。

佢于艸茅之中而不慁（忧），弓（躬）为天子而不乔（骄）。"一是"居住"义，此义与"尻"应为同源字。"处"为"處"字的省体，应无可疑。《说文》"尻""处"异字，又以"處"为"处"的或体，不可从。①

则鄂君启节铭文中的"尻"字应读为"居"，指楚王居住于菽郢的游宫。

〔5〕铭文"菽"字形作，旧说有"茂""菽""菽""蔵""菽"诸说，释为"茂"字形下部与"戊"作（《包山》2.31）相较相差甚远，故不可从。铭文字形考释的主要关键在于字形下部左上，目前学者考释的方向主要有二：一为连同"戈"旁释为"戈"，字形和楚系"戠"字作（曾侯乙37）、（《上博（一）·孔子诗论》20）有异，但《包山》273简有"戠"字作，应是"戈"旁的一种简省变体；二为将字形下部左旁，释为"朮"，何琳仪、黄锡全二位先生都提出不少例证，可参之。笔者认为综观诸家考释，都想要对于楚文字中几个从戈旁、形体相近的字提出整体的释读，若不从各相近字形间的演变关系来看，释为"戈"的疑虑是，字形左上楚文字几作形，与不类，但值得注意的是包山273简"戠"字做，与同形，为释"戈"得到依据。而释为"朮"则是以秦简"叔"做、"朮"古玺文作、、、、，与形体相近，故将铭文释为"菽"。但将释为"朮"在字形上仍有无法全然安心的地方，考察何琳仪、黄锡提出的"朮"旁例证，字形下部的两画撇笔并没有简省的例子，铭文或可解释为简省的例子，但从"朮"旁构形的惯例来看，还是有值得考虑的地方。笔者认为字形可释为"菽"，至于"菽郢"之地望，有依音读通转，定为纪南城之说，笔者认为其地望存疑待考。

铭文"王尻（居）于菽郢之游宫"言楚王在菽郢的游宫，游宫当是楚王居于郢都之外的其他居所，其地望仍有待考证。金节先以

① 季旭升：《说文新证》（下册），艺文印书馆2008年版，第250—251页。

大事纪年，再载明楚王身处的状况，下文便是大攻（工）尹等职官受楚王之命，而为鄂君启铸造金节，足见楚人铸物记事之详。

〔6〕铭文"大攻尹"可读为"大工尹"，亦即"工尹"，"工尹"为楚之职官，其记载如《左传·宣公十二年》："晋师右移，上军未动。工尹齐将右拒卒以逐下军。"《左传·昭公十二年》："工尹路请曰：'君王命剥圭以为戚柲，敢请命。'王入视之。"①从《左传》的记载来看，工尹不只专职工官，亦为带兵出征之将领。

〔7〕"䌛"铭文作<img>，综合诸家所述，"䌛"字释读可分为三类，一是依《汗简》和《古文四声韵》所引之《古尚书》释为"织"字，"织尹"则为设计绘图之官（于省吾之说）；一是认为从"竹"从"咸"，释为"箴"，但"箴尹"之职未明说（商承祚之说）；一是释为"缄"，以"缄尹"为谏臣（罗运环之说）。罗运环对于、商两位先生的说法提出讨论，认为引《汗简》和《古文四声韵》考释，"释织虽有些证据，但仍然不能消除人们的疑惑"。

谨按：对比《古文四声韵》所引《古尚书》的"<img>"（织）②，仅左上与"䌛"字写法有所不同，若直接依《古文四声韵》将"䌛"释为"织"，是最为直接的释读。许学仁言"䌛"应即织字，此字"<img>"的写法与鱼鼎匕"哉"作"<img>"形近。汉有"织室"，奉宗庙衣服（见《汉书·五行志》师古注："织室，织做之室。"），并认为织尹掌衣服织作，集尹主膳食烹调，皆冶铸金节相关之有司。许学仁对"䌛"释为"织"提出补证，理皆可从。③ 但若"䌛"与"<img>"非为同字，其他的释读方向与讨论空间为何？ 笔者认为或可将"<img>"理解为从"糸"从"哉"省。

罗运环举包山楚简多见的"<img>"字（包山 2.18）为证，言"楚人职、

①　杨伯峻编著：《春秋左传注（修订本）》，中华书局 2000 年版，第 739、1340 页。
②　《新集古文四声韵》〔中国国家图书馆藏宋刻本〕，北京图书馆出版社 2003 年版，第 26 页。
③　许学仁：《先秦楚文字研究》，硕士学位论文，台湾师范大学，1979 年，第 142 页。

织、戠不写做裁"。包山楚简集箸类简中的"戠"字,以上述包山
2.18的写法为多数,其文例为"〔人名〕戠之",可能是指主理诉讼等
事务的人。①

楚帛书有 字读为"职"(摹本作 ②),上下文例为"不尋
(得)亓(其)酅(参) (职)","参职"一词诸家解释多歧③,刘信芳
认为"司历之官失其职守,致使违历而失礼于天"。《史记・天官
书》:"礼失,罚出荧惑。"④可参。而"职"字又可见于曾姬无恤壶作
,左下从"首",《金文编》:"从首犹职之或从首做馘也。"⑤郾王职
剑则作 。

综上文所述,""字应非为"织"字。而曾侯乙简中有三字及
文例如下:

字　形	辞　例⑥	出　处
	—尹之骝为右骖	曾侯乙 152
	—尹之两骝为骈	曾侯乙 171
	—尹一马	曾侯乙 211

---

① "戠也许是后世'职'字。《尔雅・释诂》:'职,主也。'戠者即主理其事(诉讼或其他)
　的人。从前引简 141—142 的记载看,由于上面还有左尹及其属员,这种主理实为
　具体操办。其工作可能包括记录。"见陈伟主编:《楚地出土战国简册〔十四种〕》,
　经济科学出版社 2009 年版,第 15 页批注 18。

② 陈嘉凌:《〈楚帛书〉文字析议》,博士学位论文,台湾师范大学,2009 年,第 229 页之
　摹本进行调整。

③ 饶宗颐说:"参谓验也……毛传:职,主也,此句谓不见其验,主天降雨。"见饶宗颐、
　曾宪通:《楚地出土文献三种研究》,中华书局 1993 年版,第 256 页。李零说:"参,
　参验、参稽;职,天职,即天运所至,谓参验天道。"见《长沙子弹库战国楚帛书研究》,
　中华书局 1985 年版,第 55 页。上述两家皆将"参"字释为"参验",笔者认为"不得
　其参职"之义应为未完成其职分,故采刘信芳之说。

④ 刘信芳:《子弹库楚墓出土文献研究》,艺文印书馆 2002 年版,第 63 页。

⑤ 容庚:《金文编》,中华书局 1985 年版,第 772 页。

⑥ 上述释文参陈伟主编:《楚地出土战国简册〔十四种〕》,经济科学出版社 2009 年
　版,第 364、372 页。

整理者于简文注释，认为上述三字与鄂君启节“”为同一字，并认为商承祚释为“箴”之说可从。①

谨按：与字应为同字无疑，曾侯乙简将“仐”旁写在中上而非左上。从曾侯乙简的文例来看，尹也是职官名。

而包山简有字(《包山》2.157)，整理者隶定为从“宀”从“裁”，并无说解。② 但看包山简该字的上下文例：

> 鄬宦命少宰尹鄩訿(察)䎽(问)大梁之戠(职)舊之客苛坦。苛坦言胃(谓)：鄬攻尹屈惕命解舟䑦、舟、司舟、舟斨、车𫐖夆斨、牢中之斨、古斨、𦧝竽驲倌、竽倌之舊貣解。③(《包山》2.157)

上举简文应为“一些案件的案情与审理情况的详细记录，以及呈送给左尹的状况汇报”④，从文例上来看，舟应该是个与管理舟船有关的官名。

上文对诸家之说提出讨论，但“”字究竟应释为何？商承祚与罗运环都注意到了毛公鼎的缄字作、都公臣的諴字作两条材料(商承祚引都公鼎，但字例为同一字，可参上文集释)，罗运环认为毛公鼎缄字作，都公臣諴字作，节铭的缄字当由此演变而来。容庚在《金文编》中将“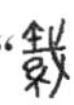”与“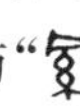”“”分立为三个不同的字头⑤，可见亦不将字形最为接近的“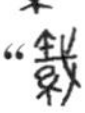”“”释为同字。若从上述讨论过的各家说法看来，将“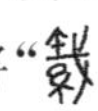”隶定为“缄”，读为“箴”“鍼”，而

① 湖北省博物馆主编：《曾侯乙墓(上)》，《曾侯乙墓竹简释文与考释》，文物出版社1989年版，第526页注释224。

② 整理者认为是戠字异体。见荆沙铁路考古队主编：《包山楚墓》(上)，《包山二号楚墓简牍释文与考释》，文物出版社1991年版，第361页简序157。此说笔者从之。

③ 本简释文参陈伟主编：《楚地出土战国简册〔十四种〕》，经济科学出版社2009年版，第57页。

④ 湖北省荆沙铁路考古队：《包山楚简》(上)，文物出版社1991年版，第10页。

⑤ 容庚：《金文编》，中华书局1985年版，第871、862、143页。

与《左传》中的"箴尹""鍼尹"相符,于史有证。杜预注:"箴尹,官名。"《吕氏春秋·勿躬》高诱注:"楚有箴尹之宫,谏臣也。"但对比上引包山楚简的文例,"舟📷"如释为"舟箴",与谏臣之职能否相符,还需进一步证明。

〔8〕"賧"字形作📷,字形从"贝""臺"声,"臺"在楚文字中表"就"义。考察学者诸说,李零读为"僦",认为"僦"可指雇佣舟车运载,也可以指运费所值。而节铭所述正与舟车载运有关,释为"僦"是比较合适的。① 周凤五、林素清认为当隶定作"赗",读做"佣",意谓等值交换②,此说和李零之说虽然在文字隶定、读法上有所不同,但同样将释义导向金节与金钱费用的价值关系上。

王辉认为"📷"应是"賠(造)"之异体。賠字见宋公秦戈、宋公得戈、不易戈,从贝,告声。古文字就、戚、告声字音近通用,并多举典籍"就""造"异文之例,证"就""造"二字音读密切可从。并举《后汉书·刘陶传》中的"造铸"之语为例。③

何景成从先秦符节铭文的格式进行综合考察,认为先秦符节的节铭都明确说明了持节者身份,比较符合符节类铭文的程式通例。根据这一思路,将鄂君启节节铭之"賧"读"僦"是比较合理的。鄂君启节的"賧"读为"僦"属上读与"府"连文,"鄂君启之府僦"是指鄂君启之府所雇佣的运载物资的僦人。"僦"属于受雇佣以取值的人。在战国时期,雇佣劳动十分普遍。④

谨按:笔者认为将李零、何景成都将"賧"读"僦",认为与雇佣舟车运载有关,只是李零之说指货物运输及运费,何景成之说指"僦人"。将"賧"读"僦"可从。

① 李零:《古文字杂识(两篇)》,《于省吾教授诞辰100周年纪念文集》,吉林大学出版社1996年版,第273页。
② 周凤五、林素清:《鄂君启节研究》,"台湾科学委员会专题研究计划成果报告"(NSC87-2411-H-002-045),1998年10月30日,第3页。
③ 王辉:《释🔲、賠》,《古文字研究》第二十二辑,中华书局2000年版,第148页。
④ 何景成:《论鄂君启节铭文中的"就"》,《战国文字研究的回顾与展望》,中西书局2017年版,第110—114页。

〔9〕铭文"大攻（工）尹脽台（以）王命ꞏ（命，命）寏（集）尹悆糈、裁尹逆、裁敀（令）阢，为鄬（鄂）君启之賹（府）賹（飤）盥（铸）金节"叙述了鄂君启节铸造的职官归属，及铸造授予的对象，大工尹承受王命，命令集尹、裁尹、裁令为鄂君启铸造金节。从此段铭文所述也可得知，楚国当时对于政府发给符节信凭物有一套严格的分工层级及工官的责任归属。其中"裁尹""裁令"，目前将"裁"释为"缄"是比较通顺的解释，但"裁尹""裁令"的详细工作内容，还有待考证。

〔10〕铭文作 ，构形从"羽"从"能"，诸家多以从"羽""能"声释之，并有读为"一""盈""代"等说。《郭店》楚简的"罷"字，读为"一"的文例甚多，如《郭店·太一生水》7 有" 块（缺） 涅（盈）"，整理者读 为"一"①，《郭店·五行》16"婁（淑）人君子，其义（仪） 也"一语，整理者对比《诗经·曹风·鸤鸠》"淑人君子，其仪一兮"认为" "也应读为"一"。② 而新蔡葛陵简、包山楚简祭祷简中的"罷"字用于祭祷语前，其文例如："'罷'祷"，可读为"一祷"，是一种祭祷方式，具体的内涵待考。③ "罷"字从"羽"从"能"声，考察古音，一：影纽质部；能：泥纽之部，韵部阴入对转，可通读。④ 如此，若将鄂君启节"哉（岁）罷返"读为"岁一返"为是。

将铭文"哉（岁）罷返"读为"岁一返"，意指"船队或车队达到规定的数量后，一年返回一次"，值得注意的是刘和惠认为"岁赢返"

---

① 荆门市博物馆编：《郭店楚墓竹简》，文物出版社 1998 年版，第 126 页批注 11。整理者并言："鄂君启节有'岁罷返'，亦当读做'岁一返'，意即年内往返一次。"

② 荆门市博物馆编：《郭店楚墓竹简》，文物出版社 1998 年版，第 152 页批注 17。

③ 可参陈伟主编：《楚地出土战国简册〔十四种〕》，经济科学出版社 2009 年版，第 100 页。

④ 韵部依郭锡良：《汉字古音手册》，北京大学出版社 1986 年版，第 63、269 页。关于先秦两汉文献中之质通假的例子，质部为脂部之入声，之脂通读的例子如张家山汉简《引书》："累足指，上摇之，更上更下三十，曰累童。"指，照纽脂部，应读为"趾"，照纽之部，见王辉：《古文字通假释例》，艺文印书馆 1993 年版，第 26 页。亦可参李存智：《郭店与上博楚简诸篇阴声韵部通假关系试探》，《台大中文学报》第 29 期，2008 年 12 月，第 80—83 页。文中所举《诗经》、两汉民歌中之质、之脂通读之例甚多。

一语的主语是"金节",满一年需要返节一次。① 笔者认为"岁一返"应以其上文的运输单位及数量为主语,规定运输单位及数量的时效为一年。

而铭文"车五十乘,戠(岁)罷(一)返",记载了鄂君启在陆地运输上的数量及时间规定,运输以"乘"为单位,五十乘应是运输总数的限定,诸家考释的意见大致相同。而"戠(岁)罷(一)返"在理解上就具有歧义,一是"戠(岁)罷(一)返"所指称的对象为何? 是对"金节"本身的规定,一年要返节一次;或是对运输商旅整体的规定。二是"戠(岁)罷(一)返"的目的为何? 若指金节本身,则返节是否有回收替换的作用,对金节上的地望与运输规定做出改变;若指运输商旅,一年返回一次的形式为何? 是运输的时程以一年为限,或是整个运输商旅行走的线路可达一年,这都是就铭文的释读来看,几个可能的理解方向。笔者认为"戠(岁)罷(一)返"的主语应指"车五十乘",而进一步来说,"车五十乘"为何要"戠(岁)罷(一)返",不论是舟节或车节在运输上由鄂市出发,运行在铭文所载明的各个地望之间,不一定要依地望的远近依序前进,就地望的距离而言,从鄂市出发并非都需要一年的行程才能到达,因此"车五十乘,戠(岁)罷(一)返"应非运输的商旅一年要返回一次。笔者在此提出一点猜想,认为"戠(岁)罷(一)返"应有在一年内满足运输限额后,返回郢都复命的意思,即达到了当年度的贸易运输上限后,要返回向中央复命。

〔11〕铭文■,诸家释为"黾",对比古文字中的"黾"字,《说文》籀文作■,金文作■(师同鼎)或鼃字作■(鼃公华钟),所从"黾"作■,可知铭文释"黾"为确。于省吾认为"黾应读做鄳,以声求之,黾与鄳同属明纽。以韵求之,鄳字的古读屡有转变,以'黾勉'

连语也做忞慔、勗勉、闵勉证之则入谆部，箐属脂部，脂与谆阴阳对转。"①冯胜君举战国楚文字中"黾"常用做"龟"之例，如新蔡楚简甲三 15、零 207 简中有"元黾"，应即"元龟"，习见于典籍，如《尚书·金縢》："今我即命于元龟。"并认为铭文中"黾箐"应断读为二物，而"黾"，明纽阳部；"箐"，明纽脂部，声纽虽同，但韵部差远，恐难通假。则铭文中"黾"应用做"龟"，《仪礼·觐礼》有"虎豹之皮""龟""金""箐"等诸侯朝见天子之物，则"金革黾箐"即"金革龟箐"，为诸侯朝见天子时必备之贡品。② 笔者从冯胜君之说，"金革黾箐"为朝见天子必备之物，故不得随意运输之。

　　铭文"母（毋）载金、革、黾、箐"，殷涤非、罗长铭、于省吾、陈伟诸家皆以军事物资故不得载运思考，对比鄂君启舟节，水路运输则没有同样的限制，故殷、罗和于两家之说以防止运输贸易前往东方或北方资敌考虑之，陈伟说："陆路接近楚越边界的程度，并不过于水路。然则陆路对军需品的限制，当与进出口无关。考虑到水路偏重于江湘地区，而陆路主要集中于淮河一线，车、舟二节对军品的禁运与否，应与通行地域的不同相关。"又："而车行区域，乃是这些物资的销地，可能由于事关国防，盈利丰厚，故不准私人贩运——当然更谈不上免税，而概由官方经营。"但若以"金革黾箐"非军事物资而为朝见天子必备之物，故不得随意运输来思考，而其限制为何仅于陆路运输？ 对比上文对限制军事运输的讨论，笔者认为陆运所经的区域亦有不只为"物资的销地"的可能，也有可能因为涉及物资的出产地，因此国家需要加以管制。

　　〔12〕"德"，铭文作███，字形左从"人"右从"悳"隶定为"德"，郭沫若读为"特"，即"犆"。③

_____

① 于省吾：《鄂君启节考释》，《考古》1963 年第 8 期，第 445 页。
② 冯胜君：《战国楚文字"黾"字用做"龟"字补议》，中国文字学会、河北大学汉字研究中心编：《汉字研究（第一辑）》，2005 年 6 月，第 477—478 页。
③ 郭沫若：《关于"鄂君启节"的研究》，《文物参考资料》1958 年第 4 期（总第 92 期），第 5 页。

谨按："德"从"悳"得声，"悳"端母职部；"特"定母职部，韵部相同。① 郭沫若认为指"牡马"，可从之。

〔13〕"屯"字就铭文文意来看，郭沫若释为"集"可从②，《广雅·释诂三》："屯，聚也。"③则"屯"有聚集之意。但看来楚简当中的例子，"屯"字又可见于《信阳·遣策》，如简1："二圆（圆）监（鉴），屯青黄之划"、简12："十□拼（瓶），屯又（有）盇（盖）"等简，朱德熙认为楚简及典籍中"屯"有"皆"义，也认为鄂君启节中的"屯"也该读"皆"。④ 但笔者认为就铭文文意，仍以释"集"较胜。

〔14〕"堂"，铭文作<img>，上从"尚"下从"立"，隶定为"堂"。此字当即"堂"字，小篆作<img>，《说文》古文堂作<img>，许学仁言节文从"土"作<img>，与立字相混，乃战国文字之变体。⑤ 于铭文读为"当"。

铭文"女（如）马、女（如）牛、如德（特），屯十台（以）堂（当）一车"，记载了对牲畜在运输数量上的规定，以十只为单位，等于一车的运输量。从此也可以看出楚国当时特别对于牲畜的运输做出规定，大概是因为牲畜具有经济及食用的重要价值，所以要对此一类型的物资做出规范。

〔15〕铭文作<img>，左从"木"，右旁应以从"八"从"言"为是，隶定为"檐"。于省吾、张振林先生二家皆将铭文释为"檐"。⑥ 如于省吾言：

"佥"为"从八言声"的形声字，孳乳为"詹"为"詹"，檐即

---

① 郭锡良：《汉字古音手册》，北京大学出版社1986年版，第22页。
② 郭沫若：《关于"鄂君启节"的研究》，《文物参考资料》1958年第4期（总第92期），第4页。
③ 中华书局编辑部：《小学名著六种·广雅疏证》卷第三下，中华书局1998年版，第64页。
④ 详细的考释参朱德熙：《说"屯（纯）、镇、衡"》，《中国语文》1988年第3期，收入《朱德熙文集》第五卷，商务印书馆1999年版，第173—175页。
⑤ 许学仁：《先秦楚文字研究》，硕士学位论文，台湾师范大学，1979年，第100页。
⑥ 于省吾：《鄂君启节考释》，《考古》1963年第8期，第446页。张振林：《"檐徒"与"一檐飤之"新诠》，《文物》1963年第3期，第49页。

"檐"和"儋"的初文,今做"担"或"担",这就寻出了"訇"和从"訇"的字的演化规律。

则"檜"即"檐",亦即"担"字。

〔16〕铭文"女(如)马、女(如)牛、如德(特),屯十台(以)壹(当)一车;女(如)檜(担)徒,屯廿_(二十)檜(担)台(以)壹(当)一车,台(以)毁于五十乘之中"是对于运输数量、单位的换算规定,如马、牛等牲畜以十为单位等同一车的载量;如用檐徒一类的劳动人力所挑的货物,则以二十担为单位,等同一车的载量。由此可以看出,楚国对鄂君启的整体运输载量有详细的规定,有经济实用价值的马、牛等牲畜和劳动人力,自不能外于五十乘的运输总数规定。

关于"廿_(二十)檜(檐)"的意义,何景成有考释云:

居延简和《九章算术》所揭示的僦车的载重标准和僦钱的计算方式,是属于西汉晚期或东汉前期的社会情况,一车载粮二十五斛。先秦时期的情形,李家浩先生根据《周礼》《仪礼》的相关记载,认为"先秦一车载粮二十四斛"。鄂君启节没有明确说明五十乘车所载的物质为何物。战国、秦汉时期,车多用于运粮。鄂君启车节铭文"二十担以当一车"中"担"是楚国容量单位,除见于古文字资料外,如传赁龙节"一担食之"是食量单位;还见于传世古籍,如《吕氏春秋·异宝》记载:"爵执圭,禄檐,金千镒。"以"檐"为"担",作为食禄单位,与楚文字同。由此看来,车节的"二十担"当是指二十担粮米。那么车节和舟节中五十乘车或五十航舟的运载物质,除特别说明者外,应该主要是粮米。①

---

① 何景成:《论鄂君启节铭文中的"就"》,《战国文字研究的回顾与展望》,中西书局2017年版,第113页。

按,此说可从。

〔17〕"市",铭文作 ▨,字形从"止"从"土",旧释为"往",但正如裘锡圭所指出,字形与舟节 ▨ 字右旁"生"的写法有所差异,对比铭文应为"市"字。① 对比古文字中"市"字的写法:

表 34　"市"字形表

字形						
出处	包山 95	包山 191	《古玺汇编》152	《陶文图录》2.27.1	《古玺汇编》2868	《货币大系》48
分域	楚系		齐系		三晋系	

字形					
出处	《古玺汇编》354	《古玺汇编》361			
分域	燕系				

则铭文应释为"市"无疑。

关于"鄂市"之鄂的地望,学者有东鄂、西鄂两地之说,东鄂地望之说从今湖北省武昌、鄂城县至于大治县一带,早期学者多支持"鄂"即为"东鄂";西鄂则在今河南省南阳市,最早由日本学者船越昭生提出②,经陈伟将舟节"逾油"之"油水"考释认为即是淯水,即今之白河,流经湖北省南阳、新野一带③,则鄂君启节铭文之"鄂",当是西鄂,在今河南南阳一带。

---

① 裘锡圭:《战国文字中的市》,《考古学报》1980 年第 3 期,第 292 —294 页。
② 〔日〕船越昭生:《鄂君启节について(关于鄂君启节)》,《东方学报》第 43 册,京都大学人文社会科学院,1972 年,第 73—75 页。
③ 魏嵩山主编:《中国历史地名大辞典》,广东教育出版社 1995 年版,第 298 页。

〔18〕豪，铭文作▢，早期学者释为"庚"，如郭沫若、于省吾都以此释读。但随着楚系文字资料的多出，庚字多见于记岁次，写作▢（《包山》2.7）、▢（《曾侯乙》1 正）、▢（《包山》2.220），上部的写法与"▢"明显不同，朱德熙、李家浩以望山、天星观简指出两字之异①，王辉亦举▢（史父庚鼎）、▢（兮甲盘）等字例说明释为"庚"不可信。② 对于朱德熙、李家浩的说法，王辉也提出帝字▢（仲师父鼎）、▢（中山王䚒壶）的写法提出辩驳。③ 因此释为"庚"或"帝"于字形不合，缺乏有力证据。而《郭店·五行》中有"▢"字，简文的上下文为：

兑（悦）则—，—则新（亲），新（亲）则悉（爱）(13)

《郭店楚墓竹简》释文隶定为豪，注释中说："于句中读做戚"。④ 而《马王堆帛书·五行》188 行有文例作：

不臂不说（悦），不说（悦）不戚，不戚不亲，不亲不爱⑤

对比《郭店·五行》与《马王堆帛书·五行》两种材料异文的例子，可知"▢"可读为"戚"。

　　朱德熙认为古文字中的"就"上从"亯"，下从"京"，以甲骨及金文的字形验之，尤其明显。⑥ "亯"甲骨作▢（《合》19501），金文作▢

---

① 朱德熙、李家浩：《鄂君启节考释（八篇）》，《纪念陈寅恪先生诞辰百年学术论文集》，1989 年，第 61 页。
② 王辉：《释▢、▢》，《古文字研究》第二十二辑，中华书局 2000 年版，第 146 页。
③ 王辉：《释▢、▢》，《古文字研究》第二十二辑，中华书局 2000 年版，第 147 页。
④ 荆门市博物馆主编：《郭店楚墓竹简》，文物出版社 1998 年版，第 149 页释文、第 152 页注释。
⑤ 国家文物局古代文献研究室编：《马王堆汉墓帛书〔壹〕》，文物出版社 1980 年版，第 18 页。
⑥ 朱德熙之说笔者从之，但陈秉新对于"豪"的源流及诸家之说亦做了详细的考辨，认为"豪"非"就"字初文，并认为"京"与"豪"是同一个字的不同写法。而"京"才是"就"的初文，由"京"分化出"亯""豪"是"京"叠加"亯"，以强调祭言高处之义，"豪"的用法后来消失，"京"则保留了下来。见《释豪及相关字词》，《于省吾教授百年诞辰纪念文集》，吉林大学出版社 1996 年版，第 239—245 页。陈秉新之说论述颇详，可备一说。

（盂鼎）等形；"京"甲骨作 🔾（《合》20299），金文作 🔾（屬羌钟）。朱德熙所说殆无疑义，何琳仪对"🔾"的结构分析为："战国文字亯旁与京旁借用笔画，🔾可分解为 🔾、🔾 两部分。"[1]则铭文应释为"就"。值得注意的是，周凤五、林素清从音韵通读的角度入手，认为"🔾"应读为"庸"声，铭文中读做"通"，可说为"🔾"字的释读另辟新径，为研究者提供另一个思考空间，但在字形的分析和语意的通读上，两位先生之说，与读为"就"读为"戚"，并无妨碍，而是新的理解方向。[2]"就"有"往""去"的意思在古书中屡见，如《周易・乾》："水流湿，火就燥。"[3]则鄂君启节"🔾"字有"往""去"之意。

〔19〕"易（阳）至（丘）"之地望有阳山、河南方城县等说，但皆无确证，地望存疑待考。

〔20〕邡（方）城地望有郭沫若说在湖北竹山县东南三十里，《左传・文公十六年》"楚庐戢黎侵庸，及庸方城"，即其地。谭其骧说在今方城县东北方城、叶县界上的保安镇；商承祚说即左僖四年之楚方城，亦即《水经・氵无水注》中苦菜、于东二山之间的方城，故址约当今方城县东的独树镇；黄盛璋认为《史记・楚世家》"取我重丘而去"之重丘在方城附近，或者就是本铭之方城之前的阳丘，此方城，后代名方城关。[4] 考察诸说，谭说、商说所定地域大致都在苦菜、于东之间的方城，只是今日地望有所不同。刘和惠补述谭

---

[1] 何琳仪：《战国古文字典》，中华书局1998年版，第232页。

[2] 如周凤五、林素清所说："郭店楚简《五行》篇有 🔾 字，对照马王堆帛书《五行》，知读做戚。论者执此以谓鄂君启节此字亦当读'就'。按，读就、读戚，均无害于此字读庸。此盖楚方言与铭文字特有的通假与一字异读现象。"见《鄂君启节研究》，"台湾科学委员会专题研究计划成果报告"（NSC87-2411-H-002-045），1998年10月30日，第3页。

[3] ［魏］王弼注、［唐］孔颖达疏：《周易注疏》，艺文印书馆1979年版，第11页。

[4] 郭沫若：《关于"鄂君启节"的研究》，《文物参考资料》1958年第4期（总第92期）第5页。谭其骧：《鄂君启节铭文释地》，《中华文史论丛》第二辑，中华书局1962年版，第182页。商承祚：《鄂君启节考》《文物精华》第二辑，文物出版社1963年版，第54页。黄盛璋：《关于鄂君启节地理考证与交通路线的复原问题》，《中华文史论丛》第五辑，中华书局1964年版，第157—158页。

说，认为此地为楚国一个边陲关隘，为通往西、北诸国的要道。①
笔者今从谭说。

〔21〕铭文作 ，历来学者考释有"象""兔"二说，而字形考释
之不同也连带影响地望之考证，试以"象""兔"二字古文字相较之：

表 35　"象"字形表

字形				豫	豫
偏旁					
出处	《合》4611正	师汤父鼎	《郭店·老子乙》12	包山 7	羣于公戈，《集成》卷十七，器号11124
分域	甲骨	金文	楚系		齐系

字形					
出处	《古玺汇编》1455	《古玺汇编》3273			
分域	三晋系				

表 36　"兔"字形表

字形		②	鑯（豫）	
偏旁				

---

① 刘和惠：《鄂君启节新探》，《考古与文物》1982 年第 5 期，第 64 页。
② 字形摹本引自滕壬生：《楚系简帛文字编（增订本）》，湖北教育出版社 2008 年版，第 862 页。

出处	《合》199	《上博(一)·孔子诗论》25	《上博(一)·孔子诗论》25	《古玺汇编》3072
分域	甲骨	楚系		晋系

从上两表比较,"象"的写法在甲骨、金文都还有相当浓厚的象形意味,由笔画勾勒出大象的样貌,对长鼻、大耳特征的描写特别明显。而战国文字中,"象"的字形上部,长鼻的特征依然被保留下来,而字形下部,齐系、晋系的写法仍勾勒出脚部及身体的轮廓,楚系写法讹为"?"即"肉"形。而值得注意的是楚系文字中"象""兔"二字的写法极近,释为"象"或"兔",要以实际的上下文例来判断较确,兹理一表如下:

编号	A	B	C
字形	(字形图)	(字形图)	(字形图)
文例	大方亡禺(隅),大器曼(慢)城(成),大音只圣(声),天-亡坓(形)	与戈(贱)民-之,(其)甬(用)心也(将)可(何)女(如)	又(有)-不弄(逢)昔(时)
出处	《郭店·老子乙》12	《上博(一)·孔子诗论》4	《上博(一)·孔子诗论》25

上表编号 A 文例读为"象";B 则隶定为"譣"读"豫";C 读为"兔"。细审字形,A、C 两字的差异在于上部写法,A 作(字形);B 作(字形)。曹锦炎对此有很好的解说:

郭店楚简《老子》乙篇"大音祇圣,天?亡坓";《老子》丙篇"埶大?,天下往",今本分别做"大音希声,大象无形";"执大象，天下往"。有今本对应，我们不能说🐘是"兔"非"象"。象写做🐘，粗看确实与"兔"做🐰、🐇构形似无别，但仔细分析，象首构形的最后一笔往右延伸较长，与楚简文字中的"为"字所从的象首写法一致。而楚简文字中的"兔"字构形中兔首的最后一笔往往上翘，有明显的区别。在上博简、郭店简中均如是做，包山简的"豫"字所从兔旁，这一笔虽然略往下弯，但并不延伸下垂。仔细看还是有区别的。①

以此来看，铭文应以释"兔"为确。则铭文应释为"兔禾"，其地望今存疑未定之。

〔22〕铭文"栖焚"，谭其骧释为"富焚"。② 黄盛璋认为：

"酉"字数见楚简，望山楚墓简中干支之"酉"字皆如此做，故可断"酉"非"富"，古"丣、酉"为一字，《说文》"丣，古文酉，从丣"，而丣又为"桺"即"柳"字初文，郑玄解《尚书》违失云："古大篆丣字读当为桺。"古桺、丣同字，故酉焚即《左传·宣九年》："郑伯败楚师于柳棼。"杜注："柳棼郑地。"地望、字音与车节之"酉焚"皆合，必为一地无疑。③

按，黄说甚确，姚汉源亦读"柳棼"，惟姚汉源以声音急读为"郾"之说较为曲折。④ 其详确地望待考。

〔23〕铭文"縣昜"诸家释为"繁阳"，地望在今河南省新蔡县北

① 曹锦炎：《楚简文字中的"兔"及相关诸字》，谢维扬、朱渊清主编《新出土文献与古代文明研究》，上海大学出版社 2004 年版，第 113—114 页。
② 谭其骧：《鄂君启节铭文释地》，《中华文史论丛》第二辑，中华书局 1962 年版，第 182 页。
③ 黄盛璋：《鄂君启节地理问题若干补正》，《历史地理论集》，人民出版社 1982 年版，第 287—288 页。
④ 姚汉源：《鄂君启节释文》，《古文字研究》第十辑，中华书局 1983 年版，第 201—203 页。

境一带,从之。

〔24〕至于"高丘"之地望,学者主要有今安徽临泉县南、今安徽宿县北的符离集附近二说。① 考察前一说主要据《水经·淮水注》中之高塘陂,认为高丘地望于附近,李家浩指出"高丘"与"高陂",跟"高丘"与"高都山"一样,仅仅是第一个字相同,把它们说成一地,同样也不可信。而后一说则为李家浩主之,以《说文》说"箮""从享,竹声"入手,认为"箮"当读为《汉书·地理志》沛郡属县的"竹","高丘""下丘"当在"竹"的附近。也就是说,鄂君启节铭文等中的"高丘",当在今安徽宿县北的符离集附近。②

谨按:将"箮"字读"竹"主要据《说文》"从享、竹声",或可备一说,但"高丘"一地之名难以确指,其地望仍待考。

〔25〕"下都(蔡)"之地望学者主要据《左传·哀公二年》:"吴泄庸如蔡纳聘,而稍纳师,师毕入,众知之,蔡侯告大夫,杀公子驷以说,哭而迁墓,冬,蔡迁于州来。"③而"州来"后则改称"下蔡",地望在今安徽省凤台县。考察诸家学者之说,商承祚认为下蔡在《水经·颍水注》中的蔡冈,在今安徽阜阳市西④,诸家皆将下蔡定在今安徽省凤台县一带,不出其范围太远。则下蔡于今安徽省凤台县一带可从之。

〔26〕"居䣕"郭沫若最早释为"居巢",地望在今安徽省巢湖市。⑤

谨按:䣕从㚟得声,㚟,心母宵部;巢,崇母宵部,音近可通⑥,"居䣕"可读为"居巢"。谭其骧认同商承祚的意见,认为"居巢"即"䣕",

---

① 今安徽临泉县南之说见谭其骧:《鄂君启节铭文释地》,《中华文史论丛》第二辑,中华书局 1962 年版,第 182 页。
② 李家浩:《鄂君启节铭文中的高丘》,《古文字研究》第二十二辑,中华书局 2000 年版,第 138—140 页。
③ 杨伯峻编著:《春秋左传注(修订本)》,中华书局 2000 年版,第 1618 页。
④ 商承祚:《鄂君启节考》,《文物精华》第二辑,文物出版社 1963 年版,第 54 页。
⑤ 郭沫若:《关于"鄂君启节"的研究》,《文物参考资料》1958 年第 4 期(总第 92 期),第 5 页。
⑥ 郭锡良:《汉字古音手册》,北京大学出版社 1986 年版,第 155、133 页。

于今安徽省阜阳市南;黄盛璋认为在今六安市东南巢湖北岸。① 笔者认为"居鄡"读"居巢"可信,其地望应在今安徽省巢湖一带。

〔27〕车节记述之运输终点与舟节相同都在"郢",舟节所记载的"郢"无疑是指今湖北江陵,但因为"车节"记载运输所经之地是自鄂市大致向北方及东北延伸而后转下东南之下蔡、居鄡(巢)等地,故有学者认为车节之"郢"在下蔡以南的寿春,才符合车节运行的路线。但此一看法,黄盛璋提出三点辩驳。② 周凤五、林素清也认为"楚怀王时并未迁都,寿春无由称郢,且一名二地,情理不可通,事实不可行"③。

笔者认为车节与舟节之"郢"应同指一地为确,即今湖北省江陵之郢,于省吾的看法甚确。但此一论点尚有一个问题需要思考,即车节最后载明所就之"居鄡(巢)"与位于江陵之郢都虽然相隔甚远,但如运输行程最后要抵达国都进行贸易,也是情理中之事,正如刘和惠所说:"郢是楚的都城,王室和贵族聚集之地,是当时全国最大消费城市之一。根据郢都需求进行贸易,不仅是鄂君启商业活动之本,恐怕也是楚王恩赐鄂君启节的目的之一:当然,鄂君启也可能贩运某些物资到另外一些都、邑转卖,但并不能影响郢都为贸易的基点。"④而由"车节"这样的运输路线叙述,也能思考到鄂君启在运输地点的运行方式,刘和惠提出很好的意见:"节文上所载的许多地点,仍是楚主规定鄂君启商业活动的范围,而不是指定鄂君启每次商业活动都要按着节文上的地名周游一番。"⑤在鄂君启节铭文中所列出的地望名称应是较为重要的贸易据点,至于在

---

① 谭其骧:《鄂君启节铭文释地》,《中华文史论丛》第二辑,中华书局 1962 年版,第 185—187 页。黄盛璋:《关于鄂君启节地理考证与交通路线的复原问题》,《中华文史论丛》第五辑,中华书局 1964 年版,第 161—164、164—165 页。

② 黄盛璋:《关于鄂君启节地理考证与交通路线的复原问题》,《中华文史论丛》第五辑,中华书局 1964 年版,第 164—169 页。

③ 周凤五、林素清:《鄂君启节研究》,"台湾科学委员会专题研究计划成果报告"(NSC87-2411-H-002-045),1998 年 10 月 30 日,第 1—2 页。

④ 刘和惠:《鄂君启节新探》,《考古与文物》1982 年第 5 期,第 61 页。

⑤ 刘和惠:《鄂君启节新探》,《考古与文物》1982 年第 5 期,第 61 页。

各据点间较小的位置或地望移动,则不予以详尽记载。

〔28〕铭文作 ,于省吾释为"旻",将下部 旁释为"又"形,故释字为"旻"。① 对比古文字中"见"字的写法:

表37 "见"字形表

字形				
出处	《合》9267	见尊	《郭店·五行》10	侯马三:二二
分域	甲骨	金文	楚系	晋系

则铭文当以释"见"为是。

〔29〕铭文 ,隶定为"舍"②,于省吾言"舍"即"余"字③,而将"舍"读为"予",就音理上固然可通,在许多铜器铭文上也能找到许多将"舍"读为"予"的文例读法,如令鼎:"余其舍汝臣十家。"五祀卫鼎:"余舍汝田五田。"④而从古文字材料中实际的文例来看,"舍"可假借从"余"得声之字读之,如《郭店·老子甲》10:"竺(孰)能浊以束(静)者,牆(将)舍清。""舍"读为"徐"⑤;《郭店·老子乙》16 简:"攸之豪(家),其惪(德)有舍。""舍"读为"余"。⑥ 但笔者认为"舍"或可读为"余",铭文"(毋)母舍(余)椁(槫)飤(食)"意即"不要有多余的槫(传)食"。

〔30〕椁,车节铭文作 ;舟节铭文作 ,字形左从"木",右旁上从 ,下从 ,正如朱德熙、李家浩所说,旧释"桴、槎、朝、梓、

---

① 于省吾:《鄂君启节释释》,《考古》1963 年第 8 期,第 444 页。
② 关于隶定为"舍"或"余"的讨论,可参黄锦前:《谈两周金文中的"余"和"舍"》,复旦大学出土文献与古文字研究中心网站论文,http://www.gwz.fudan.edu.cn/SrcShow.asp?Src_ID=1585,2011 年 7 月 9 日。笔者认为此将字形隶定为"舍"为是。
③ 于省吾:《鄂君启节释释》,《考古》1963 年第 8 期,第 444 页。
④ 《集成》,卷五,器号 2803;《集成》,卷五,器号 2832。
⑤ 陈伟主编:《楚地出土战国简册〔十四种〕》,科学经济出版社 2009 年版,第 140 页。
⑥ 陈伟主编:《楚地出土战国简册〔十四种〕》,科学经济出版社 2009 年版,第 152 页。

梓"诸说在字形上都找不到明确的证据,其释读自然不可信。而朱、李二位先生提出铭文应为"槫"字,右旁释为"专(重)",与下字连读为"传食",于典籍文献有征,确较旧说合理。①

谨按:笔者认为若从朱、李二位先生之说,于字形上,还有补充的空间,参之朱、李二位先生于文中所提出的四类字形比较,楚系文字中专(重)旁的写法以□形最为常见,本书"研究编"中所收录讨论的王命龙节、王命虎节中"□"都从此形,而□、□两形,朱、李二位先生并举出□(《古文字研究》13.349 图八六)、□(《陶录》附 17 下)□(《陶录》附 16 上),对比鄂君启节铭文□,右旁应为同字,则□亦释为"专(重)"。若就楚系"专(重)"旁的写法来看,□与常见的□旁写法有比较大的差异,旧说或将□分为□、□二形释之,但从朱、李二位先生举出的例子来看,□应以一体释之。

铭文"见其金节则母(毋)彼(征),母(毋)舍(余)槫(槫)飤(食)。不见其金节则彼(征)"说明鄂君启节凭证的作用和效力,如果验证见到金节则不予以征税,并且给予传食,不要多余;而没见到金节则予以征税。可见鄂君启节的铸造目的是实际用于运输通行及关卡征验税收,这样看来,目前所发现的三片车节、两片舟节,据殷涤非、罗长铭的研究,两类金节都可以拼合成五片一组的竹筒形②,罗长铭认为各节的弧达到八十多度,无法合成一圆,原因是制作时原来没有验合的要求。③ 但笔者认为据鄂君启节的使用性质,或可推知,两类金节的数量,或恐不在少数,用以通关查验之用。

关于鄂君启节车船运输的制度及方法,本书在此未有更加深入的分析与解释,而主要集中在铭文的考释与通读方面。读者可参看本器的相关研究文献。

---

① 朱德熙、李家浩:《鄂君启节考释(八篇)》,《纪念陈寅恪先生诞辰百年学术论文集》,北京大学出版社 1989 年版,第 68—69 页。
② 殷涤非、罗长铭:《寿县出土的"鄂君启金节"》,《文物参考资料》1958 年第 4 期(总第 92 期),第 8 页。
③ 罗长铭:《鄂君启节新探》,《罗长铭集》,黄山书社 1994 年版,第 77 页。

【断代及国别】

战国晚期楚器。

【相关研究文献】

殷涤非、罗长铭：《寿县出土的"鄂君启金节"》,《文物参考资料》1958 年第 4 期（总第 92 期）,第 8—11 页
郭沫若：《关于"鄂君启节"的研究》,《文物参考资料》1958 年第 4 期（总第 92 期）,第 3—7 页
谭其骧：《鄂君启节铭文释地》,《中华文史论丛》第二辑,中华书局 1962 年版,第 169—190 页
商承祚：《鄂君启节考》,《文物精华》第二辑,文物出版社 1963 年版,第 49—55 页
于省吾：《鄂君启节考释》,《考古》1963 年第 8 期,第 442—447 页
黄盛璋：《关于鄂君启节地理考证与交通路线的复原问题》,《中华文史论丛》第五辑,中华书局 1964 年版,第 143—168 页；又收入《历史地理论集》,人民出版社 1982 年版,第 263—285 页
谭其骧：《再论鄂君启节地理答黄盛璋同志》,《中华文史论丛》第五辑,中华书局 1964 年版,第 169—193 页；又辑入《长水集（下）》,人民出版社 1987 年版,第 212—232 页
商承祚：《谈鄂君启节铭文中几个文字和几个地名等问题》,《中华文史论丛》第六辑,中华书局 1965 年版,第 143—158 页；又辑入《文史集林》第四辑,木铎出版社 1981 年版,第 13—22 页。曾宪通主编《古文字与汉语史论集》,中山大学出版社 2002 年版,第 6—13 页。《商承祚文集》,中山大学出版社 2004 年版,第 416—427 页
〔日〕船越昭生：《鄂君启节について（关于鄂君启节）》,《东方学报》第 43 册,京都大学人文社会科学院,1972 年,第 55—95 页
陈蔚松：《鄂君启舟节与屈原〈哀郢〉研究》,《华中师院学报（哲学社会科学版）》1982 年增刊（总第 38 期）,第 16—35 页,又辑入杨昶、陈蔚松等著《出土文献探颐》,崇文书局 2005 年版,第 90—125 页
陈伟：《〈鄂君启节〉之"鄂"地探讨》,《江汉考古》1986 年第 2 期（总第 19 期）,第 88—90 页
黄盛璋：《再论鄂君启节交通路线复原与地理问题》,《安徽史学》1988 年第 2 期,第 16—31 页

续　表

朱德熙：《鄂君启节考释（八篇）》，《纪念陈寅恪先生诞辰百年学术论文集》，1989 年，第 61—70 页；又辑入《朱德熙古文字论集》，中华书局 1995 年版，第 189—202 页
陈伟：《〈鄂君启节〉与楚国的免税问题》，《江汉考古》1989 年第 3 期（总第 32 期），第 52—58 页
周凤五、林素清《鄂君启节研究》，"台湾科学委员会专题研究计划成果报告"NSC87－2411－H－002－045，1998 年 10 月 30 日，第 1—24 页

第二十二节　鄂君启车节（二）

【器号】22

【器名】鄂君启车节（二）

【器形及说明】

引自中国社会科学院考古研究所编：《殷周金文集成》（修订增补本）第八册，中华书局 2007 年版，器号 121111，第 6603 页。

【出土地】

1957年出土于安徽省寿县东门外丘家花园①。

【典藏地】

现藏于中国国家博物馆②。

【著录】

《集成》器号	12111
著录	郭沫若:《关于"鄂君启节"的研究》,《文物参考资料》1958年第4期(总第92期),第7页(二)、第9页图版2
	中国文化研究所编:《文物精华》第二册,中国文化研究所1960年版,第16页左、第50页左
	于省吾:《鄂君启节考释》,《考古》1963年第8期,图版八
	汤余惠:"鄂君启节",《战国铭文选》,吉林大学出版社1993年版,第43页
	吴镇烽:《商周青铜器铭文暨图像集成》,上海古籍出版社2012年版,器号19179,第555页

【释文】

大司马卲(昭)鄗(阳)败晋帀(师)于襄陵之戠(岁),頣(夏)层之月,乙亥之日,王凥(居)于菽郢之游宫。大攻(工)尹脽台(以)王命₌(命,命)窠(集)尹恖糈、裁尹逆、裁敏(令)阢,为鄹(鄂)君启之賨(府)賰(僦)盥(铸)金节。车五十乘,戠(岁)罷(一)返。母(毋)载金、革、黾、箭。女(如)马、女(如)牛、如僡(犆),屯十台(以)堂(当)一车;女(如)槍(担)徒,屯廿₌(二十)槍(担)台(以)堂(当)一

① 殷涤非、罗长铭:《寿县出土的"鄂君启金节"》,《文物参考资料》1958年第4期(总第92期),第8页。当时共出土车节三枚。

② 中国社会科学院考古研究所编:《殷周金文集成》(修订增补本)第八册,中华书局2007年版,第6651页。

车,台(以)毁于五十乘之中。自鄾(鄂)垄(市),橐(就)易(阳)至(丘),橐(就)邡(方)城,橐(就)𤝔(兔)禾,橐(就)栖(柳)焚(梦),橐(就)緜(繁)易(阳),橐(就)高至(丘),橐(就)下都(蔡),橐(就)居鄵(巢),橐(就)郢。见其金节则母(毋)政(征),(毋)母舍(余)桿(槫/传)飤(食),不见其金节则政(征)。[1]

【注释】

〔1〕注释详参器号 21 鄂君启车节(一)。

【断代及国别】

战国晚期楚器。

【相关研究文献】

殷涤非、罗长铭:《寿县出土的"鄂君启金节"》,《文物参考资料》1958 年第 4 期(总第 92 期),第 8—11 页
郭沫若:《关于"鄂君启节"的研究》,《文物参考资料》1958 年第 4 期(总第 92 期),第 3—7 页
谭其骧:《鄂君启节铭文释地》,《中华文史论丛》第二辑,中华书局 1962 年版,第 169—190 页
商承祚:《鄂君启节考》,《文物精华》第二辑,文物出版社 1963 年版,第 49—55 页
于省吾:《鄂君启节考释》,《考古》1963 年第 8 期,第 442—447 页
黄盛璋:《关于鄂君启节地理考证与交通路线的复原问题》,《中华文史论丛》第五辑,中华书局 1964 年版,第 143—168 页;又收入《历史地理论集》,人民出版社 1982 年版,第 263—285 页
谭其骧:《再论鄂君启节地理答黄盛璋同志》,《中华文史论丛》第五辑,中华书局 1964 年版,第 169—193 页,又辑入《长水集(下)》,人民出版社 1987 年版,第 212—232 页

商承祚：《谈鄂君启节铭文中几个文字和几个地名等问题》，《中华文史论丛》第六辑，中华书局 1965 年版，第 143—158 页；又辑入《文史集林》第四辑，木铎出版社 1981 年版，第 13—22 页。曾宪通主编《古文字与汉语史论集》，中山大学出版社 2002 年版，第 6—13 页。《商承祚文集》，中山大学出版社 2004 年版，第 416—427 页

〔日〕船越昭生：《鄂君启节について(关于鄂君启节)》，《东方学报》第 43 册，京都大学人文社会科学院，1972 年，第 55—95 页

陈蔚松：《鄂君启舟节与屈原〈哀郢〉研究》，《华中师院学报(哲学社会科学版)》1982 年增刊(总第 38 期)，第 16—35 页；又辑入杨昶、陈蔚松等著《出土文献探颐》，崇文书局 2005 年版，第 90—125 页

陈伟：《〈鄂君启节〉之"鄂"地探讨》，《江汉考古》1986 年第 2 期(总第 19 期)，第 88—90 页

黄盛璋：《再论鄂君启节交通路线复原与地理问题》，《安徽史学》1988 年第 2 期，第 16—31 页

朱德熙：《鄂君启节考释(八篇)》，《纪念陈寅恪先生诞辰百年学术论文集》，1989 年，第 61—70 页，又辑入《朱德熙古文字论集》，中华书局 1995 年版，第 189—202 页

陈伟：《〈鄂君启节〉与楚国的免税问题》，《江汉考古》1989 年第 3 期(总第 32 期)，第 52—58 页

周凤五、林素清《鄂君启节研究》，"台湾科学委员会专题研究计划成果报告"NSC87-2411-H-002-045，1998 年 10 月 30 日，第 1—24 页

第二十三节　鄂君启车节(三)

【器号】23

【器名】鄂君启车节(三)

【器形及说明】

引自中国社会科学院考古研究所编：《殷周金文集成》（修订增补本）第八
册，中华书局 2007 年版，器号 121112，第 6604 页。

【出土地】

1957 年出土于安徽省寿县东门外丘家花园①。

【典藏地】

现藏于中国国家博物馆。

---

① 殷涤非、罗长铭：《寿县出土的"鄂君启金节"》，《文物参考资料》1958 年第 4 期（总
第 92 期），第 8 页。当时共出土车节三枚。

【著录】

《集成》器号	121112
著录	郭沫若:《关于"鄂君启节"的研究》,《文物参考资料》1958年第4期(总第92期),第7页(二)、第9页图版2
	中国文化研究所编:《文物精华》第二册,中国文化研究所1960年版,第16页左、第50页左
	于省吾:《鄂君启节考释》,《考古》1963年第8期,图版八
	汤余惠:"鄂君启节",《战国铭文选》,吉林大学出版社1993年版,第43页
	吴镇烽:《商周青铜器铭文暨图像集成》,上海古籍出版社2012年版,器号19180,第557页

【释文】

大司马卲(昭)鄅(阳)败晋帀(师)于襄陵之哉(岁),顕(夏)层之月,乙亥之日,王尻(居)于菽郢之游宫。大攻(工)尹脽台(以)王命=(命,命)襄(集)尹惡糚、戠尹逆、戠敚(令)阢,为鄆(鄂)君启之賓(府)賡(俤)盥(铸)金节。车五十乘,哉(岁)罷(一)返。母(毋)载金、革、黾、箭。女(如)马、女(如)牛、如德(犆),屯十台(以)壴(当)一车;女(如)檜(担)徒,屯廿=(二十)檜(担)台(以)壴(当)一车,台(以)毁于五十乘之中。自鄆(鄂)坒(市),蒙(就)易(阳)坒(丘),蒙(就)邡(方)城,蒙(就)𝄞(兔)禾,蒙(就)栖(柳)焚(梦),蒙(就)絑(繁)易(阳),蒙(就)高坒(丘),蒙(就)下邾(蔡),蒙(就)居郹(巢),蒙(就)郢。见其金节则母(毋)政(征),(毋)母舎(余)椁(槫/传)飤(食),不见其金节则政(征)。[1]

【注释】

〔1〕注释详参器号21鄂君启车节(一)。

【断代及国别】

战国晚期楚器。

【相关研究文献】

殷涤非、罗长铭:《寿县出土的"鄂君启金节"》,《文物参考资料》1958 年第 4 期(总第 92 期),第 8—11 页

郭沫若:《关于"鄂君启节"的研究》,《文物参考资料》1958 年第 4 期(总第 92 期),第 3—7 页

谭其骧:《鄂君启节铭文释地》,《中华文史论丛》第二辑,中华书局 1962 年版,第 169—190 页

商承祚:《鄂君启节考》,《文物精华》第二辑,文物出版社 1963 年版,第 49—55 页

于省吾:《鄂君启节考释》,《考古》1963 年第 8 期,第 442—447 页

黄盛璋:《关于鄂君启节地理考证与交通路线的复原问题》,《中华文史论丛》第五辑,中华书局 1964 年版,第 143—168 页;又收入《历史地理论集》,人民出版社 1982 年版,第 263—285 页

谭其骧:《再论鄂君启节地理答黄盛璋同志》,《中华文史论丛》第五辑,中华书局 1964 年版,第 169—193 页;又辑入《长水集(下)》,人民出版社 1987 年版,第 212—232 页

商承祚:《谈鄂君启节铭文中几个文字和几个地名等问题》,《中华文史论丛》第六辑,中华书局 1965 年版,第 143—158 页;又辑入《文史集林》第四辑,木铎出版社 1981 年版,第 13—22 页。曾宪通主编《古文字与汉语史论集》,中山大学出版社 2002 年版,第 6—13 页。《商承祚文集》,中山大学出版社 2004 年版,第 416—427 页

〔日〕船越昭生:《鄂君启节について(关于鄂君启节)》,《东方学报》第 43 册,京都大学人文社会科学院,1972 年,第 55—95 页

陈蔚松:《鄂君启舟节与屈原〈哀郢〉研究》,《华中师院学报(哲学社会科学版)》1982 年增刊(总第 38 期),第 16—35 页;又辑入杨昶·陈蔚松等著《出土文献探颐》,崇文书局 2005 年版,第 90—125 页

陈伟:《〈鄂君启节〉之"鄂"地探讨》,《江汉考古》1986 年第 2 期(总第 19 期),第 88—90 页

黄盛璋:《再论鄂君启节交通路线复原与地理问题》,《安徽史学》1988 年第 2 期,第 16—31 页

朱德熙:《鄂君启节考释(八篇)》,《纪念陈寅恪先生诞辰百年学术论文集》,1989 年,第 61—70 页;又辑入《朱德熙古文字论集》,中华书局 1995 年版,第 189—202 页

续　表

陈伟：《〈鄂君启节〉与楚国的免税问题》，《江汉考古》1989年第3期（总第32期），第52—58页

周凤五、林素清《鄂君启节研究》，"台湾科学委员会专题研究计划成果报告"NSC87-2411-H-002-045,1998年10月30日,第1—24页

第二十四节　鄂君启舟节

【器号】24

【器名】鄂君启舟节

【器形及说明】

图版引自安徽省博物馆：《安徽省博物馆藏青铜器》，上海人民美术出版社1987年版，图版七九；摹本引自中国社会科学院考古研究所编：《殷周金文集成》（修订增补本）第八册，中华书局2007年版，器号12113B，第6606页。

【出土地】

1957 年出土于安徽省寿县东门外丘家花园①。

【典藏地】

现藏于中国国家博物馆。

【著录】

《集成》器号	12113B
著录	郭沫若：《关于"鄂君启节"的研究》，《文物参考资料》1958 年第 4 期（总第 92 期），第 7 页（一）、第 9 页图版 1
	中国文化研究所编：《文物精华》第二册，中国文化研究所 1960 年版，第 16 页右、第 50 页右
	于省吾：《鄂君启节考释》，《考古》1963 年第 8 期，图版八左
	严一萍编："鄂君𪅦舟节"，《金文总集》，艺文印书馆 1983 年版，器号 7900，第 4597 页
	徐中舒：《鄂君启节（甲）》，《殷周金文集录》，四川人民出版社 1984 年版，器号 874，第 472 页
	安徽省博物馆：《安徽省博物馆藏青铜器》，上海人民美术出版社 1987 年版，图版七九右
	汤余惠："鄂君启节"，《战国铭文选》，吉林大学出版社 1993 年版，第 43 页
	中国社会科学院考古研究所编：《殷周金文集成》第十八册，中华书局 1994 年版，器号 12113，第 358 页
	刘彬徽、刘长武："鄂君启节"，《楚系金文汇编》，湖北教育出版社 2009 年版，器号一○四，第 394 页
	吴镇烽：《商周青铜器铭文暨图像集成》，上海古籍出版社 2012 年版，器号 19181，第 559 页

---

① 殷涤非、罗长铭：《寿县出土的"鄂君启金节"》，《文物参考资料》1958 年第 4 期（总第 92 期），第 8 页。当时共出土舟节一枚，1960 年又发现舟节一枚，《殷周金文集成》只收录一枚的图版及摹本（参商承祚：《鄂君启节考》，《文物精华》第二辑，文物出版社 1963 年版，第 49 页）。

【释文】

大司马卲（昭）郘（阳）败晋市（师）于襄陵之战（岁），顋（夏）层之月，乙亥之日，王尻（居）于菆郢之游宫。大攻（工）尹脽台（以）王命＝（命，命）寨（集）尹悆糚、裁尹逆、裁緻（令）阢，为鄻（鄂）君启之贳（府）赠（儥）盐（铸）金节。屯三舟为一航＝[1]，五十艘（舫），战（岁）罷（一）返[2]。自鄻（鄂）垄（市），逾油（渭）[3]，让（上）滩（汉）[4]，臱（就）屑[5]，臱（就）芑昜（阳）[6]，逾滩（汉），臱（就）邿[7]，逾顋（夏）[8]，内邟（郇）[9]；逾江，臱（就）彭弽（射）[10]，臱（就）松（枞）昜（阳）[11]，内灞（泸）江[12]，臱（就）爰陵[13]；让（上）江，内湘[14]，臱（就）喋（誓）[15]，臱（就）邺（洮）昜（阳）[16]，内灞（耒）[17]，臱（就）郚（郴）[18]，内濱（资）、沅、澧、濼（油）[19]；让（上）江，臱（就）木闉（关）[20]，臱（就）郢[21]。见其金节则母（毋）政（征），母（毋）舍焯（槫/传）飤（食），不见其金节则政（征）。女（如）载马、牛、羊台（以）出入闉（关），则政（征）于大贳（府），母（毋）政（征）于闉（关）[22]。

【注释】

〔1〕"航"，铭文字形作▨，早期学者多释为"胯"，但因近年新出材料陆续公布，诸多相关的字形被提出，做整体的释读，故又引起学者讨论。就字形考释上，大抵可以整理出五说：一、释做"胯"，读为"舸"；二、"从舟从大从豕"读"豵"；三、释做"航"读为"豵"；四、释做"胯"读为"航"；五、释做"亢"读为"航"。① 笔者认为诸说的歧异主要在于对字形右旁的释读，右旁上部做"大"，诸家无疑义（除第五说将右旁整体释为"亢"除外），而右旁下部有释为"亏""豕""主"等说。右旁释"夸"，"夸"从"于"得声，吴振武、李守

---

① 详细的例证和诸家说法可参高佑仁：《〈庄王既成〉"航"字构形考察》，武汉大学简帛研究中心网站，http://www.bsm.org.cn/show_article.php?id＝1273，2010 年 7 月 16 日。

奎、陈剑对"于"的形体都做出说明①,"于"的古文字写法如李守奎所说:"1.'于'上下两横等长,'夲'下部是一点,或一短横。2.'于'只有两横,上部从来没有第三横。3. 从'于'诸字从来没有'夲'这种竖上加点的形体。"因此字形右旁释"夸"之说需重新考虑,至于右旁下部从"豕"从"主"之说,在形体上能得到例证,在字义解释上同样以从"主"声出发,因此读法同样为"艅",但陈剑提出为什么从"主"声的字其释读大多不存在问题,而以"主"为基本声符的从"奎"诸字,其释读就多成问题了呢? 从"奎"诸字既然以"主"为基本声符,为什么从未看到跟一般的从"主"声之字发生关系的例子。由此,陈剑提出将字形右旁释做"亢",将铭文释做"航",得到学者的赞同。②

〔2〕铭文"屯三舟为一航₌,五十航,戴(岁)罷(一)返"。和《车节》铭文以"乘"为单位不同的是,航运的单位是由"舟"为最小单位,集合三舟而成"航",五十航的额度应要在一年内运行完毕,笔者认为对比车节"戴(岁)罷(一)返"是在一年内满足运输限额后,返回郢都复命的意思,即达到了当年度的贸易运输上限后,要返回向中央复命,水路运输亦需如此。

〔3〕考之节铭文例,"逾"字当解为"顺流而下",即沿着该水路

---

① 吴振武:《鄂君启节"舿"字解》,《第二届国际中国古文字学研讨会论文集》,香港中文大学中国语言及文学系,1993 年,第 277—285 页。李守奎:《楚文字考释献疑》,张光裕、黄德宽主编:《古文字学论稿》,安徽大学出版社 2008 年版,第 345—347 页。陈剑:《试说战国文字中写法特殊的"亢"和从"亢"诸字》,《出土文献与古文字研究》第三辑,复旦大学出版社 2010 年版,第 160—161 页。

② 详参陈剑:《试说战国文字中写法特殊的"亢"和从"亢"诸字》,《出土文献与古文字研究》第三辑,复旦大学出版社 2010 年版,第 168—169 页。值得注意的是,单育辰曾举出《清华简·皇门》简 13 的 字,字形从"舟"从"主"声,单文认为这也说明了舟节 字右旁应以从"大"从"主",字形以释"腔"为是,至于读法上来说,则读"舫","舫舟"是一种船体较大的船。见单育辰:《占毕随录之十三》,复旦大学出土文献与古文字研究中心网站,http://www.gwz.fudan.edu.cn/SrcShow.asp?Src_ID=1363,2011 年 1 月 8 日。

顺流而下。详细的说法可参孙剑鸣、陈伟所释。①

油,铭文字形作,早年学者释为"沽"读为"湖",陈伟说:

我们罗列了周代两字的标本……随着时代的推移,两字的写法各略有演化,而基本结构未变。两字形体大致类似,却又存在着明显的区别。这就是古字上部十字交叉,横划长出;由字上部则只有一竖划,或在竖划中着一圆笔。虽然古文字的点、横时有互做,但这两字却界限森然,一般未见交叉。大小盂鼎同为一人之器,中山王譽方壶两字并见,写法各异,是最突出的例证。舟节此字着去义符水旁的形体,与诸胄字所从的由字极为近似,而与同时的中山王器的胄字所从几无二致。同时,舟节中也有从古而做的居字,则和常见的古字一样,也不与舟节此字混淆。因此,舟节此字读古似不可从,应该改读为由。由、育二字,上古韵部为幽觉对转,又是喻纽双声,可以通假。……《韦·舜典》"教胄子",《说文》育字下引做"教育子";郑注《周礼·大司乐》做"教育子",注《礼记·王制》做"教胄子"。凡此,是由及从由得声的字与育字通假之例。

如果读由为育,油水即是淯水。②

---

① 孙剑鸣:《鄂君启节续探》,《安徽省考古学会刊》1982 年第六辑;陈伟:《〈鄂君启节〉之"鄂"地探讨》,《江汉考古》1986 年第 2 期(总第 19 期),第 89 页。
② 陈伟:《〈鄂君启节〉之"鄂"地探讨》,《江汉考古》1986 年第 2 期(总第 19 期),第 89—90 页。

　　谨按：陈说甚确，古文字中"油"字如散盘做，铭文"至于大油"；《郭店·语丛四》简 10 作，文例为"不见江沽之水"；《上博（二）·容成氏》简 26 做，文例为"禹乃通三江五沽"，则上述之"沽"皆读为"湖"。

　　"逾油"之油水即是淯水，即今之白河，流经河南省南阳、新野一带①，则鄂君启节铭文之"鄂"，当是西鄂，在今河南省南阳一带。

　　〔4〕"辶"，诸家皆释"辶"为"溯流而上"之意，甚确。从字形上来说，"上"字加上"辵"旁作为义符，强调了"移动""行走"的意义。②"滩"，晓母元部；"汉"，透母元部③，韵部相同，皆从"莫"得声。除了鄂君启节，从楚简的例子来看：

表 38　"滩"字形表

字形				
文例	滩生（广）之智（智）	滩生（广）之智（智）则智（智）不可得也	噩（禹）乃从滩以南为名，浴（谷）五百	滩以北为名，浴（谷）五百
出处	《上博（一）·孔子诗论》10	《上博（一）·孔子诗论》11	《上博（二）·容成氏》27	《上博（二）·容成氏》28

上述四则《上博》楚简中的"滩"也都读为"汉"。故"辶滩"读为"辶汉"，意即由汉水溯流而上。

　　〔5〕铭文字形作，诸家在考释意见显得分歧，所得地望之结论自然有异，何琳仪针对前说提出讨论，认为字形"应是'厌'之省

---

① 魏嵩山主编：《中国历史地名大辞典》，广东教育出版社 1995 年版，第 298 页。
② 林清源对于古文字"上"加"辵"旁有详述，见《楚国文字构形演变研究》，博士学位论文，东海大学中国文学研究所，1997 年，第 86 页。
③ 郭锡良：《汉字古音手册》，北京大学出版社 1986 年版，第 186、193 页。

简,既不从'月',也不从'员',更不从'者'"。①

　　谨按,从字形上看,"厂"旁下的形体应分 ⚊、⚌ 二部分,何琳仪举包山 219 简"厌"字做 ⚌,将铭文 ⚊ 视为横画加上饰笔,认为铭文 ⚌ 为"厌"的简省写法,而可读为"阴"。笔者认为从检视楚文字中"厌"的写法 ⚌（《包山》219）、⚌（《新蔡》乙三·42）,"厂"旁下有二或三画饰笔,而何琳仪所提出"楚文字'厂'旁所加饰笔的轨迹:厂→⚌→⚌→⚌"及"厌"字写法简省的情况或需更多例证来说明,笔者认为可将 ⚌ 释做"月",今隶定字形为"屑"。其确切地望待考。

　　〔6〕铭文做 ⚌,字形上从"艹"无疑,下部之隶定有"己""巳""云"三说,对比鄂君启舟节另一字铭文 ⚌ 右旁,朱德熙、李家浩认为两字所从的差异在于一为"用轮廓勾出圆周",一为"填实的圆点",但实际上为同字,释做"云"。② 从对字形的观察来看,"己""巳""云"三字的写法,实有明确的差异。谨按,考察古文字中"己"的写法:

表 39　"己"字形表

字形	⚌	⚌	⚌	⚌	⚌	⚌
偏旁						⚌
出处	《合》1853	父己鼎	包山 31	陈喜壶,《集成》卷十五,器号 9700	长信侯鼎,《集成》卷四,器号 2304	《古玺汇编》0766
分域	甲骨	金文	楚系	齐系	三晋系	燕系

---

① 何琳仪:《鄂君启舟节释地三则》,《古文字研究》第二十二辑,中华书局 2000 年版,第 141—142 页。

② 朱德熙、李家浩:《鄂君启节考释（八篇）》,《纪念陈寅恪先生诞辰百年学术论文集》,北京大学出版社 1989 年版,第 65 页。何琳仪:《鄂君启舟节释地三则》,《古文字研究》第二十二辑,中华书局 2000 年版,第 143 页。

表 40　"巳"字形表

字形				
出处	《合》6497	孟鼎	包山 207	叔夷镈,《集成》卷一,器号 285-8
分域	甲骨	金文	楚系	齐系

字形			
出处	叔夷镈,《集成》卷五,器号 2701	《古玺汇编》3340	《陶文汇编》4.146.5
分域	三晋系		燕系

表 41　"云"字形表

字形					
偏旁		霒(会)	园	园	霒(会)
出处	《上博(三)·亘先》4	《郭店·太一生水》2	《信阳·遣策》1	《上博(三)·亘先》9	《古玺汇编》68
分域	楚系				三晋系

从上述三个字表考察可以得知,"己"的写法与"巳""云"的写法差异较远,而"巳""云"两形的差异则在于"巳"为用轮廓勾出圆周;"云"为填实的圆点墨团,则铭文 当以隶定为"芑"为是, 则应释为"邔"。而"芑易(阳)"之地望何琳仪认为"芑"可读为"芸",在今陕西旬阳,意见与朱德熙、李家浩考释字形为"芸",认为地望位

于汉水上游的郇阳,故城在今陕西旬阳市西北,位于汉水北岸旬河入口处。[①]

谨按:就地望的位置来说,"郇阳"的位置与舟节铭文上下文例相应,但字形的写法值得考虑的是"云",匣母文部;"旬",邪母真部。古音较近。[②] "芑昜(阳)"之地望有待细考。

〔7〕铭文 ,隶定为"郉",释读上主要以读"黄",谭其骧、商承祚认为故地在黄棘,在今河南南阳市南(新野县东北七十里),于汉水北岸;读"襄",何琳仪认为地望在其地应在今湖北钟祥至河阳之间的汉水沿岸,是南路汉水之滨的城邑。[③] 以音韵通读而言,铭文"郉"所从的"生"为声符,而"生",匣母阳部、"黄",匣母阳部,古音相通[④],通读可从。但正如孙剑鸣所提出的疑问:"查黄棘在芑阳(襄阳)以北,今河南新野东北。按照节铭,舟至芑阳后,即返航南下('庚芑阳,逾汉'),何以又复北上至远离汉水的黄棘? 而难得其解的是,沂汉水而上时,仅云'庚脑,庚芑阳',返棹归来,又云'庚郉',同一汉水,何以去来所庚之地不同?"则"郉"之地望,恐仍有待商榷。

〔8〕郭沫若将"顕(夏)"与下二字连读为"顕内郎",实误,谭其骧已指出。[⑤] 而"逾顕(夏)"之"夏"笔者认为从古夏水之说为是,但如黄盛璋所说"惟夏水古今变迁甚大,面目全变,今已难完全恢复"。[⑥]其地望大略在湖北省沙市市南分长江东出,经今监利县北,折东北

---

① 朱德熙、李家浩:《鄂君启节考释(八篇)》,《纪念陈寅恪先生诞辰百年学术论文集》,北京大学出版社 1989 年版,第 65 页。

② 郭锡良:《汉字古音手册》,北京大学出版社 1986 年版,第 246、248 页。

③ 谭其骧:《鄂君启节铭文释地》,《中华文史论丛》第二辑,中华书局 1962 年版,第173—174 页。商承祚:《鄂君启节考》,《文物精华》第二辑,文物出版社 1963 年版,第 53—54 页。何琳仪:《鄂君启舟节释地三则》,《古文字研究》第二十二辑,中华书局 2000 年版,第 143 页。

④ 相通之例,可参见王辉:《古文字通假释例》,艺文印书馆 1993 年版,第 456 页。

⑤ 郭沫若:《关于"鄂君启节"的研究》,《文物参考资料》1958 年第 4 期(总第 92 期),第 4 页。谭其骧:《鄂君启节铭文释地》,《中华文史论丛》第二辑,中华书局 1962年版,第 174 页。

⑥ 黄盛璋:《关于鄂君启节地理考证与交通路线的复原问题》,《中华文史论丛》第五辑,中华书局 1964 年版,第 152—153 页。

至今仙桃市东北入汉水。①

〔9〕诸家将"内"读为"入",意指转入支流或较小的水域,可从。铭文🔲,考察"表40'巳'字形表""表41'云'字形表",铭文应释为"邔",地望之考证有殷涤非读为"涢",指涢水,在今湖北省武汉市汉阳一带②;徐少华认为"邔"通"郧",在今湖北省钟祥县北境。③

本段铭文由鄂市起至内邔止,即谭其骧所说的"西北线"、黄盛璋的"汉江路"、刘和惠的"西北路",虽然在其中几个地望的释读上有所差异,但诸家的共识大致是指由西鄂(河南省南阳市)出发,朝西北展开运输的航程,最后转入"邔",而"邔"的考释有"涢""郧"二说,分别在湖北省武汉市汉阳一带及今湖北钟祥市北境,今以地望及路线观之,笔者认为释为"涢"之说可从。

〔10〕铭文🔲(祥),朱德熙、李家浩考证甚详,隶定为"𢎮",释为"躲",即"射"字④,甚确。

"矢"字于楚文字作倒矢之形,参见下表:

表 42　"矢"字形表

字形	🔲	🔲	🔲	🔲侯	🔲侯
偏旁				🔲	🔲
出处	曾侯乙 65	《上博(一)·孔子诗论》22	《上博(二)·容成氏》2	侯马二〇〇:二五	春成侯壶,《集成》卷十五,器号9616
分域	楚系			三晋系	

① 魏嵩山主编:《中国历史地名大辞典》,广东教育出版社 1995 年版,第 907 页。
② 魏嵩山主编:《中国历史地名大辞典》,广东教育出版社 1995 年版,第 955 页。
③ 徐少华:《包山楚简释地八则》,《中国历史地理论丛》1996 年第 4 期,第 99—100 页。
④ 朱德熙、李家浩:《鄂君启节考释(八篇)》,《纪念陈寅恪先生诞辰百年学术论文集》,北京大学出版社 1989 年版,第 65—66 页。

续 表

字形	侯	侯	侯	疾	侯
偏旁					
出处	十四年陈侯午敦,《集成》卷九,器号4646	酅侯少子簋,《集成》卷八,器号4152	郾侯职戈,《集成》卷十七,器号11223	《古玺汇编》2812	《古玺汇编》323
分域	齐系		燕系		

而"彭龄"之地望,诸家多释为"彭泽",从之,"龄""泽"通读之例证可参朱德熙、李家浩之考释。"彭泽"之考证可参黄盛璋之说①,"彭泽"即彭蠡泽,应如《汉书·地理志》所说为彭泽县西之鄱阳湖即今之鄱阳湖。现今之地望在江西省湖口市一带。②

〔11〕谭其骧读"松昜(阳)"为"枞阳",在今安徽省枞阳县③,可从。"松",邪母东部;"枞",清母东部④,音近可通。

〔12〕铭文,诸家隶定有"浍""潞"两说,揆之铭文原器照片与商承祚摹本做,字形右旁上部的写法明显不同,依摹本当是误释为"浍"之因,这点刘和惠、孙剑鸣、黄盛璋等学者都有论及,释为"浍"实不可从。而铭文字形左从"水"旁无疑,而右旁的写法可视为三个构件,上从"虍"、中从"目"、下从"月",与上部所从"虍"作相似的写法又可见(虏,《郭店·语丛一》60),而"朕"字单字则可见于上博楚简作(《上博(二)·鲁邦大旱》4),则铭文释为"潞"无疑。而

①　黄盛璋:《关于鄂君启节地理考证与交通路线的复原问题》,《中华文史论丛》第五辑,中华书局1964年版,第153—154页。
②　魏嵩山主编:《中国历史地名大辞典》,广东教育出版社1995年版,第1094页。
③　谭其骧:《鄂君启节铭文释地》,《中华文史论丛》第二辑,中华书局1962年版,第176页。
④　郭锡良:《汉字古音手册》,北京大学出版社1986年版,第287、286页。

古膚、盧同字之例可参《信阳·遣策》简 14 有"二"之词,字形释为"膚",而依简文文例及遣策之性质,则"膚"当读为"盧",简文"二盧"即为"二爐"。

回到舟节铭文来说,"滽水"地望有二两说主之,一是谭其骧释为"庐江",为今安徽庐江、桐城、枞阳三县市境内的白兔河;一是黄盛璋释为"庐江",为淮水最早之名,即是青弋江。① 笔者从谭其骧之说,其地望与上铭文"松易(阳)"得以衔接。

〔13〕铭文"爰陵"姚汉源释为《汉志》豫章郡的"历陵",地望在今江西省鄱阳县西;郭沫若疑为江西省南昌;黄盛璋先疑在今江苏省淮安附近,后认为"爰陵"读为"宛陵",仍为青弋江所流经,但非必如传统说法,即宣城县城亦必在其附近;谭其骧认为疑即《水经注》(《名胜志》引)中的团亭,在今桐城市东南六十里。唐宋后有团亭湖,见《括地志》《太平寰宇记》;据《清一统志》引旧志,其水出白兔河,达枞阳,知为古代"泸江"所经。②

谨按:笔者认为"爰陵"读为"宛陵"可从,其地望则从谭其骧之说,在今安徽省桐城市附近。

〔14〕郭沫若认为由长江主干航路折入较小的湘水③,确是。湘水在今湖南省境内。

〔15〕铭文,诸家隶定有商承祚、谭其骧等隶定"𦩻";熊传新、何光岳隶定为"𦩻";殷涤非隶定为"𦪙";郭沫若、于省吾、孙剑

---

① 谭其骧:《鄂君启节铭文释地》,《中华文史论丛》第二辑,中华书局 1962 年版,第176—177 页。黄盛璋:《再论鄂君启节交通路线复原与地理问题》,《安徽史学》1988 年第 2 期,第 20—21 页。
② 郭沫若:《关于"鄂君启节"的研究》,《文物参考资料》1958 年第 4 期(总第 92 期),第 4 页。黄盛璋:《关于鄂君启节地理考证与交通路线的复原问题》,《中华文史论丛》第五辑,中华书局 1964 年版,第 153 页。谭其骧:《鄂君启节铭文释地》,《中华文史论丛》第二辑,中华书局 1962 年版,第 177 页。
③ 郭沫若:《关于"鄂君启节"的研究》,《文物参考资料》1958 年第 4 期(总第 92 期),第 4 页。

鸣等隶定为"睮";朱德熙、李家浩等隶定为"睲",何琳仪论之甚详，可参。① 字形左旁从"见"，右旁下半从"木"甚明，右旁上半隶定歧异较多，考之从"世"的写法：

表 43 "世"字形表

字形					
偏旁					
出处	《郭店·唐虞之道》3	包山 129	十四年陈侯午敦，《集成》卷九，器号 4646	邵黛钟，《集成》卷一，器号 235	中山王䜌壶，《集成》卷十五，器号 9735
分域	楚系		齐系	三晋系	

参上表则舟节铭文右旁上半隶定为"世"，字形则隶定为"睲"。而其地望考察诸家之说，谭其骧认为是锡口成，在今湘阴县南湘水西岸濠河口与乔口之间；熊传新、何光岳以"睲"与"渫"音同，应读为"仙"，右旁"枼"有"薄"义，左从"贝"有金属、货币之意，则"睲"是训意为薄的货币，其地望应是当时铸造金属货币而闻名，今湘江下游，距现长沙望城区的铜官镇。②

谨按：上述诸说在文字构形分析及释读上犹有可商。如何琳仪说：

> "睲"从"世"得声（均属舌音，由月部转入盍部），与"折"声

---

① 参何琳仪：《鄂君启舟节释地三则》，《古文字研究》第二十二辑，中华书局 2000 年版，第 143—144 页。

② 谭其骧：《鄂君启节铭文释地》，《中华文史论丛》第二辑，中华书局 1962 年版，第 178 页。熊传新、何光岳：《鄂君启节舟节中江湘地名新考》，《湖南师院学报（哲学社会科学版）》1982 年第 3 期，第 87—89 页。

系可通。《汉书·礼乐志》"体容与,迣万里"。注:"孟康曰,迣音逝。如淳曰,迣,超逾也。晋灼曰,古迾字。师古曰,孟音非也。迣读与厉同,言能厉渡万里也。"钱大昕曰:"晋读迣为迾,虽据《说文》,却于文义未协。迣当读如遭鸿雁之遭。言去之远也。孟、如二说近之。"其实钱氏所谓"遭"亦"逝"之异文。《集韵》"逝,往也。或做遭"。总之,"迣""逝""遭"均属月部,自可通假,与从"世"得声之"喋"例亦音近。故舟节"喋"疑读"誓"。检《水经·湘水注》:"又右径临湘县故城西……湘水左合誓口,又北得石樟口,并湘浦也。"其中"誓"在今湖南长沙西北六十五里湘江东岸(疑即"誓港市")。古代此地乃舟船由长江进入湘江将近长沙的重要港口,故设关卡以征过往船只之税。

舟节"喋"读"誓",是西南路湘江之滨的城邑。

何琳仪之说,笔者从之,则"喋"读"誓",是西南路湘江之滨的城邑。

〔16〕铭文做▨(▨),诸家隶定有"溯""邶"两说,考"兆""涉"二字之形,于省吾以卜辞中"▨"为"兆"字初文,而《金文编》以▨、▨列于"姚"字头下,则▨、▨从水从步,即涉或兆之变体。[1] 则于先生认为"兆"和"涉"为分立之二字。何琳仪认为涉与兆一字之分化,涉,禅纽,古读定纽;兆,定纽。战国文字承袭金文,其演变序列为:▨→▨→▨→▨→▨→▨→▨。[2] 裴锡圭认为古文字中从"兆"声的字有写做"涉"之例,如卜辞中的"姚"、楚简中的"逃"、《郭店·老子》中借为"兆"的"茷"和借为"盗"的"眺",皆因"兆""涉"古音相近,"兆"是定母宵部字;"涉"是禅母叶部字,叶部是谈部的入声。按照宵谈对转说,"兆"和"涉"是声母极为相近、韵母有严格的

---

① 于省吾:《双剑誃殷契骈枝三编·释兆》,艺文印书馆 1975 年版,第 6 页,总第 16 页。
② 何琳仪:《战国古文字典》,中华书局 1998 年版,第 312 页。

阴入对转关系的字，所以二者作为声旁可以通用。① 据裘先生的意见，"兆"与"涉"仍为一字之分化。季旭升认为"兆"形甲骨从二"止"涉"水"，即后世"涉"之本字，涉、兆声母都属舌头音，韵则为宵叶对转，先秦古音宵谈两部本有对转的现象，《汗简》上一·六"兆"字作""，也可证"兆"即"涉"。② 沈培以𪕲公簋中字的例子，认为"兆"字的演变如：→→→→，而楚文字"兆"字的演变如：→→→→→，而与"涉"的写法混同了。③ 据沈培的意见，"兆"和"涉"是不同的二字。笔者认为考察诸家的说法，以目前所见的材料来看，"兆"和"涉"应是一字的分化，至于音读上的关系，裘先生的看法甚确。而进一步考察楚文字中"涉"字的写法：

表 44 "涉"字形表

字形				
出处	《楚帛书·甲篇》3·24	《郭店·老子甲》8	《上博(一)·孔子诗论》29	《上博(三)·周易》2

上表"涉"字上下从"止"，中间从"水"，与铭文从的写法相合，当以释"兆"为是，则铭文隶定成"邶"。其地望商承祚、谭其骧认为邶阳即汉代的洮阳县，故治位于湘水上游洮水北岸。洮水，即今广西全州县北黄沙河。其说可从。

〔17〕铭文，隶定作"灟"。"雷"，古文字作下述等形：

---

① 裘锡圭：《从殷墟卜辞的"王占曰"说到上古汉语的宵谈对转》，《中国语文》2002 年第 1 期(总第 286 期)，第 72 页。
② 季旭升：《说文新证》(上册)，艺文印书馆 2004 年版，第 239 页。
③ 沈培：《从西周金文"姚"字的写法看楚文字"兆"字的来源》，武汉大学简帛研究中心网站，http://www.bsm.org.cn/show_article.php? id=552，2007 年 4 月 21 日。

表 45 "雷"字形表

字形						
出处	《合》13414	《合》24364正	父乙罍	盠驹尊	包山 174	洹子孟姜壶,《集成》卷十五,器号9729
分域	甲骨		金文		楚系	齐系

又雷的《说文》古文作,故铭文右旁从"畾",应释为"雷",则铭文隶定为"灅",即是"潐"字。谭其骧、商承祚、于省吾认为"潐"可读"耒",为湘水支流耒水,地望应在今湘江附近的支流,深入湖南的南部。①

〔18〕铭文诸家隶定有"鄙""郎"两说,考察"啚""亩"两字的古文字写法:

表 46 "亩"字形表

字形		禀	亩	禀	稟
偏旁					
出处	《合》9643	召伯簋	新蔡甲一12	《古玺汇编》319	左稟戈,《集成》卷十七,器号10930
分域	甲骨	金文	楚系	齐系	

---

① 谭其骧:《鄂君启节铭文释地》,《中华文史论丛》第二辑,中华书局 1962 年版,第178 页。商承祚:《鄂君启节考》,《文物精华》第二辑,文物出版社 1963 年版,第 54页。于省吾:《鄂君启节考释》,《考古》1963 年第 8 期,第 444 页。

字形			
出处	《古玺汇编》324	铁斧范,《集成》卷十八,器号 11784	
分域	三晋系	燕系	

表 47　"昷"字形表

字形			
出处	《合》6057 正	康侯昷簋	齂镈,《集成》卷一,器号 271.2 - 5
分域	甲骨	金文	齐系

参上两表,甲金文"昷"字上部有口形,"宀"字则无,战国文字"昷"字较为少见,但"宀"又有增加义符"禾""米"的写法,对比字形可知铭文应释为"郴"。"郴",黄盛璋读为"郴",楚汉相争时已有郴县,而郴县于在耒水上游,有郴水,为耒水所出,而郴县是耒水流域最重要也是航程最远之终点。[1] 笔者认为黄说可从,其地望在今湖南省郴州市一带。[2]

〔19〕铭文 ,字形下部从"水"横置,上部左从"肉",右所从诸家隶定为"次",考察战国文字中从"欠"旁或"次"的写法:

表 48　"欠"旁及"次"字形表

字形	欠	次	钦	欸	歠
偏旁			欠	次	欠

---

[1]　黄盛璋:《再论鄂君启节交通路线复原与地理问题》,《安徽史学》1988 年第 2 期,第 24—26 页。

[2]　魏嵩山主编:《中国历史地名大辞典》,广东教育出版社 1995 年版,第 881 页。

续　表

出处	《合》914反	史次鼎	包山 143	包山 168	鲁大司徒元盂,《集成》卷十六,器号 10316
分域	甲骨	金文	楚系		齐系

字形	歇	歃		
偏旁	欠	欠		
出处	《古玺汇编》1883	侯马一五六:四		
分域	三晋系			

考上表诸字的写法,"欠"甲金文即像侧身张口之人形,"次"口旁两点画其义未详,战国文字各系的写法"欠""次"呈侧身张口之人形甚明,值得注意的是楚系的构形有人身上部与下部断开的写法,如上举(《包山》142)、(《包山》168),对比与铭文则铭文字形隶定为"溍"为确。诸家"溍"读为"资",可从。即今之资水。

铭文,诸家隶定多异,朱德熙、李家浩举战国文字"縣"字为证。[1]谨按:"縣"字作下述诸形:

表 49　"縣"字形表

字形					
出处	包山 149	《郭店·穷达以时》6	曾侯乙 61	《陶文图录》2.99.3	《陶文图录》2.105.1
分域	楚系			齐系	

---

[1] 朱德熙、李家浩:《鄂君启节考释(八篇)》,《纪念陈寅恪先生诞辰百年学术论文集》,北京大学出版社 1989 年版,第 67 页。

铭文字形应隶定为"灂",在地望考证上谭其骧最早即释为《汉书·
地理志》南郡高成下之繇水,即《水经·江水篇》《水经·油水篇》之
油水;其水源出汉孱陵县(故治在今公安县西南)西界白石山,东过
县北,至汉华容县界公安城(今公安县西北古油口)西北入江,全长
五百里。[1] 但此说早期因字形、音读上没有依据,故有学者疑之。
现字形释为"灂",读为"繇""油"皆无疑义,故"灂"释为"油"即油
水,地望在今湖北省公安县北入长江。[2]

本段航路"让(上)江",由长江溯流而上,最末"内濒(资)、沅、
澧、灂(油)"即承上文"郦(郴)水",再入"濒(资)、沅、澧、灂(油)"四
条较小的支流流域。航程包括了湖南省、湖北省一带的广大区域,
甚至到达广西壮族自治区一带["郯(洮)易(阳)"之地望在广西一
带],刘和惠言此段为西南路,陈伟言此一段航路促进自然资源的
采集与开发,是很有道理的。

〔20〕诸家以木关之地望当于郢都纪南城附近,而有沙市可能
为今之江陵之说,如谭其骧、商承祚之说[3];为穆陵关,而穆陵可写
做木陵,简称为木关,如黄盛璋之说[4];木关为今湖北省监利县车
木湾一带,如熊传新、何光岳之说。[5] 但上述诸说势必要成立在楚
郢都为纪南城,即今湖北省江陵县之上,或有学者认为郢都在湖北
省宜城县[6],二说都有一定的道理,无论郢都地望于纪南城或宜
城,对"木关"之考证仍无确证,正如刘和惠所说,大略能推定在今

[1] 谭其骧:《鄂君启节铭文释地》,《中华文史论丛》第二辑,中华书局 1962 年版,第
179—180 页。
[2] 魏嵩山主编:《中国历史地名大辞典》,广东教育出版社 1995 年版,第 703 页。
[3] 谭其骧:《鄂君启节铭文释地》,《中华文史论丛》第二辑,中华书局 1962 年版,第 180
页。商承祚:《鄂君启节考》,《文物精华》第二辑,文物出版社 1963 年版,第 54 页。
[4] 黄盛璋:《关于鄂君启节地理考证与交通路线的复原问题》,《中华文史论丛》第五
辑,中华书局 1964 年版,第 155—156 页。
[5] 熊传新、何光岳:《鄂君启节舟节中江湘地名新考》,《湖南师院学报(哲学社会科学
版)》1982 年第 3 期,第 90 页。
[6] 如石泉撰写一系列论文来证成此说,有《齐梁以前古沮、漳源流新探》《古竟陵城故址
新探》《云杜、绿林故址新探》《先秦至汉初古"云梦"地望探源》《楚郢都、秦汉至齐梁江
陵城故址新探》等文,收入《古代荆楚地理新探(增订本)》,高文出版社 2004 年版。

之江陵以南江岸边。①

〔21〕此"郢"于纪南城、宜城两说难定，但其地望不脱湖北省东南一带。此段航程由长江溯流而上，到"木关"后最后到达郢都，此路谭其骧称"西南路"即黄盛璋"沿江西出与北上之道"，而刘和惠称"西路"。

〔22〕铭文为"女（如）载马、牛、羊台（以）出入闈（关），则政（征）于大賃（府），母（毋）政（征）于闈（关）"。本段铭文是针对航运运输货物的相关规定，对马、牛、羊这一类牲畜特别提出征税，如陈伟所引述的学者推测："这是因为南方马牛羊比北方少，把北方的大牲畜贩卖到南方去，当可获厚利。故而舟节不准免税，以分其利。"这自然有其道理，若不针对南北物产的差异而论，马、牛、羊自古既可为往来运输之驮兽，也可为食用，不论是在实用角度或在经济效益方面，都可知为何鄂君启节中要对其征税方式另外作出规定，其税收不为地方的关卡所有，而是缴纳给"大府"，"大府"于楚器多见，为楚国官制之一，为治藏货贿之所。

【断代及国别】

战国晚期楚器。

【相关研究文献】

殷涤非、罗长铭：《寿县出土的"鄂君启金节"》，《文物参考资料》1958 年第 4 期（总第 92 期），第 8—11 页
郭沫若：《关于"鄂君启节"的研究》，《文物参考资料》1958 年第 4 期（总第 92 期），第 3—7 页
谭其骧：《鄂君启节铭文释地》，《中华文史论丛》第二辑，中华书局 1962 年版，第 169—190 页
商承祚：《鄂君启节考》，《文物精华》第二辑，文物出版社 1963 年版，第 49—55 页

---

① 刘和惠：《鄂君启节新探》，《考古与文物》1982 年第 5 期，第 63 页。

续　表

于省吾：《鄂君启节考释》，《考古》1963 年第 8 期，第 442—447 页
黄盛璋：《关于鄂君启节地理考证与交通路线的复原问题》，《中华文史论丛》第五辑，中华书局 1964 年版，第 143—168 页；又收入《历史地理论集》，人民出版社 1982 年版，第 263—285 页
谭其骧：《再论鄂君启节地理答黄盛璋同志》，《中华文史论丛》第五辑，中华书局 1964 年版，第 169—193 页；又辑入《长水集（下）》，人民出版社 1987 年版，第 212—232 页
商承祚：《谈鄂君启节铭文中几个文字和几个地名等问题》，《中华文史论丛》第六辑，中华书局 1965 年版，第 143—158 页；又辑入《文史集林》第四辑，木铎出版社 1981 年版，第 13—22 页。曾宪通主编《古文字与汉语史论集》，中山大学出版社 2002 年版，第 6—13 页。《商承祚文集》，中山大学出版社 2004 年版，第 416—427 页
〔日〕船越昭生：《鄂君启节について（关于鄂君启节）》，《东方学报》第 43 册，京都大学人文社会科学院，1972 年，第 55—95 页
陈蔚松：《鄂君启舟节与屈原〈哀郢〉研究》，《华中师院学报（哲学社会科学版）》1982 年增刊（总第 38 期），第 16—35 页；又辑入杨昶・陈蔚松等著《出土文献探颐》，崇文书局 2005 年版，第 90—125 页
陈伟：《〈鄂君启节〉之"鄂"地探讨》，《江汉考古》1986 年第 2 期（总第 19 期），第 88—90 页
黄盛璋：《再论鄂君启节交通路线复原与地理问题》，《安徽史学》1988 年第 2 期，第 16—31 页
朱德熙：《鄂君启节考释（八篇）》，《纪念陈寅恪先生诞辰百年学术论文集》，1989 年，第 61—70 页；又辑入《朱德熙古文字论集》，中华书局 1995 年版，第 189—202 页
陈伟：《〈鄂君启节〉与楚国的免税问题》，《江汉考古》1989 年第 3 期（总第 32 期），第 52—58 页
周凤五、林素清：《鄂君启节研究》，"台湾科学委员会专题研究计划成果报告"NSC87 - 2411 - H - 002 - 045，1998 年 10 月 30 日，第 1—24 页

第二十五节 乘 虎 符

【器号】25

【器名】乘虎符

【器形及说明】

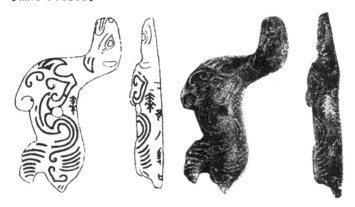

摹本引自中国社会科学院考古研究所编:《殷周金文集成》(修订增补本)第八册,中华书局 2007 年版,器号 12087,第 6589 页。图版引自容庚:《海外吉金图录》(民国二十四年考古学社刊本影印),国风出版社 1978 年版,图一二七,第 269 页。

　　乘虎符长三寸,厚四分五厘,重三两三钱。通体碧绿色,刻虎斑纹。有错金六字,仅一乘字清晰可见。①

【出土地】

不详。

【典藏地】

现藏于日本京都泉屋博古馆②。

---

① 说明引自容庚:《海外吉金图录》(民国二十四年考古学社刊本影印),国风出版社 1978 年版,第 378 页。但本人认为铭文字数应为五字。

② 中国社会科学院考古研究所编:《殷周金文集成》(修订增补本)第八册,中华书局 2007 年版,第 6650 页。

【著录】

《集成》器号	12087
著　录	罗振玉:"夽符",《贞松堂集古遗文》,1930 年,卷十一,第 12 页
	容庚:"夽虎符",《海外吉金图录》,1935 年,图一二七
	严一萍编:"𥝵虎符",《金文总集》,艺文印书馆 1983 年版,器号 7885,第 4587 页
	中国社会科学院考古研究所编:"𥝵虎节",《殷周金文集成》,第十八册,中华书局 1994 年版,器号 12087,第 342 页
	吴镇烽:《商周青铜器铭文暨图像集成》,上海古籍出版社 2012 年版,器号 19157,第 530 页

【释文】

夽(乘)卲□八□□[1]

【注释】

〔1〕本符为虎形,仅存左半,铭文亦仅存其左半,只有"𥝵"字从"大"从"来"可辨。关于铭文字数及读法,罗振玉于《贞松堂集古遗文》即对铭文做了释读:

夽
□卲□□□①

何琳仪则释为:

郱(乘)□车

---

① 罗振玉:《贞松堂集古遗文》卷十一,第 12 页。

并认为"郲",疑即"乘丘",在今山东省巨野。① 而《〈殷周金文集成〉释文》释为:

乘□□八□□②

又《齐文字编》所释:

乘邑③

上述四家对于铭文读法的认定并不相同,可制一表如下:

表 50　"秾虎符"铭文字形表

铭文 学者						
罗振玉	秾	□	即	□	□	□
何琳仪	郲(乘)	□	车			
《〈殷周金文集成〉释文》	乘	□	□	八	□	□
《齐文字编》	乘		邑			

上述四家对于铭文的释读意见,以下将讨论各家说法逐字讨论之。

1.

唐兰最早释为"乘"④,而由上表整理来看,除罗振玉直接隶定从"大"从"来"外,各家皆将"秾"释为"乘",其确。何琳仪隶定为

---

① 何琳仪:《战国文字通论(订补)》,江苏教育出版社 2003 年版,第 87 页。
② 中国社会科学院考古研究所编:《〈殷周金文集成〉释文》,香港中文大学出版社 2001 年版,第 769 页。
③ 孙刚:《齐文字编》,福建人民出版社 2010 年版,第 145 页。
④ 唐兰:《王命传考》,北京大学《国学季刊》6 卷 4 号,1946 年,第 71 页。

"郱",应是考虑到虎符右旁亡佚,其上有字形的右半,并认为"乘"即"乘丘",在今山东省巨野县,字形右旁有"邑"旁为义符,故隶定为"郱"。""为齐系文字中"乘"的写法,试将各系文字"乘"的写法列表如下:

表 51 "乘"字形表

字形						
出处	鄂君启车节,《集成》卷十八,器号12112	信阳2.4	新蔡甲三167	《郭店·语丛二》26	曾侯乙122	《上博(二)·容成氏》51
分域	楚系					

字形					
出处	温县WT1K14:867①	公乘方壶,《集成》卷十五,器号9496	《古玺汇编》1107	《陶文图录》2.404.4	《陶文图录》2.664.1
分域	三晋系			齐系	

字形			
出处	二十年距末,《集成》卷十八,器号11916-6	《古玺汇编》251	《古玺汇编》3961
分域	燕系		

---

① 艾兰、邢文主编:《新出简帛研究》,文物出版社 2004 年版,图版十。

从上表可以看出,楚系、三晋系"乘"字的写法多与《说文》古文"乘"作![]相类,《玺汇》1107 更省略了下部的"几"旁,是简省较多的写法。而信阳简的写法为异体,彭浩说:"此字上部从![],只是拉直了笔画,下部所从之![]仍![]之变体,应为字的异体。"甚确。①

谨按:甲骨文"乘"字做"![]"(《合》3999),象人登木上之形,金文又做"![]"(虢季子白盘)、"![]"(多友鼎)之形,而许学仁言:

> ![]象人形,着其足趾![],则成![]、![]、![]、![]形。降及战国之世,![]字往往又诡变为![],楚文字中又屡见之。如铸客鼎、集脰大子鼎,与佳做![],并晚周文字之变体也。![]既做![]形,着其足趾,另成![]形,先秦古钵![]乘马 ![]公乘,皆为实例。![]即乘字的省体,复加整饬,遂变为![],即![],![]二字所从者。②

参看上表《郭店·语丛二》26、《上博(二)·容成氏》51,足趾之形![]简省为四撇竖笔如,信阳简的写法将"![]"形拉直为两笔横划,以致字形上部仅有四撇竖笔。至于《曾侯乙》《上博(二)·容成氏》下从"车"的写法,《集韵·蒸韵》:"軤,车一乘也,或做'骉'"③,及《古文四声韵》卷二引"桨""軤"二字为"乘"之异体字。④ 笔者认为下从"车"的写法,或也表示以人在车上会意,进一步说明了"乘"字为人搭乘交通工具之意。

2. ![]

罗振玉、《〈殷周金文集成〉释文》、何琳仪释为待考字,孙刚则

---

① 彭浩:《信阳长台关楚简补释》,《江汉考古》1984 年第 2 期,第 64—65 页。
② 许学仁:《楚文字考释》,《中国文字》新七期,1983 年 4 月,第 107—109 页。
③ 中华书局编辑部:《小学名著六种·集韵》,中华书局 1998 年版,第 59 页。
④ [宋] 夏竦:《新集古文四声韵》卷二下平声,北京图书馆出版社 2003 年版,第 28 页。

无释。字形仅存两笔,上长下短,下笔较粗。因器形仅存左半,即便从横笔为两笔的文字考虑如"士""二"等字,仍无法断定为何字。笔者认为此二横应是虎符纹饰的笔画,于此则不列入待考之字。

3.

《〈殷周金文集成〉释文》释为待考字,何琳仪释为"车",但字形对比古文字"车"的写法,楚简作""(包山267),齐器作""(子禾子釜,《集成》卷十六,器号10374)不类,今则存疑。

孙刚释为"邑"①,从器形摹本的字形作""来看,楚简"邑"字做""(包山3)、齐器作""(𪓑镈,《集成》卷一,器号271-1),释为"邑"确有可能,但考虑到器形尚有右半可以符合,今已缺遗,则右旁仍有铭文未详,今暂存疑。

4.

其字虽仅存左半,《〈殷周金文集成〉释文》释为"八",可从。

5.

字形残甚,诸家皆无释,存疑。

6.

字形残甚,诸家皆无释,存疑。

经上述,铭文可释读"㐺(乘)郘□八□□",文意并不清楚,前二字或有为地名之可能,其用途亦有待考证。

【断代及国别】

战国齐器。

【相关研究文献】

未见专文论著。

---

① 孙刚亦于《齐文字编》将""列为单字,置于"邑"字头之下。参见孙刚:《齐文字编》,福建人民出版社2010年版,第170页。

第二十六节　亡纵熊符

【器号】 26

【器名】 亡纵熊符

【器形及说明】

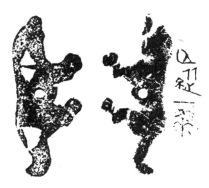

引自中国社会科学院考古研究所编：《殷周金文集成》（修订增补本）第八册，中华书局 2007 年版，器号 12092，第 6591 页。

　　器形仅存左半，罗振玉命为熊形，可从。器身计有三个三角形卯眼，用于与右半合符之用，并于器身中间有圆孔用于穿绳佩戴。拓本铭文不清，罗振玉摹出"𠂤 𫝀 一 杂"四字。

【典藏地】

不详。

【著录】

《集成》器号	12092
著　录	罗振玉：《增订历代符牌图录》，1925 年，图录上，第 3 页右
	罗振玉："𠂤 𫝀 熊节"，《三代吉金文存》，1937 年，卷十八，第 31 页右，左上

续 表

著 录	严一萍编:"⦿𢻶熊节",《金文总集》,艺文印书馆 1983 年版,器号 7889,第 4589 页
	中国社会科学院考古研究所编:《殷周金文集成》第十八册,中华书局 1994 年版,器号 12092,第 344 页
	吴镇烽:《商周青铜器铭文暨图像集成》,上海古籍出版社 2012 年版,器号 19154,第 527 页

【释文】

亡(无)纵一乘[1]

【注释】

[1] 器形仅存其半,铭文亦不清晰,罗振玉《三代吉金文存》名为"⦿ 𢻶 熊节",并摹四字:

就器形来看,名为"熊符"或可从,但亦有可能为虎形,因熊形就象征或寄托的意义上看并不明确,加上器形也不够清晰,因此还是有理解为其他器形的可能,虎形在符节器中多用于象征军事。

铭文全文唐兰释为"亡纵一乘"。[2] 第一字释为"亡","亡"字常见于古文字,作(班簋)、(《郭店·老子甲》简 1)、(侯马六七:一四)等形,释为"亡"可从。

第二字左从"糸",右下从"走",右上作,战国文字中"人"及从"人"偏旁常见如此写法,如:

---

① 罗振玉所摹四字最末字于《三代吉金文存》不甚清晰,《殷周金文集成》所录系引自《三代吉金文存》,字形同样不清,现所录字形为笔者据原字形重新摹写。

② 唐兰:《王命传考》,北京大学《国学季刊》6 卷 4 号,1946 年,第 72 页。

表 52 从"人"偏旁字形表

字形	[字形]	[字形]从	[字形]侑	[字形]	[字形]保	[字形]从
偏旁	[偏旁]	[偏旁]	[偏旁]	[偏旁]		[偏旁]
出处	包山7	《上博(二)·从政甲》10	侯马一:四〇	《古玺汇编》2542	十四年陈侯午敦,《集成》卷九,器号4646	《陶文图录》3.476.2
分域	楚系		三晋系		齐系	

故唐兰释[字形]为"纵",甚确。而最末字释为"乘",写法带有齐系特色,故熊符可定为齐器。

"亡纵"一语应读为"无从",《说文》:"纵,缓也。一曰舍也。"①出土文献中"纵"与"从"互通之例甚多,如"无从"即"不要跟从、跟随"。"一乘"应是指车马或货物的单位数量,鄂君启节有:"女(如)檜(橹)徒,屯廿=(二十)檜(橹)台(以)堂(当)一车,台(以)毁于五十乘之中。"又对比前文讨论过的齐大夫马节铭文:"齐节。大夫遂。五乘",熊符铭文或指对车马或货物单位数量的限制,"亡纵(无从)。一乘",即"不要有其他的从属,只有一辆车乘"。此限制及查验以"合符"的方式进行。而其铭文形式与齐大夫马节的差异,可能在于马节有比较强的官方色彩,自述其国别,并提到大夫这个职官之名。

【断代及国别】

战国齐器。

【相关研究文献】

未见专文论之。

---

① 许慎著、段玉裁注:《新添古音说文解字注》,第 625 页。

第二十七节　新郪虎符

【器号】27

【器名】新郪虎符

【器形及说明】

引自中国社会科学院考古研究所编：《殷周金文集成》（修订增补本）第八册，中华
书局 2007 年版，器号 12108，第 6599 页。

原器为模铸，做伏虎状，前后脚平蹲，虎头自然前伸，耳上竖，
两眼前视，虎尾上卷。由鼻尖至尾弯处长 8.8 厘米；由前脚至耳尖
之高为 3.2 厘米；由后脚至背部之高为 2.2 厘米，净重 95 克。

虎之剖面平坦，在胸部有楔形，在臀部有矩形凹入处；在楔形
凹处之下方有一直径 0.6 公分（厘米）略呈三角形圆孔。此等凹处
及穿洞可能为接受右半凸出之笋而设者。尾部另有一直径 0.25
公分（厘米）之小圆孔，似为穿绳佩带之用者。

铭文系先刻浅槽，后再错金，字体为小篆。全文共四十字，下
行右读，分四行书于由耳后起至臀部止之背、腰、颈及前后双腿上，

覆盖虎身的三分之二强。首行九字,次行十一字,三、四两行均十字。①

【出土地】

不详。

【典藏地】

现由法国巴黎陈氏收藏,拓本藏于中国社会科学院考古研究所。②

【著录】

《集成》器号	12108
著　　录	罗振玉:"新郪虎符",《增订历代符牌图录》,1925 年,图录上,第 2 页右下
	罗福颐:"新郪虎符",《待时轩传古别录》,1928 年,第 2 页左
	容庚:"新郪兵符",《秦汉金文录》,1931 年,卷一,第 41 页
	刘体智:"秦新郪虎符",《小校经阁金石文字》,1935 年,卷九,第 90 页右
	郭沫若:"新郪虎符",《两周金文辞大系图录考释》,1935 年,图录,第 292 页;考释,第 251—252 页
	严一萍编:"新郪虎符",《金文总集》,艺文印书馆 1983 年版,器号 7886 ,第 4588 页
	中国社会科学院考古研究所编:《殷周金文集成》,第十八册,中华书局 1994 年版,器号 12108,第 352 页

【释文】

甲兵之符,右才(在)王[1],左才(在)新郪[2],凡兴士被(披)甲,

---

① 三段文字对于《新郪虎符》的说明甚详,皆引自侯锦郎:《新郪虎符的再现及其在先秦军事、雕塑及书法研究上的意义》,《故宫季刊》第 10 卷第 1 期,台北故宫博物院,1975 年,第 44—45 页。

② 中国社会科学院考古研究所编:《殷周金文集成》(修订增补本)第八册,中华书局 2007 年版,第 6651 页。

用兵五十人以上,〔必〕会王符〔3〕,乃敢行之。燔队(燧)事〔4〕,虽母(毋)会符,行殹(也)〔5〕。

【注释】

〔1〕王,王国维最早以文字的写法论虎符为秦物:"其文甲做 ,兵做 ,在做 ,与秦阳陵符同;凡做 ,与散氏盘同;敢做 ,也做 ,与诅楚文同,余字皆同小篆。余谓此秦符也。"①王说实为不易之论,则此符制作时间下限当于秦统一天下,秦王嬴政称"皇帝"之前,故以"王"称国君。

〔2〕新郪,王国维引《战国策·魏策》苏秦说魏王曰:"大王之国,南有许、鄢、昆阳、邵陵、舞阳、新郪。"又引《史记·魏世家》安釐王十一年"秦拔我郪丘",并引应劭之语以为"郪丘"应为"新郪"②,证新郪为魏地。

谨按:新郪为战国魏地可从,而新郪何时归为秦地,则牵涉到虎符制作的时间上限。关于制作时间,王国维言此符乃"秦并天下前二三十年间物也";唐兰认为做于"秦始皇十七年(公元前230年)灭韩置颍川郡之后,廿六年(公元前221年)称皇帝之前";侯锦郎、朱捷元以《史记·魏世家》安釐王十一年:"秦拔我郪丘"定时间于公元前266年。③ 而对于上述诸位学者的说法,陈昭容做过详细的讨论,引《睡虎地·编年纪》简41"卅一年攻邢丘"证《史记·魏世家》"秦拔我郪丘"之"郪丘"为误植,故以公元前266年为虎符制作之上限不可信,但因新郪确切并入秦的时间于史无证,故对王

---

① 王国维:《秦新郪虎符跋》,《观堂集林·卷十八·史林十》,河洛图书出版社1975年版,第903页。

② 王国维:《秦新郪虎符跋》,《观堂集林·卷十八·史林十》,河洛图书出版社1975年版,第903—904页。

③ 王国维:《秦新郪虎符跋》,《观堂集林·卷十八·史林十》,河洛图书出版社1975年版,第904页。唐兰:《新郪虎符作于秦王政十七年灭韩后》,《申报》文史版,1948年6月26日;侯锦郎:《新郪虎符的再现及其在先秦军事、雕塑及书法研究上的意义》,《故宫季刊》第10卷第1期,台北故宫博物院,1975年,第58—59页。朱捷元:《秦国杜虎符小议》,《西北大学学报(哲学社会科学版)》1983年第1期,第55页。

国维"秦并天下前二三十年间物也"、唐兰"当为秦统一前十年间物"①两说皆不反对。② 笔者亦从陈昭容之说，新郪虎符的制作年代在战国末期至秦统一天下之间。新郪的地望则在今安徽省太和县西北。③

〔3〕必，从王国维所释④，就器形及文字摹本看，因字形为圆孔所穿⑤，仅存右半竖笔，就文字写法上，对比秦文字中"必"字做 （《睡虎地·秦律十八种》98）、（《睡虎地·日书甲种》141 背）；就文例上对比杜虎符，可知释为"必"可从。

〔4〕燔队（燧）事："队"字下半与"事"字上半为圆孔所穿，侯锦郎释字形 为"燧"；汤余惠释"队"读"燧"。⑥《说文》有"燔"字："爇也。从火番声。"而"爇"《说文》释为"烧"⑦，则"燔"为焚烧之义。《说文》："燹，爟燹，侯表也。边有警则举火。"段注曰："各本无燧字，今依文选注补燧。各本做燧，今正。"可见"燹""燧"有相通之例，段注又引孟康曰："爟如覆米，覈悬着，挈皋头，有寇则举之；燧积薪，有寇则燔燃之也。"⑧《汉书·贾谊传》："斥侯望烽燧不得卧，将史被介胄而睡。"颜师古引张晏注曰："昼举烽，夜燔燧。"并驳张

---

① 唐兰：《新郪虎符作于秦王政十七年灭韩后》，《申报》文史版，1948 年 6 月 26 日。
② 陈昭容：《秦系文字研究·第五章 秦兵甲之符》，"中研院"历史语言研究所，2003 年 7 月，第 257—261 页。
③ 魏嵩山主编：《中国历史地名大辞典》，广东教育出版社 1995 年版，第 1195 页。
④ 王国维：《秦新郪虎符跋》，《观堂集林·卷十八·史林十》，河洛图书出版社 1975 年版，第 903 页。
⑤ 对于器形上的圆孔，侯锦郎言："虎之剖面平坦，在胸部有楔形，在臀部有矩形凹入处；在楔形凹处之下方有一直径〇点六公分之略呈三角形圆孔。此等凹处及穿洞可能为接受右半凸出之笋而设者。"《新郪虎符的再现及其在先秦军事、雕塑及书法研究上的意义》，《故宫季刊》第 10 卷第 1 期，台北故宫博物院，1975 年，第 45 页。
⑥ 侯锦郎：《新郪虎符的再现及其在先秦军事、雕塑及书法研究上的意义》，《故宫季刊》第 10 卷第 1 期，台北故宫博物院，1975 年，第 59 页。汤余惠：《战国铭文选·新郪虎符》，吉林大学出版社 1993 年版，第 52 页。
⑦ ［汉］许慎著、［清］段玉裁注：《新添古音说文解字注》，洪叶文化事业有限公司 2005 年版，第 485 页。
⑧ ［汉］许慎著、［清］段玉裁注：《新添古音说文解字注》，洪叶文化事业有限公司 2005 年版，第 491 页。

说，认为“张说误也，昼则燔燧，夜则举”。①

谨按：“燔队”应读“燔燧”，指边境有敌来犯，燃烽火以告警。而从“燔燧事，虽无会符，行也”的叙述，也可看出秦制对于边境紧急状况用兵的相关规定。

〔5〕殹，铭文写作，王国维以《诅楚文・巫咸》证之为“也”字，甚确，《诅楚文》“也”字作，其文例做“将之以自救也”②对比战国各系“也”字的写法：

表 53 “也”字形表

字形					
出处	《郭店・语丛一》53	《郭店・唐虞之道》1	坪安君鼎，《集成》卷五，器号 2793	庚壶，《集成》卷十五，器号 2793	丙辰方壶，《文物》1984 年 10 期，页 62 ③
分域	楚系		三晋系（魏）	齐系	燕系

对比各系的“也”字写法，“殹”确实为秦地具有区域特色的写法，而睡虎地秦简中的“也”字多作“殹”，但也偶见“也”的写法，如《睡虎地・日书》背一一〇：“是谓出亡归死之日也。”④最末“也”字作，而《说文》“也”字下曰：“，秦刻石也字”⑤，其写法与上引战国各系的写法相同类，则可见在秦代、两种“也”字的写法是通用并行的，陈昭容认为“‘殹’字之地域色彩甚浓，做‘也’则是受其他

① [汉] 班固撰、[唐] 颜师古注：《汉书・贾谊传》，中华书局 1964 年版，第 2241 页。
② 图版引自郭沫若：《郭沫若全集・考古编第九卷（石鼓文研究、诅楚文考释）》，科学出版社 1982 年版，第 331 页；释文引自第 298 页。
③ 黄盛璋：《盱眙新出铜器、金器及相关问题考辨》，《文物》1984 年 10 期，第 62 页。
④ 睡虎地秦墓竹简整理小组：《睡虎地秦墓竹简》，文物出版社 1990 年版，第 112 页。
⑤ [汉] 许慎著、[清] 段玉裁注：《新添古音说文解字注》，洪叶文化事业有限公司 2005 年版，第 633 页。

地区之影响"。①　其说可从之。

【断代及国别】

秦器。

【相关研究文献】

王国维：《秦新郪虎符跋》,《观堂集林》卷十八·史林十,第 11 页
唐兰：《新郪虎符做于秦王政十七年灭韩后》,《申报》文史版,1948 年 6 月 26 日
侯锦郎：《新郪虎符的再现及其在先秦军事、雕塑及书法研究上的意义》,《故宫季刊》第 10 卷第 1 期,台北故宫博物院,1975 年,第 35—77 页
陈直：《秦兵甲之符考》,《西北大学学报》1979 年第 1 期,第 72 页
张克复：《我国古代的军事符契档案——新郪虎符及其它》,《档案》1990 年第 6 期,第 34—35 页
王辉："新郪虎符",《秦汉铜器铭文编年集释》,三秦出版社 1990 年版,第 101—102 页
许英才：《秦汉虎符述略》,《中华学苑》第 43 期,台湾政治大学中文系,1993 年 3 月,第 79—110 页
汤余惠："新郪虎符",《战国铭文选·符节》,吉林大学出版社 1993 年版,第 52 页。
陈昭容：《战国至秦的符节——以实物资料为主》,《"中研院"历史语言研究所集刊》第 66 本第一分,"中研院"历史语言研究所,1995 年 3 月,第 305—366 页
陈昭容：《秦系文字研究·第五章 秦兵甲之符》,"中研院"历史语言研究所,2003 年 7 月,第 247—268 页

【备注】

历来对于新郪虎符的研究焦点,可以从分域及制作年代两部分来看,王国维以文字写法提出为战国秦器的说法,后世学者从

---

① 陈昭容：《秦系文字研究——从汉字史的角度考察》,"中研院"历史语言研究所 2003 年版,第 244 页。

之,概无疑义。但于制作年代上,如上文注释〔2〕所述,王国维"秦并天下前二三十年间物也"、唐兰"在秦始皇十七年灭韩置颍川郡之后,廿六年称皇帝之前"、侯锦郎"新郪入秦为纪元前 266 年,此年便是新郪虎符的铸造上限"上述三位先生的说法都有值得讨论之处,但也因新郪并入秦的确切年代尚难确证,故仅能推定新郪虎符的制作年代在战国末期至秦统一天下之间。

第二十八节　杜 虎 符

【器号】28

【器名】杜虎符

【器形及说明】

引自中国社会科学院考古研究所编:《殷周金文集成》(修订增补本)
第八册,中华书局 2007 年版,器号 12109,第 6600 页。

虎符仅存左符,身长 9.5 厘米,4.4 厘米,厚 0.7 厘米。虎为立走形,昂首,尾端卷曲。符阴有槽,做合符之用,颈上有一小孔,身上有错金铭文九行,共四十字,从虎颈自左向右,由背部向腹部书写。①

---

① 参见黑光:《西安市郊发现秦国杜虎符》,《文物》1979 年第 9 期,第 93—94 页。

【出土地】

1975 年出土于西安市郊区山门口公社北沈家桥村①。

【典藏地】

现藏于陕西历史博物馆②。

【著录】

《集成》器号	12109
著　　录	黑光：《西安市郊发现秦国杜虎符》，《文物》1979 年第 9 期，第 94 页
	严一萍编："杜虎符"，《金文总集》，艺文印书馆 1983 年版，器号 7887，第 4589 页
	中国社会科学院考古研究所编：《殷周金文集成》第十八册，中华书局 1994 年版，器号 12109，第 353 页
	吴镇烽：《商周青铜器铭文暨图像集成》，上海古籍出版社 2012 年版，器号 19177，第 551 页

【释文】

兵甲之符⁽¹⁾，右才（在）君⁽²⁾，左才（在）杜⁽³⁾，凡兴士被（披）甲，用兵五十人以上，必会君符，乃敢行之。燔䥇（燧）之事⁽⁴⁾，虽母（毋）会符，行 殹（也）⁽⁵⁾。

【注释】

〔1〕"兵甲之符"，同属秦代的新郪虎符、栎阳虎符写做"甲兵之符"，与被列为伪器的东郡、阳陵虎符相同，伪器的铭文皆仿新郪虎符所写成自不待言，或者可以说，将"兵甲之符"做为秦代虎符铭

---

① 戴应新：《秦杜虎符的真伪及其有关问题》，《考古》1983 年第 11 期，第 1012 页、朱捷元：《秦国杜虎符小议》，《西北大学学报（哲学社会科学版）》1983 年第 1 期，第 53 页。上引文章皆言出土于"北沈家桥村"，出土年份戴应新说"1975 年"，朱捷元说"1973 年"，两说无从确知何者为确，今暂定 1975 年。黑光：《西安市郊发现秦国杜虎符》言"1973 年出土于西安省郊区山门口公社北沉村"《文物》1979 年第 9 期，第 93 页），其中"北沉村"应是"北沈家桥村"之误。

② 中国社会科学院考古研究所编：《殷周金文集成》（修订增补本）第八册，中华书局 2007 年版，第 6651 页。

文的标准语句,有一定的道理,"甲兵"和"兵甲"一词,在古书中都不罕见,例证非常多,因此将甲兵写做兵甲,在意义上并无不同,只是如果虎符铭文真的存在一种标准形式,铭文写做"甲兵"或"兵甲"似都无不可,而且除了杜虎符,目前所能见到的秦代虎符真物仅两件,尚难以更多的实物断定秦代虎符器物的标准形制及铭文内容。因此,此处铭文能否作为判断真伪器物的标准,尚难判定。

〔2〕"右在君",与新郪虎符作"右在王"、阳陵虎符作"右在皇帝"比较,"右在君"一语成为杜虎符断代的线索,而学者对于杜虎符断代主要有三说,谨理一表如下:

表 54　杜虎符断代说法表

	说　法	学　者	出　　处
A	"君"即指始皇弟长安君成蟜而言。此符当为始皇八年以前之物。	陈直	陈直:《秦兵甲之符考》,《西北大学学报》1979 年第 1 期,第 72 页
B	"君"指秦惠文君,杜虎符铸造年代当于秦惠文君称王之十三年间,即公元前 337—前 325 年。	马非百、朱捷元、胡顺利、陈尊祥、王辉、曾维华、陈昭容	马非百:《关于秦国杜虎符之铸造年代》,《史学月刊》1981 年第 1 期,第 20—21 页。朱捷元:《秦国杜虎符小议》,《西北大学学报(哲学社会科学版)》1983 年第 1 期,第 53—55 页。胡顺利:《关于秦国杜虎符的铸造年代》,《文物》1983 年第 8 期,第 88 页。陈尊祥:《杜虎符真伪考辨》,《文博》1985 年第 6 期,第 25—29 页。王辉:"杜虎符",《秦汉铜器铭文编年集释》,三秦出版社 1990 年版,第 38—40 页。曾维华:《秦国杜虎符铸造年代考》,《学术月刊》1998 年第 5 期,第 79—80 页。陈昭容:《战国至秦的符节——以实物资料为主》,《"中研院"历史语言研究所集刊》第 66 本第一分,"中研院"历史语言研究所,1995 年 3 月,第 327—328 页

续　表

	说　法	学　者	出　处
C	杜虎符与新郪虎符年代为同一时期,即早于诏版二三十年的昭王之世。	戴应新	戴应新:《秦杜虎符的真伪及其有关问题》,《考古》1983 年第 11 期,第 1012—1013 页
D	杜虎符文字、形制均与新郪符相似,年代亦当接近。	李学勤	李学勤:《东周与秦代文明》,上海人民出版社 2007 年版,第 146 页
E	杜虎符为秦惠文君称王前物,其与秦封宗邑瓦书时代相近。	李学勤	李学勤:《秦四年瓦书》,《李学勤学术文化随笔》,中国青年出版社 1999 年版,第 335 页

考察上述诸说,陈直之说认为虎符"右在国君,左在将领"的惯例验之,实误,长安君成蟜若持符带兵,则应掌左符为确,则"右才(在)君"之"君"非为长安君成蟜甚明。[1] E 说《杜虎符》与秦封宗邑瓦书时代相近,陈直定秦封宗邑瓦书为秦惠文君四年(公元前 334)之物,李学勤从之[2],则 B、E 二说同样将虎符时代定为秦惠文君称王之十三年间之物。至于 C、D 二说同样以文字写法风格认为杜虎符与新郪虎符年代应是相近的。值得注意的是 C 说提出个别字例写法的比较,并指出战国时代"君""王"之称互通,将时代定为昭王之世。[3]

　　陈昭容对秦国"君""王""皇帝"等称号的使用作了讨论,认为:

---

① 参见朱捷元:《秦国杜虎符小议》,《西北大学学报(哲学社会科学版)》1983 年第 1 期,第 55 页,最早对陈直的意见提出讨论,认为"君"为长安君成蟜不可从。

② 陈直:《考古论丛:秦陶券与秦陵文物》,《西北大学学报(人文社会科学版)》1957 年第 1 期;李学勤:《秦四年瓦书》,《李学勤学术文化随笔》,中国青年出版社 1999 年版,第 334 页。

③ 戴应新:《秦杜虎符的真伪及其有关问题》,《考古》1983 年第 11 期,第 1013 页。

杜符铭文"右在君",按之《史记》,《秦本纪》:"孝公卒,子惠文君立。"其下曰"惠文君元年",《六国年表》:"(惠文君)十三年四月戊午,君为王","十四年初更元年"。《周本纪》:"显王四十四年,秦惠文君称王。"此事又载于《楚世家》《田敬仲完世家》,《张仪列传》:"仪相秦四岁,立惠王为王。"

从这些资料可确知惠文称君时在公元前 337 年到前 325 年四月,第二年(324 B.C.)更元。杜符称"右在君",新郪符称"右在王"、阳陵符称"右在皇帝",一字之差,反映了各符的铸造年代。如果将杜符的年代视与新郪符年代相同,很难对此一字之差有合理的解释。

戴应新认为称君称王可互通,陈昭容则认为:

> 在"君"与"臣"对称时,君指在王位者,但君主自称"君""王""皇帝"有其特别政治意义,不能认为是称谓互通。否则惠文君何必于十三年四月"称王"? 战国时期,各国纷纷称"王",与周室名存实亡有关,史书上对于各国称王之事详加记载,也绝非毫无意义。秦惠文君既已称王,不太可能在经历武王、昭王、庄襄王之后,到了秦王政时期,又回头自称君。[①]

谨按:陈昭容的意见可从,笔者赞同最多学者所认为的 B 说,虎符铭文的"君"字应是有实际指称意义的,故"君"指秦惠文君,《史记·秦纪》"孝公卒,子惠文君立",下云"惠文君元年",《史记·六国年表》"十三年四月戊午,君称王""十四年初更元年",《史记·周本纪》"显王四十四年,秦惠王称王",上述《史记》引文皆为惠文君先称"君"后更元为"王"之证,则杜虎符则做于惠文君称王

① 陈昭容:《战国至秦的符节——以实物资料为主》,《"中研院"历史语言研究所集刊》第 66 本第一分,"中研院"历史语言研究所,1995 年 3 月,第 327—328 页。

之十三年间,即公元前 337—前 325 年为确。

〔3〕杜虎符出土地西安市郊区山门口公社北沈家桥村,据《春秋左传集解》,鲁襄公二十四年,范宣子曰:"昔匄之祖在周为唐、杜氏。"杜预注:"唐、杜两国名,殷末,豕韦国于唐。周成王灭唐,迁之于杜为杜伯。……杜,今京兆杜县。"①《史记·秦本纪》:"秦武公十一年,初县杜。"②《括地志·雍州》:"下杜故城,盖宣王杀杜伯以后,子孙微弱,附于秦,及春秋后武公灭之为县。汉宣帝时修杜之东源为陵曰杜陵县,更名此为下杜城。"③则出土地东南一公里是下杜城,是周时的杜伯国,秦时的杜县。④

〔4〕见器号 27 新郪虎符注〔四〕。

〔5〕见器号 27 新郪虎符注〔五〕。

【断代及国别】

秦。

【相关研究文献】

陈直:《秦兵甲之符考》,《西北大学学报》1979 年第 1 期,第 72 页
黑光:《西安市郊发现秦国杜虎符》,《文物》1979 年第 9 期,第 93—94 页
马非百:《关于秦国杜虎符之铸造年代》,《史学月刊》1981 年第 1 期,第 20—21 页
王敏之:《杜阳虎符与错金铜豹》,《文物》1981 年第 9 期,第 62 页
罗福颐:《杜阳虎符辨伪》,《文物》1982 年第 3 期,第 62 页
朱捷元:《秦国杜虎符小议》,《西北大学学报(哲学社会科学版)》1983 年第 1 期,第 53—55 页

---

① 〔晋〕杜预:《春秋左传集解》,新兴书局 1989 年版,卷十七,第九页,总第 248 页。
② 〔汉〕司马迁著、〔日〕泷川龟太郎 注:《史记会注考证·秦本纪》,万卷楼出版社 1993 年版,第 17 页,总第 93 页。
③ 〔唐〕李泰等著,贺君次辑校:《括地志辑校》,中华书局 2005 年版,第 10 页。
④ 关于详细的地望考证,参见陈尊祥:《杜虎符真伪考辨》,《文博》1985 年第 6 期,第 26—27 页。

罗福颐：《商周秦汉青铜器辨伪录》，香港中文大学中国文化研究所吴多泰中国语文研究中心 1981 年版，本书附《商周秦汉铜器铭文辨伪补遗》论杜虎符为伪器，第 49—51 页
戴应新：《秦杜虎符的真伪及其有关问题》，《考古》1983 年第 11 期，第 1012—1013 页
胡顺利：《关于秦国杜虎符的铸造年代》，《文物》1983 年第 8 期，第 88 页
陈尊祥：《杜虎符真伪考辨》，《文博》1985 年第 6 期，第 25—29 页
王辉："杜虎符"，《秦汉铜器铭文编年集释》，三秦出版社 1990 年版，第 38—40 页
许英才：《秦汉虎符述略》，《中华学苑》第 43 期，台湾政治大学中文系，1993 年 3 月，第 79—110 页
汤余惠："杜虎符"，《战国铭文选·符节》，吉林大学出版社 1993 年版，第 53 页
曾维华：《秦国杜虎符铸造年代考》，《学术月刊》1998 年第 5 期，第 79—80 页
陈昭容：《战国至秦的符节——以实物资料为主》，《"中研院"历史语言研究所集刊》第 66 本第一分，"中研院"历史语言研究所，1995 年 3 月，第 305—366 页

【备注】

在杜虎符的相关研究问题上，辨伪是除了断代之外的一大焦点，罗福颐力主杜虎符为伪器，在其著作《商周秦汉铜器铭文辨伪补遗》中谈到"秦国杜虎符"时认为："审其文字全据传世秦新郪（下以～代）符而伪，只将'甲兵'改作'兵甲'，将'王'字改称'君'，'新～'作为'杜'。其书体生硬，文辞改作亦多漏洞。"又说："我窃感痛心的是，有一些人不加审慎，就引用了此伪资料，如近出陈氏（直）《史记新证》即误引用此符，……今虎符全出伪造，虽同受骗而又甚焉,此固难怪引用之人,而作伪者行伪而坚,言伪而辩,假造出土地来骗人是极其可恶的。"其认为是伪器的主要观点有:一、铭文称"右在君",在秦统一天下前君主无称"君"之例;二、铭文的行款为由虎颈自左向右,横行书写,与其他传世虎符不同;三、杜虎符为站立,与其他虎符的跪坐姿势不同;四、杜虎符为"兵甲之符",与其他虎符为"甲兵"不同。① 罗说对于时人判断杜虎符真伪的影响力很大,因此器物的真伪成为研究杜虎符的重要问题。

关于杜虎符的出土地点及器物收藏的详细过程,戴应新(征集者)及陈尊祥(考查出土地点及访谈交献人)都有文章做了清楚的说明,杜虎符并不是由考古挖掘所发现,而是由西安市郊区山门口公社北沈家桥村农民在整地时出土拾得,再献给陕西历史博物馆。若杜虎符面世过程为真,那么对于称号、铭文用字、器物形态等方面被质疑为伪器的理由,历来陈尊祥、戴应新、朱捷元、陈昭容等学者提出的讨论,都提出了器物不一定为伪的可能性。

此外器物铭文的行款走向,虎符的站立姿态②,都被视为是判定器物真伪的线索,但正如上文讨论"兵甲之符"铭文所提到的,如果将新郪虎符作为秦代虎符的标准器物,那么与新郪虎符形制及铭文内容有差异的器物都视为伪器的话,可能还需要考虑到秦代虎符是否存在不同时期的形制变化。比如学者认为杜虎符的器物年代可能还早于新郪虎符,因此杜虎符的形制应该视为秦代虎符

---

① 参见罗福颐:《商周秦汉青铜器辨伪录》,香港中文大学中国文化研究所吴多泰中国语文研究中心,1981 年,第 49—51 页。

② 如陈尊祥认为:"虎符是从周制虎节演变来的。《周礼·地官·掌节》曰:'凡邦国之使节,山国用虎节,土国用人节,泽国用龙节,皆金也。'此文注释云:'山多虎、平地多人、泽多龙。以金为节铸像焉。'虎节的形式就是站虎,杜虎符是新发现最早的虎符,不免保留有较多的虎节形式,故有站象。"笔者认为陈说将商周虎节与杜虎符的形制作对比,认为两者间有传承关系。但目前对于《周礼》中对符节制度的认识还停留在文献记载,缺乏相关的实物证据,因此杜虎符所呈现的站立形式是否传承古制,尚难概论。

的一种较早的形态。① 据此杜虎符就没有被认定为伪器的问题了。

在判断青铜器真伪时不可忽视的重要指标便是铭文的书写状态和文字构形的问题，以新郪虎符、杜虎符铭文与现在所见的秦文字作对比：

	新郪虎符	杜虎符	秦文字
甲(兵)			诅楚文
兵(甲)			
之			
符			
右			
才			
王(君)			
左			

---

① 如朱捷元《秦国杜虎符小议》提出的：1. 杜符文字笔画多方折，新郪符文字则笔画方中带些圆折，就是说，前者较后者古朴。2. 从虎符形状来看，杜符虎形系站立状，而新郪符虎形作卧伏状。后者与秦始皇时的阳陵虎符虎形作卧伏形状相似，而前者与战国时期的"齐大夫"牛节、马节、虎节等动物作站立形状相似。故杜虎符的时代可能较新郪符的时代为早。3. 新郪符及阳陵符均作"甲兵之符"，而杜符作"兵甲之符"。前者系秦国符节定型之后的名称，后者则为未定型前的名称。4. 前两符铭文均系从头至尾竖刻的，虽然它们的字数多少及行数有差别，但文刻在虎身的部位和顺序是一致的。这是秦汉时期虎符定型的文字刻法。而杜符却是从虎体的颈、背，从上往下竖刻，与前两符不同。此亦可证杜符早于前两符。(《西北大学学报(哲学社会科学版)》1983 年第 1 期，第 53—55 页)笔者认为细究上述 4 点，似乎都不能作为杜虎符早于新郪虎符且必然为真的坚实理由，但作为与新郪虎符的对比思考，仍有一定的参考价值。

才			
杜			
新			
郪			
凡		铭文位于背脊处	
兴			岳麓参一 14
士			
被			
甲			
用			
兵			
五			
十			
人			
以			
上			
必			
会			

续　表

君			
符			
乃			
敢			
行			
之			
燔			
瘗			
之			
事			秦骃玉牍
虽			
母			旬邑权
会			
符			秦封泥
行			
殹			诅楚文

从两种虎符铭文的对比可以知道,杜虎符除了地名为杜,多出了两个"之"字一个虽字之外,其他铭文的内容、文字的构形基本都没有太大的差异,与目前所知的秦文字也基本可以相合,因此有论者认为杜虎符铭文基本仿照新郪虎符抄写而来。笔者认为至少就铭文而言,杜虎符铭文刻画得并不粗糙,也展现出秦文字的标准特征。

但如上文所述,这一考虑还是有未能成为定论的可能,因为目前传世的秦代虎符器物仍然很少,因此尚难以器物的实际考察建立识别真伪的标准,将杜虎符视为更早的一种秦代虎符同样缺乏其他器物作系统性的比对。

在尚未出现有力的证据表明杜虎符为伪器前,本书于此仍将杜虎符视为秦代虎符真品进行著录讨论。

第二十九节　栎 阳 虎 符

【器号】29

【器名】栎阳虎符

【器形及说明】

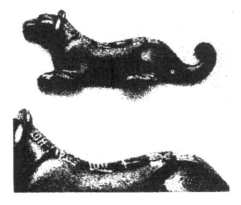

图版引自刘雨、汪涛:《流散欧美殷周有铭青铜器集录》,上海辞书出版社 2007 年版。

器形成伏虎之状，今仅存左半，铭文存六字。

【出土地】

不详。

【典藏地】

吴大澂旧藏，英国伦敦富士比拍卖行曾列入拍卖（1941 年 4 月）。①

【著录】

《集成》器号	未收
著　录	《英国伦敦富士比行拍卖档案》，1941 年 4 月，编号 24 第 320 页
	刘雨、卢岩：《近出殷周金文集录》第四册，中华书局 2002 年版，器号 1256，第 297 页
	刘雨、汪涛：《流散欧美殷周有铭青铜器集录》，上海辞书出版社 2007 年版，器号 350，第 350 页
	吴镇烽：《商周青铜器铭文暨图像集成》，上海古籍出版社 2012 年版，器号 19175，第 549 页

【释文】

皇帝，左在乐（栎）阳[1][2]

【注释】

〔1〕因虎符仅存其左半，铭文仅存六字，笔者在旧作中认为据阳陵虎符、杜虎符等秦代虎符铭文的内容和格式来看，该器完整的铭文可据以补"甲兵之符右在"六字，现在看来此说还需要进一步修正。

---

① 刘雨、卢岩：《近出殷周金文集录》第四册，中华书局 2002 年版，器号 1256，第 297 页。据孙闻博所述："又承汪涛 2018 年 9 月 21 日来信告知，此虎符原在英国一收藏家处，现下落不明。"见孙闻博：《初并天下——秦君主集权研究》"第四章 兵符、帝玺与玺书：秦君政治信物的行用及流变"，西北大学出版社 2021 年版，第 152 页。

孙闻博对于虎符的铭文内容及格式作了详细的讨论,引述如下:

　　不过,此左符虽仅摄侧面,但末字"乐阳"已位于伏虎蜷卧后腿上部,与阳陵虎符末两字中"阳"与蜷卧后腿相交,"陵"字仍在后腿部不同,书写相对靠上,从而更为接近背部。换言之,左符脊背部恐已无法容下"甲兵之符右在"六字。这六字很可能是在另一半符上。由此可见,今存栎阳虎符之左符,应当只有 6 字。

　　简单来看,此符书写体例与阳陵虎符同样近似。诸家所拟"完整的释文"当参据了阳陵虎符。然而,之前学者恐怕多没有注意到,二者尚存在明显差异。阳陵虎符是带合在一起的两枚兵符,也是现存唯一的秦代合符。铭文情况为"脊两侧刻 4 行 24 字,左右刻文同"。换言之"甲兵之符,右才(在)皇帝,左才(在)阳陵"实际出现了两次,也即左、右符均完整出现了此内容,因此才会形成"4 行 24 字"。从杜虎符、新郪虎符到阳陵虎符,虽然出现"秦兵符形制(从立虎到伏虎)和铭文方式(由背脊到腹部直书改为由头向尾横书)的演变",内容前后也有减省趋势(会符、毋会符规定后予减省),但有一点其实并未变化,那就是左、右半符的铭文内容都是完整的,且彼此相同。某种程度上,这种情况至少延续至西汉初年。

　　这些材料的时代相对偏早,与此前的三种秦兵符书写体例有所衔接。反观栎阳虎符,需待左右合符后始可构成完整内容;分之,内容仅存其半。这反映在书写体例上,栎阳虎符与上述三件秦兵符不相一致。一般认为,合符构成完整铭文的做法,大体在西汉景帝以后才开始出现,然采用的是中心内容在左右符上每字各存半边的设计。此即王国维所云"汉符传世者,其文刻于脊上,合之而后可读,如《周官》傅别之制"。

　　然而，这与栎阳虎符的铭文形式，仍不完全近同。

　　　　因秦兵符半符内容完整，铭文书写方式从由背脊到腹部
直书改为由头向尾直书，也更便于在合符时对验文字。今观
栎阳虎符的铭文形式，与上述设计考虑，同样异趣。假若资料
可信，该符就书写体例而言，体现了一种不同的发展方向。①

　　上引孙闻博所说，笔者认为确有其理，对于秦代虎符铭文格式的解
读，也能进一步观察到虎符形式的演变情况。

　　〔2〕乐阳，北魏有置乐阳县、南朝陈有乐阳郡②，皆与虎符铸造
年代不合。

　　谨按：秦代地名有"栎阳"，《史记·秦本纪》："献公即位，镇抚
边境，徙治栎阳，且欲东伐，复缪公之故地，修缪公之政令。寡人思
念先君之意，常痛于心。"则秦献公尝徙治都于栎阳。《史记·项羽
本纪》："项梁尝有栎阳逮，乃请蕲狱掾曹咎书抵栎阳狱掾司马欣，
以故事得已。""长史欣者，故为栎阳狱掾，尝有德于项梁；都尉董翳
者，本劝章邯降楚。故立司马欣为塞王，王咸阳以东至河，都栎
阳。"楚汉相争之际项羽曾立长使司马欣为塞王，都栎阳。《史记·
高祖本纪》："汉王之败彭城而西，行使人求家室，家室亦亡，不相
得。败后乃独得孝惠，六月，立为太子，大赦罪人。令太子守栎阳，
诸侯子在关中者皆集栎阳为卫。""病愈，西入关，至栎阳，存问父
老，置酒，枭故塞王欣头栎阳市。"司马欣后为汉高祖所杀，枭首于
栎阳街市。③ 而栎阳故地在今陕西省西安市临潼区东北武屯街道
附近古城村南。④

---

① 　孙闻博：《初并天下——秦君主集权研究》"第四章 兵符、帝玺与玺书：秦君政治信
　　物的行用及流变"，西北大学出版社 2021 年版，第 152—157 页。
② 　魏嵩山主编：《中国历史地名大辞典》，广东教育出版社 1995 年版，第 316 页。
③ 　〔汉〕司马迁著、〔日〕泷川龟太郎注：《史记会注考证》，万卷楼出版社 1993 年版，
　　《秦本纪》，第 50 页、总第 101 页。《项羽本纪》，第 3 页、总第 140 页，第 37—38 页、
　　总第 149 页。《高祖本纪》，第 49 页、总第 172 页，第 59 页、总第 174 页。
④ 　魏嵩山主编：《中国历史地名大辞典》，广东教育出版社 1995 年版，第 752 页。

对于"乐阳"的地望问题,孙闻博也提出详细的讨论:

> 由此而言,目前所见秦代城邑的完整称谓,均书作"栎阳"而非"乐阳"连读省称也以"栎"字为主。兵符不同于兵器题铭的"物勒工名"县称为求明确,应用正写,似不当更加草率,也不宜因通假而书作"乐阳"。按西汉有"乐阳"在恒山郡绵曼、真定之间。秦代是否曾置此县,有待研究。前面论及秦统一更名之事,有学者还认为"栎阳"作"乐阳"有可能是更名下简省所致。乐(樂)字本从木,或原为"栎"之较古写法。今变更后一度使用较保守写法的可能性,也不能完全排除。①

谨按:笔者认为孙闻博对于栎阳虎符的有关讨论值得细思,栎阳虎符在铭文内容及形制上和其他秦代虎符有明显的差异,还是需要左右合符才可以构成完整的铭文内容,这或许会引出对器物真伪问题的考虑,在目前对于栎阳虎符著录的图书中,都并未提到该器是否为伪作的问题,孙闻博也认为"从铭文字形角度而论,栎阳虎符文字在笔画、构形上似无问题",但目前已知的传世秦代符节从铭文的结构来看,新郪虎符和杜虎符的铭文内容和格式基本相同,只是铭文的行文走向前者是纵向从虎符的头部写到尾部,后者是纵向由腹部往背脊环绕身躯书写,两者都必须要经过合符才能完整阅读铭文内容。而被认为是伪器的阳陵虎符,铭文的走向和新郪虎符相同,但铭文在器物的左右两半各有两行 12 字,器物的半边可以完整表达铭文内容,但栎阳虎符的铭文行文方向同新郪虎符,内容与阳陵虎符一样较为简化,器物的一半 6 字,要合符才能表示完整的文意,是完全不同于新郪虎符和杜虎符的,在目

---

① 孙闻博:《初并天下——秦君主集权研究》第四章"兵符、帝玺与玺书:秦君政治信物的行用及流变",西北大学出版社 2021 年版,第 156—157 页。

前仍缺乏秦代符节实物的情况下,将栎阳虎符视为秦代虎符一种简化的铭文形式也无不可,但扣除属于伪器的阳陵虎符,新郪虎符和杜虎符的形制与铭文内容,恐怕是目前探讨秦代虎符器物的主要标准。

只是栎阳虎符的原件现在去处不详,缺乏进一步验真实物的条件,目前仍暂纳入秦代虎符予以讨论。

【断代及国别】

秦。

【相关研究文献】

刘雨、卢岩:《近出殷周金文集录》第四册,中华书局 2002 年版,器号 1256,第 297 页
刘雨、汪涛:《流散欧美殷周有铭青铜器集录》,上海辞书出版社 2007 年版,器号 350,第 350 页

第三十节　余论　先秦符节辨伪
——东郡虎符、秦王命虎节、秦甲兵之符、龙节、陬者旃节、阳陵虎符、鷹屄节

除了上述所汇编校释的二十九件先秦符节,本节也有必要对见于前人著录而疑为伪器故不收录于汇编校释正文的器物进行考论,共有东郡虎符、秦甲兵之符、秦王命虎节、龙节、陬者旃节、阳陵虎符六器,下文将分别对器物进行简述,并提出学者的考论,讨论其辨伪。

一、东郡虎符

关于东郡虎符的基础背景,王辉做了详细的论述:

　　陕西省周至县文管所在中华人民共和国成立初（约 1952 年）征集有一套两枚虎符。符做卧虎形，长 9.5 厘米、高 4.5 厘米。左右两符同铭，错金书，但右符有的字已剜去，左符则较为清晰。据周至县文化馆路毓贤同志说，符为原负责同志征集，而该同志已辞世。又"文革"中该所档案散失严重，故出土地点，缴献者及征集经过已无法确知。因其出土情况不明，字又有剜痕，加之有错字，有些同志便以为伪器，不予重视，故国内至今未见著录。①

东郡虎符的器形与文字摹本如下：
器形②：

①　王辉：《周秦器铭考释（五篇）》，《考古与文物》1991 年第 6 期，第 79 页。
②　引自王关成：《再谈东郡虎符辨伪》，《考古与文物》1995 年第 2 期，第 60 页。

文字摹本①：

铭文通读：

甲兵〔之符〕□□
皇帝后杜（在）东郡（左符）

甲兵之符𤳹才（在）
〔皇帝〕□□□□（右符）

而对东郡虎符辨伪作出讨论的，有罗福颐、王辉、王关成、陈昭容诸位都有专文论之②，罗福颐主要论点如下：

> 秦器中还有虎符，近见亦有伪品，只是作品太劣，与真品对照，其伪立见。今将其伪品照片列下。上为秦阳陵虎符真品，下民国初年估人伪造品，从形制铭文上都有错误。③

---

① 王辉：《周秦器铭考释（五篇）》，《考古与文物》1991 年第 6 期，第 80 页。

② 罗福颐：《商周秦汉青铜器辨伪录》，香港中文大学中国文化研究所吴多泰中国语文研究中心，1981 年，第 35—36 页。王辉：《周秦器铭考释（五篇）》，《考古与文物》1991 年第 6 期，第 75—81 页。王关成：《东郡虎符考》，《考古与文物》1995 年第 1 期，第 64—65 页。王关成：《再谈东郡虎符辨伪》，《考古与文物》1995 年第 2 期，第 60—62 页。陈昭容：《战国至秦的符节——以实物资料为主》，《"中研院"历史语言研究所集刊》第 66 本第一分，"中研院"历史语言研究所，1995 年，第 305—366 页。

③ 罗福颐：《商周秦汉青铜器辨伪录》，香港中文大学中国文化研究所吴多泰中国语文研究中心，1981 年 11 月，第 35—36 页。

但罗福颐并没有进一步说明伪物的详细理由。

　　而王辉提出讨论，如东郡虎符左符铭文的"杜"应为"在"字误写，右符铭文"甲兵之符**筵中**皇帝"的"**筵**"应为"右"字误写。[①]　陈昭容也提出甲字作"**中**"，中间竖画不出头，唯传写之会稽刻石及《说文》小篆作"**中**"，与秦汉间金石文字所见皆异；而右符铭文"在"写做"**中**"，亦为古文字中所未见者。

　　然而铭文的左右倒置是东郡虎符铭文最大的错误，兵符未有"左在皇帝"之例，左符"**后**杜（在）东郡"的铭文，相对于"左在皇帝"，则"**后**"应是"右"字。东郡虎符铭文"左在皇帝""右在东郡"不是字形点画上的错误，而是左右倒置，不合体例的错。[②]

　　从上述讨论来看，铭文字形上的刻写错误再三，对作为军事信凭物的虎符来说是很大的疏漏，加之铭文的相互倒置，东郡虎符宜列为伪器论之。

二、秦王命虎节

　　收录于刘体智《善斋吉金录·符牌录》[③]，其器形为：

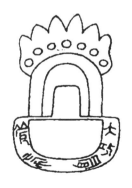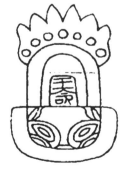

①　王辉：《周秦器铭考释（五篇）》，《考古与文物》1991 年第 6 期，第 80 页。
②　陈昭容：《战国至秦的符节——以实物资料为主》，《"中研院"历史语言研究所集刊》第 66 本第一分，"中研院"历史语言研究所，1995 年，第 337—338 页。
③　刘体智：《善斋吉金录》卷十三，上海图书馆，1998 年，第 2 页。

器形为兽头形，刘体智言"下乃虎头，盖为虎节"。上有"王命"二字甚明，背后有铭文：

由右上至下释读为"大攻君"，其中"![字]"字常见于战国三晋兵器，可读为"尹"，文例作"大攻君"或"冶君"，为主管兵器铸造之官职，其字形与上举铭文相符。而楚国亦有"大攻尹"之官，见于鄂君启节，亦为主制作铸造之官，其"尹"字作"![字]"，与"![字]"相异。至于左上铭文二字，则暂存疑。

从铭文来看，已释读的句例与字形与战国三晋兵器相合，但与秦代之物不合，则应非为秦物，或有可能是战国三晋之器，但其器形亦仅此一件，姑列存疑待释。

三、秦甲兵之符

收录于刘体智《善斋吉金录·符牌录》[①]，其器形为：

---

① 刘体智：《善斋吉金录》卷十三，上海图书馆，1998 年，第 4 页。

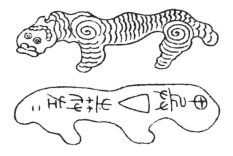

陈昭容对此符有详述：

> 此物从白描图形来看，虎之四肢直立，但形体萎靡，与杜
> 符、新郪、阳陵诸符全不相类。符阴胸颈处有三角接榫，铭文
> "甲兵之符左□"，刻于符阴（内部剖面），此为历代兵符所未见之
> 制，且铭文字体柔弱，格式亦不相类，其为伪符大概可以确定。①

谨按：陈昭容的意见可从，此秦甲兵之符应为伪器。

四、龙节

收录于邹安《周金文存》②，共有两器，其器形为：

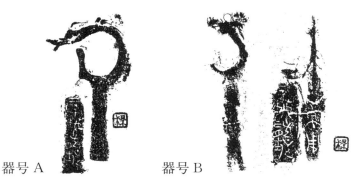

器号 A　　　　　　　器号 B

① 《战国至秦的符节——以实物资料为主》,《"中研院"历史语言研究所集刊》第 66 本
第一分,"中研院"历史语言研究所,1995 年,第 338 页。
② 邹安:《周金文存》,国风出版社 1978 年版,第 128、129 页,总第 1207、1208 页。

邹安于 A、B 二器旁自言："龙节二一有东周字""此有东周字铭文
同前"两语，器形下部有握棒，上部疑为龙首形，此一器形除此二器
外不见其他器。除《周金文存》亦不见其他专书著录，也不详现藏
于何处。但此器形与目前所能见之战国节器差异甚大，从拓本看
又无法清楚得知原器形为何。从著录及器形来看，应考虑此二器
真伪的可疑之处。

另外值得注意的是铭文的内容和文字的写法，先将 A、B 二器
铭文整理如下表：

文字编号	1	2	3	4
器号 A				
器号 B				

从铭文对比可知，A、B 二器编号 3 之字为同字；编号 4 之字为同
字，从二器器形相同，最末两字相同，或可推测二器有相同的铭文。
首先考察 B 器中 B1、B2 字，著录者邹安于 A 器拓本旁自言"龙节
二一有东周字"其所说的"东周字"所指应该是 B 器的 B1 与 B2 二
字，先看 B1 字形，金文"东"字做 （明公尊）、战国文字做 《包山》
140)，各分域间写法差异不大，和 B1 字写法确实相近，但 B1 字上
部的横画与"田"形最上横画重叠，或可能是刻画不精所致，释为
"东"或有所据。B2 字形，金文"周"字做 （德方鼎）、（盂鼎）等形，
下部都有加"口"形或不加"口"形的写法，战国文字做 《包山》
141)、《古玺汇编》0207）等形，各分域间写法差异不大，和 B2 字写
法亦相近，释为"周"有其道理。再看编号 3 的字，A、B 二器皆不清
晰，字形上部疑为"艸"头，右旁疑从"戈"旁，字形暂存疑。而最末

编号 4 的字,以 B 器较为清晰,文字存疑待考。

　　若据 B 器铭文加以通读,则可读为"东周□□","东周"二字可能为持节者自名国别,目前还未见同样形式内容的铭文,参考齐大夫马节铭文:"齐节。大夫遂。五乘。"齐大夫马节是不是自称为"齐节"以自名国别仍无相关的确证,但先秦符节应当有国内、国外使用的不同:国内用于信凭、贸易、通关、调动军队;国外则如衔命出使代表国家,但从现今所见先秦符节有限的数量和器形来看,仍无法完整推定整体制度的样貌。

　　而《周金文存》所收录的这两件龙节,从器形及铭文来考虑,笔者认为暂疑为伪器讨论为佳,故讨论于此。

五、阹者旃节

　　阹者旃节器形如下①:

　　由器形拓本观之,原器器形不详,尾端较细疑为棒状可以手持,上端则应有雕饰延伸。铭文共计有四字。其出土地不详,目前

---

① 　引自中国社会科学院考古研究所编:《殷周金文集成》(修订增补本)第八册,中华书局 2007 年版,器号 12093,第 6591 页。

可知任氏爵斋旧藏,现藏于中国社会科学院考古研究所①,此器亦仅著录于《殷周金文集成》。

为析论其真伪,笔者先对铭文予以考论,铭文可释为"陕者脂节"。

《〈殷周金文集成〉释文》释为"采者节"②,第三字按原字形摹写无释。何琳仪释为"柘者脂节",认为是齐国之器。③ 下文则将各字予以析论。

(一)

《〈殷周金文集成〉释文》释为"采",何琳仪释为"柘"。字形右旁为"木"无疑,左旁释读为何,则依上述二说论之。

首先看战国文字"采"的写法,"采"字于战国文字并不多见,但楚简有作《郭店·性自命出》45)、(《上博(三)·恒先》8)。再参看古文字中从"爫"(爪)旁的写法:

表 55 "爪"旁字形表

字形	孚	俘
偏旁		
出处	庚壶,《集成》卷十五,器号 9733	中山王𧊒鼎,《集成》卷五,器号 2840
分域	齐系	三晋系

从上分析可见,字形左旁并不从"爫",故释为"采"不可从。

何琳仪释为"柘",曾侯乙 39 简有"柘"字作 字形不清,

---

① 中国社会科学院考古研究所编:《殷周金文集成》(修订增补本)第八册,中华书局 2007 年版,第 6650 页。

② 中国社会科学院考古研究所编:《〈殷周金文集成〉释文》,香港中文大学出版社 2001 年版,第 770 页。

③ 何琳仪:《战国文字通论(订补)》,江苏教育出版社 2003 年版,第 87 页。

摹本作 ①,与 写法对照,笔者认为释"柘"恐有待商榷,在战国文字中"石"字或从"石"为偏旁的字并不少见,试参照战国文字中"石"的写法:

表56　"石"字形表

字形					
偏旁					
出处	包山80	《上博(二)·鲁邦大旱》4	侯马一九四:一	《古玺汇编》0266	《古玺汇编》3681
分域	楚系		三晋系	齐系	燕系

从上表可以发现,在各分域字形中,"石"作为单字,都不会简省"口"形的部件,接着考察从"石"为偏旁的字:

表57　从"石"偏旁字形表

字形	碛	礦	砺	② 砥	砳	研
偏旁						
出处	《郭店·忠信之道》1	《上博(一)·紂衣》18	鲁大司徒子仲伯匜,《集成》卷十六,器号10277	閔令十一年间赵狄矛,《集成》卷十七,器号11361B	《古玺汇编》2018	《古玺汇编》2606
分域	楚系		齐系	三晋系		燕系

---

① 引自张光裕、滕壬生、黄锡全主编:《曾侯乙墓竹简文字编》,艺文印书馆1997年版,第69页字头193。
② 摹本引自汤志彪:《三晋文字编》,博士学位论文,吉林大学古籍研究所,2009年,第592页。

由各系从"石"偏旁的字形来看，构形呈上下式的字通常省略了"石"旁的"口"形，而构形呈左右式的字，"石"的"口"形依然会保留下来，值得注意的是《清华简·祭公》简 13、14、18 有⬛字三见，摹本作⬛，整理者隶定作"⬛"读为"厚"①，则是从上下式构形"石"旁"口"形不省的例子。笔者认为⬛旁是否释为"石"是可以重新考虑的。而战国文字"阜"与⬛的写法相合：

表 58 "阜"旁字形表

字形	⬛ 陵	⬛ 阳	⬛ 隆	⬛ 陈	⬛ 陆	⬛ 防
偏旁	⬛	⬛	⬛	⬛	⬛	⬛
出处	《楚帛书·甲篇》3.6	包山 96	侯马一五六：二〇	《古玺汇编》1452	黿公钟，《集成》卷一，器号 102	《古玺汇编》2326
分域	楚系		三晋系		齐系	燕系

由上表可见，将⬛释为"阜"应是可信的。而在包山 185 简中有⬛字（下文隶定为"阩"），写法与⬛相合，在包山 185 简中的文例是"甲晨（辰），君夫人之券阩周迟"。② 关于本简文的性质归类，整理者认为接受詎告的对象均为前述案件审理的负责官员，被詎告者均为人名、地名与时间，格式为某时某地某人，而此组简当是各级司法官员经手审理或复查过的诉讼案件的归档登记。③ 陈伟称为"所詎"类④，并认为简 162—196 在所"詎"于某某官员之后记列的

---

① 清华大学出土文献研究与保护中心：《清华大学藏战国竹简（壹）》（上册），中西书局 2011 年版，第 105 页。释文见《清华大学藏战国竹简（壹）》（下册），摹本第 209 页，考释第 177 页。

② 陈伟：《楚地出土战国简册〔十四种〕》，科学经济出版社 2009 年版，第 80 页。

③ 湖北省荆沙铁路考古队：《包山楚简》，文物出版社 1991 年，第 11 页。

④ 陈伟：《包山楚简初探》，武汉大学出版社 1996 年版，第 33 页。

日期与人名,乃是左尹委派属员办处有关告诉的时间和告诉提出人。这些简当是左尹关于这项工作的记录。① 细读简文,"甲晨(辰)"确为时间无疑,"君夫人之券朱周迟"一语,"君夫人"应是指封君夫人,而"券朱"的释读对比其他简文的文例:

表59　包山楚简文例表

文　　例	封君/官名	介词	地名/官名	人名	释　　读
下 蔡 人 竞 履 (简 163)			下蔡	竞履	下蔡的居民竞履
鄂君之人利吉 (简 164)	鄂君	之		利吉	鄂君的人民利吉
圣夫人之郙邑 人嘼(简 179)	圣夫人	之	郙邑	嘼	圣夫人(属地)郙邑的人民嘼
邵上之州加公 郧(简 181)	邵上	之	州加公	郧	邵上的(官员)州加公郧
邸易(阳)君之 某敚(简 185)	邸易(阳)君	之		某敚	邸易(阳)君的(人民)某敚

据上述几条简文文例可以发现,封君、官名后的介词"之",承接的几个情况是:

>　　　"人"＋人名:(之)人利吉
>　　　地名＋"人":郙邑人
>　　　官名＋人名:州加公郧
>　　　人名:某敚

由此则可推知"券朱"并非地名,而可能是人名。进一步看来,"券"

---

① 　陈伟:《包山楚简初探》,武汉大学出版社 1996 年版,第 65 页。

字在《包山》165 简用做人名："舟斨公券"。而"券陎"后的"周迟"李家浩认为是人名①，甚确。笔者认为应将"券陎"和"周迟"断读为两个人名，两人皆为被詎告者。

而符节铭文的字则隶定为"陎"，与下字"者"字连读为"陎者"。

(二) 

《〈殷周金文集成〉释文》、何琳仪释为"者"，参看战国文字中几个"者"字的写法：

表 60 "者"字形表

字形							
出处	包山 27	《郭店·成之闻之》3	《上博(一)·孔子诗论》1	《郭店·五行》44	十四年陈侯午敦，《集成》卷九，器号 4647	《古玺汇编》0153	《陶文图录》2.144.3
分域	楚系				齐系		

字形				 都	
偏旁					
出处	侯马一五六：二	坪安君鼎，《集成》卷五，器号 2793	中山王譬鼎，《集成》卷五，器号 2840	《古玺汇编》0050	郾王职剑，《集成》卷十八，器号 11634
分域	三晋系			燕系	

① 李家浩：《信阳楚简中的"柿枳"》，《简帛研究》第二辑，法律出版社 1996 年版，第 7 页。

的写法与《古玺汇编》0153、《陶文图录》2.144.3 等齐系"者"字相合，故释为"者"为确，写法带有齐系特色。

（三）

字形隶定从"㫃"从"百"，战国文字中从"㫃"旁的写法各分域间差异不大，作下述等形：

表 61　"㫃"旁字形表

字形	施	旅	族	旗	游	族
偏旁						
出处	曾侯乙 142	滕侯穌盨，《集成》卷九，器号 4428	陈喜壶，《集成》卷十五，器号 9700	《古玺汇编》2386	中山王𰯲鼎，《集成》卷五，器号 2840	《古玺汇编》0369
分域	楚系	齐系		三晋系		燕系

"百"铭文写作 ，隶定作"百"，则本字可隶定为"𰾤"，但读法待考。

（四）

先看各系"节"字的写法以明其字形分域国别：

表 62　"节"字形表

字形					
出处	鄂君启车节，《集成》卷十八，器号 12112	《郭店·成之闻之》26	《上博（一）·性情论》12	《上博（四）·曹沫之陈》44	《上博（五）·姑成家父》6
分域	楚系				

续 表

字形					
出处	中山王䰙方壶,《集成》卷十五,器号 9735	陈纯釜,《集成》卷十六,器号 10371	子禾子釜,《集成》卷十六,器号 10374	《中国货币大辞典·先秦编》394	《齐币图释》58
分域	三晋系(中山国)	齐系			

考察上表各系的"节"字写法可以发现,铭文上部所从为 𝖂𝖂𝖂,与"艸"头相类,而与各系字形上部皆所从之"竹"头明显相异,目前战国文字尚未见上部从"艸"头之"节"字,此或疑为制作伪器者不明文字构形而出现的误刻。

《殷周金文集成》言此器未见前人著录,并认为此器"或疑伪刻"①。裘锡圭也说:

> 《殷周金文集成》所收之器的数量远超过《金文总集》等书,但是对资料的去取也有一些问题。以此书最后印出的第十八册的最后一部分,分量不多的"符节类铭文"而言,就漏收了中国历史博物馆已收藏多年且曾公开陈列过的、有很高研究价值的"弁(偏)将军信节",但像所谓"采者节"(该书 12093号)那样的明显的伪器却反而收入了。②

---

① 中国社会科学院考古研究所编:《殷周金文集成》(修订增补本)第八册,中华书局2007 年版,第 6650 页。

② 裘锡圭:《推动古文字学发展的当务之急》,原文刊载于《学术史与方法学的省思——"中研院"历史语言研究所七十周年研讨会论文集》,"中研院"历史语言研究所,2000 年 12 月。后转载于复旦大学出土文献与古文字研究中心网站 http://www.gwz.fudan.edu.cn/SrcShow.asp?Src_ID=210,2007 年 12 月。此条资料蒙高佑仁教授提示,于此特申谢忱。

从目前所见金文相关著录书籍来看,确实未见前人著录,又从铭文的内容格式来看,亦无其他格式相似的符节器,综上对于铭文、器形形制的讨论,故本文将此器列入附录,以伪器考论之。

六、阳陵虎符

阳陵虎符器形拓本①作:

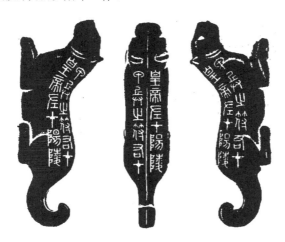

王国维云:"长汉初尺四寸许,左右二符胶固为一,金错篆书,文各十二。"②器形为伏虎之状,与新郪虎符相类,铭文左右各十二字,共计二十四字。

其流传的状况,《秦金石刻辞》言上虞罗氏藏;《金文分域编》言出土于山东省临城。③ 现藏于中国国家博物馆。④ 阳陵虎符的著

① 引自容庚:"阳陵兵符",《秦汉金文录》卷一,"中研院"历史语言研究所,1992 年,第40 页。
② 王国维:《秦阳陵虎符跋》,《观堂集林》卷十八·史林十,河洛图书出版社 1975 年版,第 904 页。
③ 罗振玉:《秦金石刻辞》,辑入《罗雪堂先生全集》六编第二册,台湾大通书局 1976 年版,卷二,第 7 页。柯济昌:《金文分域编》[民国二十四年(1935)《余园丛刻》本]卷九第 7 页,收入徐蜀主编:《国家图书馆藏金文研究资料丛刊》第 2 册,北京图书馆出版社 2004 年版,总第 556 页。
④ 现藏地见刘雨、卢岩:《近出殷周金文集录》第四册,中华书局 2002 年版,第 1255 页。

录状况可见下表：

《集成》器号	未收
著　　录	罗振玉："秦甲兵虎符",《历代符牌图录》,1914 年,第 1 页
	罗振玉："甲兵虎符",《秦金石刻辞》,1914 年,卷二,第 7 页
	罗振玉："甲兵虎符",《癭鄙草堂吉金图》卷中,1917 年,第 26 页
	罗福颐："阳陵虎符",《待时轩传古别录》,1928 年,第 2 页左
	容庚："阳陵兵符",《秦汉金文录》,1931 年,卷一,第 40 页
	刘体智："秦阳陵虎符",《小校经阁金石文字》,1935 年,卷十四,第 89 页
	王辉："阳陵虎符",《秦铜器铭文编年集释》,三秦出版社 1990 年版,第 106 页
	刘雨、卢岩:《近出殷周金文集录》第四册,中华书局 2002 年版,器号 1255,第 295 页

而其铭文为：

> 甲兵之符，右在皇帝，左在阳陵。

王国维对阳陵虎符有详细的讨论，如其考阳陵虎符不合汉制，应为秦虎符之因有五：

一、今传世汉虎符，其文皆云与某郡守或太守为虎符，与符文绝不同，又阳陵乃县名，非郡国名，无与为虎符之理。

二、今传世汉符，肋下皆有某郡左几某国右几字，皆记数字，此符无之。

三、汉符传世者，其文刻于脊上，合之而后可读，如周官傅别之制,此符左右文同,皆在脊左右,如周官质剂之制。

四、今传世汉符皆系错银,此符独用金错。

五、此符字画颇肥,而所错之金极薄,几与以泥金书者相等,若汉世金错器,如莽币一刀平五千之一刀二字,则字细而金厚。[1]

又举为秦符之证四:

一、阳陵侯傅宽为汉初高祖所封之功臣,足证高祖时已有阳陵,其因秦故名,盖无可疑。

二、此符字数左右各十二字,共二十四字,皆为六之倍数,案史记秦始皇本纪称数以六为纪,故秦一代刻石有韵之文,皆用六之倍数。

三、文字谨严宽博,骨劲肉丰,与泰山琅琊台刻石大小虽异,而体势正同,非汉人所能仿佛。

四、案秦汉虎符右常在内,左常在外,则其左右二符合并之故。此符虽不复用,亦必藏之故府,为国重器,合置既久,中生锈涩,遂不可开。否则右符既不常在外,左符亦无入京师之理。[2]

按王国维共举上述九证,论之甚详,理可从之。

阳陵的地望一说为西汉景帝刘景墓,在今陕西省咸阳市东北。[3] 但如王国维所说《史记·傅靳蒯成列传》中高祖已封阳陵侯傅宽,则阳陵应承秦故地得名,以此论之,其地望仍待考证。

---

[1] 王国维:《秦阳陵虎符跋》,《观堂集林》卷十八史林十,河洛图书出版社 1975 年版,第 904—905 页。

[2] 王国维:《秦阳陵虎符跋》,《观堂集林》卷十八史林十,河洛图书出版社 1975 年版,第 905—906 页。

[3] 魏嵩山主编:《中国历史地名大辞典》,广东教育出版社 1995 年版,第 469 页。

而阳陵虎符由王国维考辨为秦器以来，学者皆从之，铭文与新郪虎符、杜虎符相较虽简略，但阳陵虎符的真伪却无前辈学者专门论及。潘路、姚青芳针对阳陵虎符进行科学研究，对器物的成分进行分析，发现了下述几点科学研究成果：

一、其铅锡含量太低，这不仅与大多数先秦时期青铜器的组成明显不同，也与高超的秦代金属冶铸工艺不相称。

二、对器物上的锈蚀进行仔细观察，发现有绿锈（碱式碳酸铜）在红色的氧化亚铜之下，而腐蚀机理指出，青铜器表面最易生成的是红色的氧化亚铜，这表明阳陵虎符表面的锈蚀不是自然形成的。

三、虎符表面上的金字为贴金，并未采用当时流行的错金工艺。或许器物刚铸成时，因器型不甚理想，又进行了加工，致使虎符表面布满大大小小硬器敲砸痕迹，而金字就在这凹凸不平的表面上下爬行，金字脱落部分的铜体平整，无任何错金的槽痕。[1]

若以上述三点主要的科学研究证据与王国维所举九证相较，针对器物组成成分及锈蚀现象的研究，或正如以放射性元素定年来推定竹简年代一样，科学的研究的技术可发古人所未发，对古文物的研究无疑具有相当程度的可靠性，阳陵虎符确有是伪器的可能性，故于此列入余论，予以析论。

七、麋尿节

器物的器形如图：

---

[1] 潘路、姚青芳：《阳陵虎符的科学研究》，《科技考古论丛》第 3 辑，2003 年 8 月，第 96—98 页。

引自中国社会科学院考古研究所编：《殷周金文集成》（修订增补本）第八册，
器号 12088，第 6589 页

据邹安《周金文存》对器形的摹写，器形上为圆柱下为球形，两
者相连，圆柱上有一似握柄之物。器铭仅有二字铸于圆柱之上。

出土地不详，为邹安旧藏①，今不详其所在。

著录情况如下：

《集成》器号	12088
著　录	邹安："麐鼠节"，《周金文存》卷六下，1916 年，第 129 页左
	刘体智："麐鼠节"，《小校经阁金石文字》卷九，1935 年，第 105 页
	中国社会科学院考古研究所编：《殷周金文集成》，第十八册，中华书局 1994 年版，器号 12088，第 342 页

① 中国社会科学院考古研究所编：《殷周金文集成》（修订增补本）第八册，中华书局 2007 年版，第 6650 页。

铭文可释为"麠尿",本器由拓本来看,对原器器形的了解有限,邹安《周金文存》对器形摹写做①:

可知本器上为圆柱下为球形,两者相连,圆柱上有一似握柄之物。器铭仅有二字铸于圆柱之上。何琳仪认为据文字风格可定为齐器。② 今试从仅有二字进行析论,对本器的作用、铭文意义与分域进行探讨。

(一) 🔲

为求方便讨论,先制一字表如下:

字形	🔲	🔲	🔲
出处	麠尿节	秦公簋,《集成》卷八,器号 4315.2-8	伯其父匜,《集成》卷九,器号 4581-9
代号	A	B	C

字形上从"鹿"下从"文",字形最早见于甲骨文,做🔲《合集》36836)、🔲《合集》36975),秦公簋铭文有"畯疐在立,高引有 B"《集成》卷八,器号 4315.2-8);伯其父匜"唯伯其父 C 做旅匜"《集成》卷九,器号 4581-9),而

---

① 邹安:《周金文存》卷六下,国风出版社 1978 年版,第 129 页。
② 见何琳仪:《战国文字通论(订补)》,江苏教育出版社 2003 年版,第 87 页。

《说文》有"麔"字,"麔,牝麒也,从鹿吝声"①,小篆作麔,高田忠周认为篆文下从"吝",秦公簋铭文从"文","吝"原从"文"声,则知"麙"为"麔"省。谨按:高田忠周其说可从。②

唐兰据《说文》"麟,大牝鹿也""麔,牝麒也,从鹿吝声"认为"麟"字本当做"麔",并以"麔"为麔属,麔即麒麟之合音。而"麔"从文声,故转语为鸍,《说文》"鸍,马赤鬛缟身,目若黄金,名曰吉黄之乘,犬戎献之"。《周书·王会》解做"吉黄"。《海内北经》"犬戎有马,名曰吉量","吉黄""吉量"合音正与"鸍"同。文马名曰吉量,而文麔谓之鸍,则麙或读鸍,故秦公簋假为庆字。③

郭沫若以秦公簋"B"为"庆"之正字④,李孝定举契文自有从鹿从心之庆字作麙(《合集》24474),秦公簋麔假借为"庆"⑤,可知郭说非是。金文有"庆"字作麙(五祀卫鼎)、麙(召伯簋)⑥,秦公簋作"麔"当是"庆"之假借,"有庆"一语为古之成语,如《尚书·周书·吕刑》:"一人有庆,非民赖之。"⑦《孟子·告子下》:"入其疆,土地辟,田野治,养老尊贤,俊杰在位,则有庆,庆以地。"⑧铭文 A 对比伯其父匜 C 字,可知为同字,伯其父匜知为春秋早期器,出土地并不详,亦无明确之断代。⑨"鹿"字的写法随着分域有所差异,试看战国各分域"鹿"字写法:

① 〔汉〕许慎著、〔清〕段玉裁注:《新添古音说文解字注》,洪叶文化事业有限公司 2005 年版,第 475 页。
② 〔日〕高田忠周:《古籀篇》卷九十三,大通书局 1982 年版,第 2136 页。
③ 唐兰:《获白兕考》,《史学年报》第四期,1932 年,第 120—122 页。
④ 郭沫若:《金文丛考》,人民出版社 1954 年版,第 121 页总第 132 页。
⑤ 李孝定:《甲骨文字集释》第十,"中研院"历史语言研究所,1974 年,第 3061—3062 页。
⑥ 容庚:《金文编》,中华书局 2009 年版,字头 1723,第 716 页。
⑦ 见中国社会科学院考古研究所编:《殷周金文集成释文》第三册,香港中文大学中国文学研究所,2001 年,器号 4581,第 559 页。
⑧ 〔汉〕孔安国传、〔唐〕孔颖达疏:《尚书注疏》,艺文印书馆 1979 年版,第 25 页,总第 300 页。
⑨ 〔战国〕孟子,〔汉〕赵岐注、孙奭疏:《孟子注疏·告子下》卷十二,艺文印书馆 1979 年版,第 1 页,总第 218 页。

表 62 "鹿"字形表

字形				
出处	包山 179	包山 246	《陶文图录》2. 610. 2	《陶文图录》3. 460. 5
分域	楚系		齐系	

字形				
出处	十四秊铜虎,《集成》卷十六,器号 10443		十四秊帐橛,《集成》卷十六,器号 10474	
分域	三晋系			

上述各分域"鹿"字的写法,差异在于头部鹿角的写法不同,上部在写法上与楚系、三晋系有较为明显的差异,而与(《合集》36975)、(伯其父匜)写法较近。考察上述唐兰将"麐"认为是"麟"的本字,或秦公簋假"麐"为"庆"之例。因铭文过简,则字暂不做通读。

(二)

为方便讨论,先制一字形表如下:

字形			
出处	麐尿节	师寰簋,《集成》卷八,器号 4313. 2	《曾侯乙》13
代号	A	B	C

字形上从"尸"下从"爪",《〈殷周金文集成〉释文》释为"尿"[1],

---

① 中国社会科学院考古研究所编:《〈殷周金文集成〉释文》,香港中文大学出版社 2001 年版,第 769 页。

系直接隶定;何琳仪释为"殿"①。谨按,师衮簋有 B 字,其上下文例为:

> 今余肇令女(汝):達(率)〔齐〕自(师)、冀、鳌、燮、🐾左右虎臣正(征)淮夷

刘钊指出,史密簋有铭文作:

> 师俗達(率)齐自(师)、述(遂)人左,□伐长必;史密右,達(率)族人、厘(莱)白(伯)、燮🐾,周伐长必,只(获)百人。②

刘钊认为铭文中的🐾字从"尸"从"自",隶定为"眉"。并引裘锡圭的意见,认为"自"为"堆""脽"之古字,而"脽"与"臀"为同源关系。③ 而刘钊说:

> 甲骨文中有"庭自"一词,裘锡圭先生在上引文章中将其读为"庭殿",指出"庭自"是指大庭的殿堂而言。"自""脽""殿""臀"都是同源词,既然甲骨文的"庭自"可以读为"庭殿",史密簋的"眉"字释为"展",也就自然可以读为"殿"。④

进一步对比史密簋、师衮簋两器铭文文例,则师衮簋的 A 字也应释为"展"读为"殿"。刘钊说:

———————————

① 何琳仪:《战国文字通论(订补)》,江苏教育出版社 2003 年版,第 87 页。
② 文字摹本引自张懋镕、赵荣、邹东涛:《安康出土的史密簋及其意义》,《文物》1989 年第 7 期,第 65 页。
③ 裘先生的意见详见:《释殷墟卜辞中与建筑有关的两个词——"门垫"与"自"》,《出土文献研究续集》,文物出版社 1989 年版,第 3 页。
④ 刘钊:《谈史密簋铭文中的"眉"字》,《考古》1995 年第 5 期,第 434 页。

在相当于史密簋"厬"字的位置，师寰簋用的是"屃"字。这两个字都从"尸"，从铭文文意、语法位置和字形结构上看，这两个字所记录的应该是同一个词。按"屃"字从尸从爪，我们认为应该释为"屎"，在铭文中也读为"殿"。战国时期曾侯乙墓竹简中的"屎"字做"𢪎"，从尸从爪从丌，其上部结构与师寰簋的"屃"字完全相同，只是后来又增加了意符"丌"。可见将"屃"释为"屎"有其字形上的依据。①

谨按：刘钊之说甚确，《曾侯乙》楚简有 C 字②，在《曾侯乙》楚简文例中，C 字也是读为"殿"的，整理者认为字形隶定作"屎"或做"輾"，并当读为指殿后兵车的"殿"③。《师寰簋》《曾侯乙》楚简的写法则是"自"进一步讹为"爪"形的写法。而从上举的师寰簋为齐器，则符节铭文的 A 应是齐系特色的写法，应隶定为"屃"。

铭文释为"麿屃"，读法待考，未见专文论著。器物的器型不明，也与目前所能见到的符节器物差异很大，于此暂置于伪器之中。

---

① 刘钊：《谈史密簋铭文中的"厬"字》，《考古》1995 年第 5 期，第 435 页。
② 字形见简 13：大一；简 22：左一；简 124：大一；简 127：左一；简 130：左彤一；简 136：右橦一。
③ 见湖北省博物馆：《曾侯乙墓》（上），文物出版社 1989 年版，第 512 页，注 76。

第四章　先秦符节综论

本书第二章对符、节的名义、形制及其演变做整体的论述，非仅限于先秦符节的部分，而第三章对先秦符节进行汇编校释逐器考论，因限于行文体例，尚未对各先秦符节间做横向的关联比较及对铭文、国别、形制等重要问题进行综合论述，因此本书第四章将结合上述对于先秦符节的讨论基础，针对文字考释及铭文特色、形制及国别，制度等各方面加以详论，对先秦符节做深入的阐发。

第一节　文字国别与器物形制

先秦符节传世的器数和其他各类铜器数量相较，可谓"珍稀"，器形也显得精致而小巧，故所记铭文亦字数精简，语意也较浓缩精要，在释读上增加不少难度，而对于青铜器研究而言，铭文的释读必然是研究的重要课题之一，考释文字则始知其文意，知其文意可明当时之制度。先秦符节所能见之铭文，多半约十字上下，少则两字，如邀节，多则如鄂君启节之舟节、车节，甚至达百字，释读亦具难度。单就铭文来看，字形的特色反映了器物的国别，为考订器物国别不可忽视之处；而从铭文考释上看，部分单字的释读确有其难度，针对铭文考释的方法和思路，笔者亦提出一些看法。

一、符节铭文的国别特色

战国文字的分域研究及分域特色的梳理,自李学勤《战国题铭
概述》提出齐、燕、三晋、两周、楚、秦六个区分国别的概念①;许学
仁的博士论文《战国文字分域与断代研究》以东周、秦国、齐国、楚
国、晋国、燕国分域而对各分域器物进行编年②;何琳仪《战国文字
通论》以齐、燕、晋、楚、秦五系对各分域的器物进行研究③,在前辈
学者的研究成果累积之下,战国文字有其区域及国别特征已是研
究者的共识,目前普遍以齐、燕、三晋、楚、秦作为分域的基础,各分
域的文字研究都有相当可观的相关研究论著,研究的深度及细腻
度自然是后出而转精。先秦符节的国别分域如何琳仪《战国文字
通论》就指出了节节、乘虎符、麏殿、犹节、马节、熊节、柘者旃节、辟
大夫虎节为齐国之器;鹰节、雁节、马节为燕国之器;鄂君启节、龙
节、虎节为楚国之器。④ 前文第三章"先秦符节汇编校释"对于各
器之铭文作了分析及讨论,而若将先秦符节各器的文字特色以分
域国别来看,可整理出一表如下。⑤ 至于秦代的虎符字体则明显
为秦小篆,因此不列入以下讨论的国别范围:

(一) 齐系

具有齐系特色的铭文写法,以"节"、"者"和"乘"的写法与其他
各系的差异最为明确,对于铭文精简的符节器而言,是断定国别的
重要标准。

---

① 李学勤:《战国题铭概述(上)》,《文物》1959 年第 7 期(总 107 期),第 50—54 页。
《战国题铭概述(中)》,《文物》1959 年第 8 期(总 108 期),第 60—63 页。《战国题铭
概述(下)》,《文物》1959 年第 9 期(总 109 期),第 58—62 页。
② 许学仁:《战国文字断代与分域研究》,博士学位论文,台湾师范大学,1987 年。
③ 何琳仪:《战国文字通论》,中华书局 1989 年版,第 77—183 页。
④ 何琳仪:《战国文字通论(订补)》,江苏教育出版社 2003 年版,第 87、102、149—150 页。
⑤ 对于各字不同分域间字形比较呈现,参见第三章"先秦符节汇编校释"各器所属之
章节。

表 63 先秦符节分域字形表

器名	节节	乘虎符	麿尿节		愍 节	
具有齐系特色铭文						
释文	节	乘	麿	尿	愍	节
铭文总字数	2	5	2		2	

器名	齐大夫马节		亡纵熊符	陕 者 旃 节
具有齐系特色铭文				
释文	节	乘	乘	者
铭文总字数	7(合文1)		4	4

器名	将军虎节
具有齐系特色铭文	
释文	军
铭文总字数	10(合文1)

（二）燕系

器名	鹰 节		雁 节		骑传马节	
具有燕系特色铭文						
释文	帚	乍	帚	乍	骑	比
铭文总字数	11		11		4	

在铭文燕系文字中，"帚""乍""比"有很明确的分域特色，而"骑"字所从的马旁，字形简省的形式在各系写法中都有出现，但因简省后马头的写法还是与他系有异，因此列入具国别特色的字形之一。

（三）楚系

器名	王命龙节	王命虎节	鄂　君　启　节			
具有楚系特色铭文						
释文	逾	逾	岁	頴（夏）	熹（就）	航
铭文总字数	8(重文 1)	8(重文 1)	车节重文一字、合文三字，共148字；舟节重文、合文各一字，共164	车节重文一字、合文三字，共148字；舟节重文、合文各一字，共164	舟节重文、合文各一字，共164	舟节重文、合文各一字，共164

楚系中"传"写做"逾"，字形右旁从"刀"是楚系写法的特色。鄂君启节中多个字形目前仅见于楚系材料，无法与他系材料进行比较，再加上目前出土文献材料以楚系材料居大宗，因此经常出现某字形目前仅见于楚文字的现象，上表举出的楚系字形俞、胗二字就仅见于楚系材料。

二、形制及用途分析

前文针对先秦符节的铭文罗列国别写法的特色，而各国别中的符节器又有形制的差异，因此对先秦符节做"国别""器形形制""用途"等不同主题方向的表格整理，以启交叉对比的效果，再将对比呈现的资料进行分析。要说明的是，"器形形制"是以器物的外形作为主要区分,再对其区分做更细的差异分目;"用途"则是以铭文所述为依据,判定其用途,若铭文无法判定其用途,则以"不详"暂存疑之,有待考释。

（一）先秦符节国别、器形形制、用途整理表

表 64　先秦符节分域总表

分　域	器　名	器形形制	用　途	总　计
齐系	节节	不明	不详	11
	乘虎符	伏虎形,合符	不详	
	懋节	不明	不详	
	齐大夫马节	马形,有榫头	疑贸易运输用	
	亡纵熊符	熊形,有榫眼	疑贸易运输用	
	雁节（一）	雁形	疑传递用	
	雁节（二）	雁形	疑传递用	
	鹰节（一）	鹰形	疑传递用	
	鹰节（二）	鹰形	疑传递用	
	辟大夫虎节	伏虎形,有榫眼	军事用	
	将军虎节	伏虎形,有榫头	军事用	
燕系	骑传马节	马形,有榫眼	疑传递用	1
楚系	王命虎节（一）	虎形,平版	传递用	
	王命虎节（二）	虎形,平版	传递用	
	王命传遽虎节	虎形,平版	传递用	

分 域	器 名	器形形制	用 途	总 计
楚系	王命龙节（一）	上端龙首形，长条状	传递并饮食认证用	14
	王命龙节（二）	上端龙首形，长条状	传递并饮食认证用	
	王命龙节（三）	上端龙首形，长条状	传递并饮食认证用	
	王命龙节（四）	上端龙首形，长条状	传递并饮食认证用	
	王命龙节（五）	上端龙首形，长条状	传递并饮食认证用	
	王命龙节（六）	上端龙首形，长条状	传递并饮食认证用	
	鄂君启车节（一）	竹片形，长条状	贸易运输用	
	鄂君启车节（二）	竹片形，长条状	贸易运输用	
	鄂君启车节（三）	竹片形，长条状	贸易运输用	
	鄂君启舟节（一）	竹片形，长条状	贸易运输用	
	鄂君启舟节（二）	竹片形，长条状	贸易运输用	
秦系	新郪虎符	伏虎形，合符	军事用	3
	杜虎符	立虎形，合符	军事用	
	栎阳虎符	伏虎形，合符	军事用	
西汉南越国	王命车驲虎节	虎形，平版	军事用	1
				30

看上表可知，器物之国别以齐、楚为最多，而器形最多元的为齐国之器，随着器形不同，用途也有所差异；楚国之器以虎符、龙节、鄂君启节三类为主，用途的区别也相当明显。

　　而下文将各针对"器形形制""用途"制作表格统计,与总表交叉比对。

(二)器形形制分析

表 65　先秦符节器形统计表

器　　形			数　量	总　计
虎形	伏虎形	合符	3	10
		有卯眼	1	
	立虎形	合符	1	
	平版		5	
马形	有榫头		1	2
	有卯眼		1	
熊形	有榫眼		1	1
雁形			2	2
鹰形			2	2
龙首形			6	6
竹片形			5	5
不明			2	2
				30

　　参上表所整理出的各器器形,对比《周礼·地官·司徒第二·掌节》:

　　　　掌节,掌守邦节而辨其用,以辅王命。守邦国者用玉节,

> 守都鄙者用角节。凡邦国之使节，山国用虎节，土国用人节，
> 泽国用龙节，皆金也，以英荡辅之。门关用符节，货贿用玺节，
> 道路用旌节，皆有期以反节。凡通达于天下者必有节，以传辅
> 之，无节者有几则不达。①

前文对《周礼·地官·司徒第二·掌节》所述做了初步的分析②，其中的"虎节""人节""龙节"是以国别区分的，但以今所见的先秦符节来看，器形的分别是以用途为主，并无明显的国别地区差异。今所见的先秦符节以虎形为最多，总计十一器，而随器形细分的差别不同，平版浮雕的虎符在楚地是作为传递用的信凭物，做立体跪卧形的则用于军事，是取虎类动物凶猛的意象为之。而马形所见两器，用于传递、运输，则是取马类动物行动快速敏捷的意象，雁形、鹰形的使用大概也有相似的用意。而"竹片形"则仅见于鄂君启节，其中车节三片、舟节一片，殷涤非、罗长铭绘制了可五片拼合的示意图，商承祚也有专文论之，其拼合的形式相当特别，亦可与汉制的"竹使符"相互对照。③ 扣除"不明"一类，全部的器形有七种，可谓相当多样。要说明的是其中"有榫眼""有榫头"的器形，是根据拓本器形作判断，可知还有另外一半的器物不知去向，两半器身俱在，是可以结合的，而对这样不知去向的另外一半器身，所要思考的是其上的铭文应是怎样的记载，是与现存器身铭文相同，或是另一段不同的铭文与所见铭文得以通读，笔者认为从所见铭文的考释上来看，虽然文意上得以通读，但上述的两种思考方向都有存在的可能。

---

① [汉]郑玄注、[唐]贾公彦疏：《周礼注疏》卷 15，艺文印书馆 1979 年版，第 10—13 页，总第 230—232 页。
② 参见本书"研究编"第二章"符节相关问题探讨"第二节"符节形制的分期与演变"。
③ 殷涤非、罗长铭：《寿县出土的"鄂君启金节"》，《文物参考资料》1958 年第 4 期（总第 92 期），第 8—9 页。商承祚：《鄂君启节考》，《文物精华》第二辑，文物出版社 1963 年版，第 55 页。

（三）先秦符节用途统计分析

表 66　先秦符节用途统计表

用　　途		数　量	总　计	器形及数量
传递用	传递	2	3	王命虎节（一）（二）
		1		王命传遽虎节
	传递并饮食认证	6	6	王命龙节（一）—（六）
贸易运输用		5	5	鄂君启车节（一）—（三）、鄂君启舟节（一）（二）
军事用		1	6	辟大夫虎节
		1		将军虎节
		1		新郪虎符
		1		杜虎符
		1		栎阳虎符
		1		王命车駐虎节
存疑	疑贸易运输用	1	2	齐大夫马节
		1		亡纵熊符
	疑传递	2	5	雁节（一）（二）
		2		鹰节（一）（二）
		1		骑传马节
不详		1	3	节节
		1		乘虎符
		1		憨节
		30		

由上表用途来看，目前明确可知符节以用于传递及军事认证为主，用于军事的认证以秦代虎符为多，铭文的记载也相当清楚，而用于传递的，如王命虎节、王命龙节的铭文于"王命命传赁"是相同的，但王命龙节又注明了"一櫂（担）飤（食）之"的供给饮食的条件规定，王命虎节的铭文是因为简写或制度阶级上的差异而与王命龙节有所不同，还有待深究。

第二节　先秦符节制度探讨
——以传世文献为核心

一、《周礼》中的相关记载

对先秦符节制度的探讨，必然会在"传世文献"与"符节实物"两方面进行，"传世文献"的记载分析与所见的"符节实物"相互参照，比较其异同，并从对比之中分析其制度，除了证传世文献之不误，抑或可明其缺漏补遗；"符节实物"的探讨也可明制度之流变，除往前推求至春秋战国之时，亦可下探汉代之制的源流。关于符节实物的叙述，上文针对国别与器形作了统计与讨论，而传世文献之记载，则于本节论之。

传世文献中对符节的形制的记载，参见《周礼·地官·司徒第二·掌节》云：

> 掌节，掌守邦节而辨其用，以辅王命。守邦国者用玉节，守都鄙者用角节。凡邦国之使节，山国用虎节，土国用人节，泽国用龙节，皆金也，以英荡辅之。门关用符节，货贿用玺节，道路用旌节，皆有期以反节。凡通达于天下者必有节，以传辅之，无节者有几则不达。①

① ［汉］郑玄注、［唐］贾公彦疏：《周礼注疏》卷 15，艺文印书馆 1979 年版，第 10—13 页，总第 230—232 页。

而《周礼·秋官·小行人》又云：

> 达天下之六节，山国用虎节，土国用人节，泽国用龙节，皆以金为之；道路用旌节，门关用符节，都鄙用管节，皆以竹为之。①

前文曾对上引两文整理一个表如下②：

			形　制　分　类		
			材质	造型	器型
应用场合分类	守域	守邦国	玉		
		守都鄙	角		
	国别	山国	金	虎	
		土国		人	
		泽国		龙	
	场合	门关			符
		货贿			玺
		道路			旌

很明显的"形体"是对应"国别"而有所不同，郑玄注云："土，平地也；山多虎，平地多人，泽多龙，以金为节铸象焉，必自以其国所多者，于以相别为信明也。"郑玄注的说法依文意推论，以地域所多者为区别信凭，仍无法说明这样不同的用途内容差异为何，一个地域

---

① ［汉］郑玄注、［唐］贾公彦疏：《周礼注疏》卷 37，艺文印书馆 1979 年版，第 24—25页，总第 566—567 页。
② 参见本书"研究编"第二章"符节相关问题探讨"第二节。

有无不同形体的节来运用，以及所谓的"虎""人""龙"是怎样的形
体，无法有更进一步的理解。

以今天所能见到的各类符节为例，器形并不局限于国别与区
域，但以用途来论，在器形上确实可见有其代表意义和区别，而各
个国别对于器形的代表意义和区别认定，从所见的符节器来看，尚
不足以作出明确的整体区别。

附带要提到的是明人王圻、王思义所编《三才图会·器用》对
于《周礼》所述有图示①：

从上引的三幅图示来看，无疑是望文臆想而成的，与今所见的符节
不相符，并没有办法对《周礼》的记载有所反映。

从场合方面来看，对符节的使用很有参考价值，"符"当是剖半
而用之；"玺"，《说文》："王者之印也。"②则应为今之印章；"旌"，

① ［明］王圻、王思义：《三才图会·器用二卷》，上海古籍出版社 1985 年版，第 17—
　20 页，总第 1097—1098 页。
② ［汉］许慎著、［清］段玉裁注：《新添古音说文解字注》，洪叶文化事业有限公司
　2005 年版，第 694 页。

《说文》："游车载旌，析羽注旌首也。"①则为首有插羽饰之节，三类节于今都有实物可证，与其相关的记载有：

表 67　符节应用场合/体制相关记载表

场合/体制	记　　　　　载
门关/符节	未见
货贿/玺节	《周礼·地官·司徒第二·司市》： 凡治市之货贿、六畜、珍异，亡者使有，利者使阜，害者使亡，靡者使微。凡通货贿，以玺节出入之。
	《周礼·地官·司徒第二·司关》： 凡货不出于关者，举其货，罚其人。凡所达货贿者，则以节传出之。
道路/旌节	《周礼·地官·司徒第二·乡大夫》： 国有大故，则令民各守其闾以待政令。以旌节辅令，则达之。
	《周礼·地官·司徒第二·比长》： 徙于国中及郊，则从而授之。若徙于他，则为之旌节而行之。若无授无节，则唯圜土内之。
	《周礼·秋官·司寇第五·环人》： 掌送邦国之通宾客，以路节达诸四方。
	《周礼·秋官·司寇第五·布宪》： 正月之吉，执旌节以宣布于四方；而宪邦之刑禁，以诘四方邦国及其都鄙，达于四海。
	《周礼·秋官·司寇第五·行夫》： 行夫：掌邦国传遽之小事、媺恶而无礼者。凡其使也，必以旌节。

---

① ［汉］许慎著、［清］段玉裁注：《新添古音说文解字注》，洪叶文化事业有限公司 2005 年版，第 312 页。

据上表所梳理的相关记载,用于门关的符节其实不见于古书明确的记载和实物,但可以推测用于门关或许有"合符"的形式,用以认证出入门关的人员身份。

二、先秦诸子中的记载

《墨子》书中亦有对于符节的记载,如《旗帜》:"巷术周道者,必为之门,门二人守之,非有信符,勿行,不从令者斩。"①又《号令》:

> 吏从卒四人以上有分者,大将必与为信符,大将使人行,守操信符,信不合及号不相应者,伯长以上辄止之,以闻大将。当止不止及从吏卒纵之,皆斩。②

引文中的"信符"没有确指有无合符的形式,而《旗帜》中用于门关的"信符"与《号令》中用于将领和部属的"信符",都确实作为信凭物的应用,而且对违令的处罚极严。但《墨子》书中对于"信符""符"的形式包括其形状,有无合符认证的需要,都没有作明确的叙述,但能知道以"信符"作为信凭认证的效力极大,相关的规定与处罚亦极为严格。

至于先秦诸子书中其他关于符节的记载,如《管子·君臣上》:

> 是故主画之,相守之;相画之,官守之;官画之,民役之。则又有符节、印玺、典法、筴籍以相揆也。此明公道而灭奸伪之术也。③

《荀子·君道》:

---

① 吴毓江注:《墨子校注》,中华书局 1993 年版,第 904 页。
② 吴毓江注:《墨子校注》,中华书局 1993 年版,第 916 页。
③ 黎翔凤撰:《管子校注》,中华书局 2004 年版,第 553 页。

　　合符节，别契券者，所以为信也，上好权谋，则臣下百吏诞诈之人乘是而后欺。探筹投钩者，所以为公也；上好曲私，则臣下百吏乘是而后偏。

　　故上好礼义，尚贤使能，无贪利之心，则下亦将慕辞让，致忠信，而谨于臣子矣。如是，则虽在小民，不待合符节、别契券而信，不待探筹投钩而公，不待衡石称县而平，不待斗斛敦概而啧。①

《吕氏春秋·离俗览》：

　　墨者巨子孟胜，善荆之阳城君。阳城君令守于国，毁璜以为符，约曰："符合听之。"荆王薨，群臣攻吴起，兵于丧所，阳城君与焉，荆罪之。阳城君走，荆收其国。孟胜曰："受人之国，与之有符。今不见符，而力不能禁，不能死，不可。"②

上引先秦诸子书中之文，叙述了"符"的合符形式，以两符相合，表示"符"代表的信凭作用。

第三节　虎符辨伪刍议

　　虎符恐怕是符节器中最为人所熟知的，《史记·信陵君列传》中如姬为魏公子窃符救赵的故事，是虎符被运用在军事而于史有证的绝佳例子。关于秦代虎符，除了在秦代军事制度、地望和小篆字体上有极高的研究价值，铭文字形的书法、器形的艺术和欣赏价

①　［清］王先谦撰：《荀子集解》，中华书局 1988 年版，第 230—232 页。
②　陈奇猷校释：《吕氏春秋新校释》，上海古籍出版社 2001 年版，第 1266 页。

值,更不容忽视。但除上举的几个研究要点,另一个值得注意的焦点,便是虎符的辨伪问题,本节所收录校释的新郪虎符、杜虎符、栎阳虎符四器,及不收录疑为赝品的东郡虎符、阳陵虎符是目前所见的五件传世虎符,但其中阳陵虎符、杜虎符、东郡虎符都有辨伪的问题而被学者所讨论。

其中杜虎符辨伪研究的成果较多,如罗福颐提出四点力主为伪器:一、铭文称"右在君",认为在秦统一天下前君主无称"君"之例;二、铭文的行款为由虎颈自左向右,横行书写,与其他传世虎符不同;三、杜虎符为站立,与其他虎符的跪坐姿势不同;四、杜虎符做"兵甲之符",与其他虎符做"甲兵"不同。① 但罗福颐所提出的几点意见,后陆续有戴应新、陈尊祥、王辉、曾维华、陈昭容等诸位先生提出不同的看法,认为罗福颐所举四点并不足以成为杜虎符是伪器的确证。② 而笔者亦认为杜虎符目前应列为秦代器物,但要附带一提的是,从器形上看,杜虎符是站立的形式,与其他虎符是跪卧的形式不同,也证明秦代虎符有其不同的器形。

而阳陵虎符由王国维举出不合汉制应为秦虎符之因有五,为秦符之证有四③,后来学者皆以阳陵虎符为秦虎符,其真伪并无学者论之。而其辨伪问题的提出,不在于以器形、铭文行款、字体等传统用来辨伪虎符的观察方法,而是以科学鉴定成分元素的方法来对辨伪提出讨论,潘路、姚青芳针对阳陵虎符进行的科学性研

① 参见罗福颐:《商周秦汉青铜器辨伪录》,香港中文大学中国文化研究所吴多泰中国语文研究中心,1981 年 11 月,第 49—51 页。
② 戴应新:《秦杜虎符的真伪及其有关问题》,《考古》1983 年第 11 期,第 1012—1013 页。陈尊祥:《杜虎符真伪考辨》,《文博》1985 年第 6 期,第 25—29 页。王辉:"杜虎符",《秦汉铜器铭文编年集释》,三秦出版社 1990 年版,第 38—40 页。曾维华:《秦国杜虎符铸造年代考》,《学术月刊》1998 年第 5 期,第 79—80 页。陈昭容:《战国至秦的符节——以实物资料为主》,《"中研院"历史语言研究所集刊》第 66 本第一分,"中研院"历史语言研究所,1995 年 3 月,第 305—366 页。
③ 可参见王国维:《秦阳陵虎符跋》,《观堂集林》史林十卷十八,河洛图书出版社 1975 版,第 904—906 页。或参本书"研究编""第三章 先秦符节汇编校释·阳陵虎符"。

究，从铅锡含量太低，与大多数先秦时期青铜器的组成明显不同；对器物上的锈蚀进行仔细观察，发现有绿锈（碱式碳酸铜）在红色的氧化亚铜之下（青铜器表面最易生成的是红色的氧化亚铜），表明《阳陵虎符》表面的锈蚀不是自然形成的：虎符表面上的金字为贴金，并未采用当时流行的错金工艺，虎符表面布满大大小小硬器敲砸痕迹，而金字就在这凹凸不平的表面上下爬行。① 从上述的科学检验来说，阳陵虎符的真实性也不禁令人存疑，可以说是科学器物辨伪研究的佳证。

东郡虎符的辨伪主要在铭文方面，其中的误字的考论，王辉、陈昭容论之甚详②，如甲字做"中"，中间竖画不出头，唯传写之会稽刻石及《说文》小篆做"中"，与秦汉间金石文字所见皆异；而右符铭文"在"写做"中"，亦为古文字中所未见者。③ 与他器间的铭文字形、句势的对比可谓虎符辨伪的重要基础，东郡虎符不仅有错置的行文行款，也有古今未见的字形写法，定为伪器可以确定。因此笔者将东郡虎符列为附录伪器，仅著录说明之。

此外，对于器型不明、铭文铸刻内容不明、字形怪异的器物，例如龙节、朕者旃节、麿尿节暂以伪器处理归类，应是目前整理符节器物较好的方法。

---

① 潘路、姚青芳：《阳陵虎符的科学研究》，《科技考古论丛》第 3 辑，2003 年 8 月，第 96—98 页。

② 王辉：《周秦器铭考释（五篇）》，《考古与文物》1991 年第 6 期，第 80 页。陈昭容：《战国至秦的符节——以实物资料为主》，《"中研院"历史语言研究所集刊》第 66 本第一分，"中研院"历史语言研究所，1995 年 3 月，第 337—338 页。

③ 陈昭容：《战国至秦的符节——以实物资料为主》，《"中研院"历史语言研究所集刊》第 66 本第一分，"中研院"历史语言研究所，1995 年 3 月，第 337—338 页。

第五章 结 论

本书从传世文献、流传器物、古文字、制度历史等角度着手,对先秦符节进行全面探讨,从本书所述研究回顾及研究现况来看,先秦符节的研究多半是取其文字上的考释,鄂君启节因为铭文内容较长,又牵涉到地理、制度、贸易的问题,故受到较多研究者的关注,而秦代的虎符又因制作精细,铭文牵涉秦代军事制度,与其相关的史传故事又多,故最为人所熟知。然而其他诸器受到研究关注的情况就显得不足,甚为可惜。

本书写作的最大动机,是期望从文字、器物、制度、历史等不同研究面向上,组织成整体的研究架构,能对较少受到研究者关注的先秦符节进行重新梳理,阐发其研究价值。本书先从"符节"的名义考察,可知"符"与"节"在名义的指称上虽有其差异,但总体而论,除了对器物的命名需要详细的区别的情况外,可将"符"与"节"两类器物以"符节"通称。而本书"研究编"中最为重要的部分,即是先秦符节各器的汇编校释,总共针对二十九器一一考究其铭文及形制,而其中最为困难的,除了用途及形制的推敲之外,当属铭文考释的部分,因符节铭文通常精炼简短,而形制又多元,再加上可资比较的相同器物数量太少,于考释上着实不易,在论证的过程中若早有前辈学者论及之,则尽量说明其意见,加以申覆引用,而笔者自认仍有疑虑的部分,亦注明各家之说,不敢妄做断语,以待日后有更好的意见和想法再予申论。然笔者思学有限,考释缺漏必然甚多,这也是文章写作的过程中,最为忧虑的部分。

　　符节综合论述则将先前第一、二、三章做横向的统整与归纳,不致使讨论的成果和焦点显得零散,铭文的国别特色重在古文字学的理论发挥,而国别制度的差异因为能参考的相关资料极为有限,故在部分符节的作用和形体意义上,亦无法妄下断论,故于用途了解上暂缺之器物,亦只能有待商讨。虽然目前所见的先秦符节器物扣除有伪做疑虑者也仅二十九器,但以当时对符节的使用和代表信凭意义来说,数量绝对不止于此,期望日后仍有考古发掘、不断出土新的材料,更广博更全面的研究才会展开。

下编

著录编

第一章　前　　言

　　历来对于金文著录之专书图录不可谓少,或为收藏家汇编个人典藏的器物,或为学者对所见器物搜罗编辑。先秦符节著录散见于各家著录专书,罗振玉的《历代符牌图录》为最早以符节、符牌为主题进行专书的著录编辑,其后更有《历代符牌图录后编》《增订历代符牌图录》等续作,但因成书年代甚早,故后世出土的符节器物自然没有收录。而后严一萍《金文总集》成书,据器物分类收录,将"符节"独立为一类,并对各器著录说明,《金文总集目录索引·简目》有各器索引及著录,可参阅。[①] 而对青铜器收录堪称最为完备,由中国社会科学院考古研究所编辑的《殷周金文集成》亦有"符节"独立类目,附录于各册书末器类的说明[②],对先秦符节各器的著录说明又较《金文总集目录索引·简目》更详。由刘雨、沈丁、卢岩、王文亮编著的《商周金文著录总表》[③]则综合《殷周金文集成》《近出殷周金文集录》的著录资料而成[④],其著录之内容并无增补。

　　而先秦符节著录的增补更新,对于先秦符节的研究有重要意义,用以检索资料、择取拓本精善者、厘清器物流传情况,著录的作

---

① 严一萍、姚祖根:《金文总集目录索引·简目》,艺文印书馆1988年版,第444页。
② 中国社会科学院考古研究所编:《殷周金文集成》,中华书局1984年版。又有修订增补本,中华书局2007年版,共8册。
③ 刘雨、卢岩:《近出殷周金文集录》,中华书局2002年版。
④ 刘雨、沈丁、卢岩、王文亮:《商周金文著录总表》,中华书局2008年版。在本书"前言"中刘雨云:"本书就是集中了全部这些资料汇编而成,应该说这是一部到目前为止较为齐备的殷周金文著录总表。"

用可以说是开展研究的基础工作,故仍有持续订补的空间及必要。

　　本书的下编定名为"著录编",即为专论先秦符节相关著录的资料汇整,对先秦符节各器的著录情况、书目和研究相关文献作整理与说明,本编主要为"著录书目析评",对自清代以降对先秦符节有所著录的专书、图录进行收录器名和器数的统计,并对收录的情况予以析评。①

---

①　此一整理的目的正如文字编、集成、总集类工具书中常见的材料来源表,但笔者又增加对书目著录的析评,以供学者引用先秦符节材料作为参考。

第二章　先秦符节著录书目析评

　　对于先秦符节著录之书目,最早见于清人阮元《积古斋钟鼎彝器款识》,其中收录《王命龙节》一件,而个人著述对先秦符节收录最详的,首推罗振玉,共计有《历代符牌图录》《秦金石刻辞》《癯郹草堂吉金图》《增订历代符牌图录》《贞松堂集古遗文》《贞松堂吉金图》以及集罗氏金文著录大成的《三代吉金文存》。其后以总集、集成方式所编著之金文著录大型工具书,则以严一萍主编之《金文总集》、中国社会科学院考古研究所编辑的《殷周金文集成》、吴镇烽的《商周青铜器铭文暨图像集成》为代表,大型工具书的编纂无疑为研究者的资料检索带来极大的便利,也是笔者先秦符节材料及著录书目的研究基础。本章欲对历来著录先秦符节之书目、图录进行收录器物汇整统计,并针对收录状况及器形拓本提出析评。下文以 1937 年为界(即罗振玉《三代吉金文存》出版的时间),分为"清代至 1937 年""1937 年后迄今(中国大陆)"两个章节,将各个书目分别独立,按照各书目最早刊刻印行之年代排序①,从年代之排序,可明清代至中华人民共和国成立以来著录、图录专书的形式、收录差异。另外下文以表格方式呈现以清眉目,共分为"书目""器名""卷数页码/器号""备注"四类细项。另外,本章著录书目收录的标准为含

---

① 　各书目版本年代参考容庚:《商周彝器通考・上编・第十五章"著录"》,上海人民
　　出版社 2008 年版,第 202—222 页。邱德修:《商周金文总目・引用书目及其简称
　　表》,五南出版社 1985 年版,第 1—9 页。

有器形拓本或文字摹本，或为照片图版之专书，而仅于研究时论及予以著录如王辉《秦汉铜器铭文编年集释》所述杜虎符、新郪虎符、阳陵虎符①及单篇期刊论文如于省吾《鄂君启节考释》所收入鄂君启舟节图版②，上述两种材料则不列入著录析评的范围。

第一节　清代至 1937 年

从清代起最早著录先秦符节器之专书，为清人阮元《积古斋钟鼎彝器款识》，而至 1937 年罗振玉《三代吉金文存》止，本书收录著录专书二十一种。由清代至民国初年各种金文著录专书为收藏家整理个人藏物，或收录所见所闻之器物，对器形、铭文揖录手摹，且多半以私人之力搜罗论著，所费心力实属不易。下文对各专书逐一介绍：

一、《积古斋钟鼎彝器款识》

清阮元著，十卷，有清嘉庆九年（1804）刻本，容庚云其书所收商器一百七十三，周器二百七十三，秦器五，汉晋器一百，凡五百五十一器。③ 本书共收录先秦符节一器，无器形拓本，仅有铭文字形摹本。

（一）汉龙虎铜节

书　　目	器　　名	卷数页码/器号	备　　注
《积古斋钟鼎彝器款识》	汉龙虎铜节	卷十，第 6 页	
《殷周金文集成》	王命龙节	12097	
本书	王命龙节（一）	9	

---

① 王辉：《秦汉铜器铭文编年集释》，三秦出版社 1990 年版。杜虎符，第 38—40 页。新郪虎符，第 101—102 页。阳陵虎符，第 106—107 页。
② 于省吾：《鄂君启节考释》，《考古》1963 年第 8 期，图版八左。
③ 容庚：《商周彝器通考·上编·第十五章"著录"》，上海人民出版社 2008 年版，第 216 页。

二、《金石索》

清冯云鹏、冯云鹓著，十二卷，道光二年（1821）成书，分为《金索》《石索》两部分，各六卷，《金索》收录彝器、兵器、镜、泉布一类之金属器物，《石索》则收碑碣之属。[①]《金索》收录先秦符节一器，器形为手摹而成，堪称精良。

周龙虎节

书　　目	器　　名	卷数页码/器号	备　　注
《金石索》	周龙虎节	《金索》卷二，第103页	1. 云此器吴门陆贯夫藏。 2. 器形拓本铭文"命"字下无重文符"＝"。 3.《殷周金文集成》器形拓本来源。
《殷周金文集成》	王命龙节	12098	
本书	王命龙节（二）	10	

三、《缀遗斋彝器考释》

清方濬益著，三十卷，编录清稿定本起于光绪二十年五月（1899），所收商周器一千三百八十二。[②] 本书收录先秦符节一器，无器形拓本，仅铭文字形摹本。

---

① 参见《金石索》全书所录。
② 容庚：《商周彝器通考・上编・第十五章"著录"》，上海人民出版社 2008 年版，第218 页。

龙虎节

书　　目	器　　名	卷数页码/器号	备　　注
《缀遗斋彝器考释》	龙虎节	卷二十九,第 25 页	铭文摹本"命"字下无重文符"＝",应为摹写漏失。
《殷周金文集成》	王命龙节	12097	
本书	王命龙节(一)	9	

四、《奇觚室吉金文述》

　　清刘心源著,二十卷,清光绪二十八年(1902)有石印本。卷一至卷九周器三百八十七,卷十兵器七十一,卷十一秦汉器五十八,卷十二至卷十四泉布泉范六百二十六,卷十五镜四十二,卷十六至卷十八补商周器一百八十八,兵器六,卷十九卷二十补泉布八百二十五,凡二千二百零三器。① 本书收录先秦符节一器,拓本刘氏自言为"黄再同赠本",器形正面上部龙首缺拓,铭文笔画亦不甚清晰。

汉龙节

书　　目	器　　名	卷数页码/器号	备　　注
《奇觚室吉金文述》	汉龙节	卷十一,第 7 页	
《殷周金文集成》	王命龙节	12097	
本书	王命龙节(一)	9	

---

① 容庚:《商周彝器通考·上编·第十五章"著录"》,上海人民出版社 2008 年版,第219 页。

五、《陶斋吉金续录》

清端方著,二卷,清光绪三十四年(1909)石印本。收录商周彝器五十五,兵器四,秦汉至宋器二十一,附录《补遗》录商周彝器八。[1] 本书收录先秦符节一器。器形为手摹而成,卷二第 19 页左图为原器形摹写,右图为端氏自行复原之图形。

龙节

书　　目	器　　名	卷数页码/器号	备　　注
《陶斋吉金续录》	龙节	卷二,第 19 页左	
《殷周金文集成》	王命龙节	12099	
本书	王命龙节(三)	11	

六、《历代符牌图录》

罗振玉著,分前、后编,民国三年(1914)成书,前编收录秦至隋虎符二十七,唐鱼符十七,武周龟符四,宋牛符、金鱼符各一,玉麟符二,金至明令牌十八。后编收录汉至隋虎符四,唐鱼符二,五代龟符二,宋至明令牌三十一又附唐鱼符一,总计一百一十器。[2] 本书收录先秦符节一器,有阳陵虎符左右两侧及由上俯视之图版。

---

① 容庚:《商周彝器通考·上编·第十五章"著录"》,上海人民出版社 2008 年版,第 207 页。
② 罗振玉:《历代符牌图录·目录》,中国书店出版社 1998 年版,第 1—12 页。

秦甲兵虎符

书　目	器　名	卷数页码/器号	备　注
《历代符牌图录》	秦甲兵虎符	前编，第1页	
《殷周金文集成》	无录		
本书	阳陵虎符		疑为伪器，详第三章"余论"

七、《秦金石刻辞》

　　罗振玉著，分上中下三卷，民国三年(1914)成书。卷上收录金文四十三，符一，权十四，量九，诏版十八，戈一。卷中收录石文三。卷下陶文七。总计五十三器。本书收录先秦符节一器，归入卷上。

甲兵虎符

书　目	器　名	卷数页码/器号	备　注
《秦金石刻辞》	甲兵虎符	卷二，第7页	
《殷周金文集成》	未收		
本书	阳陵虎符		疑为伪器，详第三章"余论"

八、《周金文存》

　　邹安著，六卷附补遗，民国五年有石印本(1916)，卷一钟、铎、句鑃，八十六器；卷二鼎、鬲、甗，二百三十器，补遗五十四器；卷三敦、彝、簠、簋、豆、登、錪、盏，三百九十六器，补遗五十三器；卷四盘、匜、舟、盒、盆、盂、监，八十二器，补遗五十二器；卷五尊、罍、鉼、壶、盉、兕觥、斝、卣、瓠、角、爵、觯、端，二百六十三器，补遗一器；卷六兵器二百三十二器,用器四十八器,补遗四十八器,凡一千五百四十五器。①
本书收录先秦符节七器,归入卷六下用器,有器名无释文考释。

(一) 鹰符

书　　目	器　　名	卷数页码/器号	备　　注
《周金文存》	鹰符	卷六下,第 126 页左	
《殷周金文集成》	鹰节	12105	
本书	鹰节(一)	15	

(二) 马符

书　　目	器　　名	卷数页码/器号	备　　注
《周金文存》	马符	卷六下,第 127 页右	
《殷周金文集成》	骑传马节	12091	
本书	骑传马节	4	

(三) 龙节

书　　目	器　　名	卷数页码/器号	备　　注
《周金文存》	龙节一	卷六下,第 127 页左	《殷周金文集成》器形拓本来源
《殷周金文集成》	王命龙节	12099	
本书	王命龙节(三)	11	

① 容庚:《商周彝器通考·上编·第十五章"著录"》,上海人民出版社 2008 年版,第219 页。

(四) 龙节

书　　目	器　　名	卷数页码/器号	备　　注
《周金文存》	龙节二	卷六下，第 128 页右	铭文疑有四字，末二字不可识
《殷周金文集成》	未收		
本书	龙节		疑为伪器，详见第三章"余论"

(五) 龙节

书　　目	器　　名	卷数页码/器号	备　　注
《周金文存》	龙节三	卷六下，第 128 页左	铭文疑有四字，读为"东周□龙"。
《殷周金文集成》	未收		
本书	龙节		疑为伪器，详见第三章"余论"

(六) 节

书　　目	器　　名	卷数页码/器号	备　　注
《周金文存》	节	卷六下，第 129 页右	
《殷周金文集成》	节节	12086	
本书	节节	1	

（七）䗬屍节

书　目	器　名	卷数页码/器号	备　注
《周金文存》	䗬屍节	卷六下，第 129 页左	
《殷周金文集成》	䗬屍节	12088	
本书	䗬屍节		疑为伪器，详见第三章"余论"

九、《寙郼草堂吉金图》

罗振玉著，分上中下三卷，有民国六年（1917）印本，卷上收录钟三，鼎十，鬲一，簋二，彝七，敦八，尊一，卣一，觯一，瓿一，爵七，角一，盇一，车軕一，古键一，金铺一，不知名古器二，共计五十四器。卷中收录古兵二十九，秦器十四，共计四十三器。卷下收录汉器三十，魏器二，蜀器二，六朝至明器二十一，共计五十四器。全部总计一百五十一器。① 本书收录先秦符节一器，列入秦器中。

（一）甲兵虎符

书　目	器　名	卷数页码/器号	备　注
《寙郼草堂吉金图》	甲兵虎符	卷中，第 26 页	
《殷周金文集成》	未收		
本书	阳陵虎符		疑为伪器，详见第三章"余论"

---

① 见罗振玉：《寙郼草堂吉金图·目录》，辑入《罗雪堂先生全集》三编第四册，大通书局 1989 年版，总第 1065 页。

十、《增订历代符牌图录》

罗振玉辑,分《图录上》《图录下》二卷,附《补遗》,有乙丑冬(1925)东方学会影印本。《图录上》收录节六符八十三,列国节六器,秦符二器,汉符十五器,新莽符五器,晋符三器,后汉隋前符十三器,隋符十三器,唐符二十三器,武周符七器,金符牌二器。《图录下》收录牌六十六,宋牌一器,辽牌二器,西夏牌五器,宋牌二器,金牌二器,元牌一器,明牌五十三器,不知时代牌一器。《补遗》收入列国符一器,汉符一器。总计一百五十七器。① 本书收录先秦符节九器。

(一) 鹰节

书 目	器 名	卷数页码/器号	备 注
《增订历代符牌图录》	鹰节	图录上,第1页右上	
《殷周金文集成》	鹰节	12105	
本书	鹰节(一)	15	

(二) 雁节

书 目	器 名	卷数页码/器号	备 注
《增订历代符牌图录》	雁节	图录上,第1页右下	
《殷周金文集成》	雁节	12104	
本书	雁节(二)	18	

---

① 见罗振玉:《增订历代符牌图录·目录》,收入《罗雪堂先生全集》七编第二册,据乙丑冬东方学会影印,大通书局1976年版,第1页,总第449页。

（三）雁节

书　　目	器　　名	卷数页码/器号	备　　注
《增订历代符牌图录》	雁节	图录上，第1页左上	
《殷周金文集成》	雁节	12103	
本书	雁节（一）	17	

（四）骑□马节

书　　目	器　　名	卷数页码/器号	备　　注
《增订历代符牌图录》	骑□马节	图录上，第1页左下	
《殷周金文集成》	骑传马节	12091	
本书	骑传马节	4	

（五）齐夫夫牛节

书　　目	器　　名	卷数页码/器号	备　　注
《增订历代符牌图录》	齐夫夫牛节	图录上，第2页右上	
《殷周金文集成》	齐节大夫马节	12090	
本书	齐大夫马节	3	

（六）辟夫夫虎节

书　　目	器　　名	卷数页码/器号	备　　注
《增订历代符牌图录》	辟夫夫虎节	图录上，第2页右下	
《殷周金文集成》	辟大夫虎符	12107	
本书	辟大夫虎节	19	

（七）新郪虎符

书　　目	器　　名	卷数页码/器号	备　　注
《增订历代符牌图录》	新郪虎符	图录上，第 2 页左	
《殷周金文集成》	新郪虎符	12108	
本书	新郪虎符	27	

（八）阳陵虎符

书　　目	器　　名	卷数页码/器号	备　　注
《增订历代符牌图录》	阳陵虎符	图录上，第 3 页右	
《殷周金文集成》	未收		
本书	阳陵虎符		疑为伪器，详见第三章"余论"

（九）无器名

书　　目	器　　名	卷数页码/器号	备　　注
《增订历代符牌图录》	无器名	图录上，第 3 页右	
《殷周金文集成》	亡纵熊节	12092	
本书	亡纵熊符	26	

十一、《待时轩传古别录》

罗福颐著，一卷，戊辰冬付印(1928)。收录三代二器，秦二器，汉六器,唐封泥二器,总计十二器。器形皆以手摹,罗福颐云:"古金文有错金银为文不可施毡墨者,家大人病其不能流传每命以花乳石模刻。"①本书收录先秦符节二器。

(一)新郪虎符

书　　目	器　　名	卷数页码/器号	备　　注
《待时轩传古别录》	新郪兵符	第 2 页右	
《殷周金文集成》	新郪虎符	12108	
本书	新郪虎符	27	

(二)阳陵兵符

书　　目	器　　名	卷数页码/器号	备　　注
《待时轩传古别录》	阳陵兵符	第 2 页左	
《殷周金文集成》	未录		
本书	阳陵虎符		疑为伪器,详见第三章"余论"

十二、《贞松堂集古遗文》

罗振玉著,十六卷,民国十九年(1930)有石印本。收录商周器一千一百五十一;兵器一百二十二;秦权量十一;汉以后器二百四

---

① 　罗福颐:《待时轩传古别录·目录》,收入《罗雪堂先生全集》七编第二册,大通书局1976 年版,第 1 页左,总第 715—716 页。

十一,总计一千五百二十五器。① 本书收录先秦符节一器。

夾符

书　目	器　名	卷数页码/器号	备　注
《贞松堂集古遗文》	夾符	卷十一,第 12 页	《殷周金文集成》器形拓本来源
《殷周金文集成》	夾虎符	12087	
本书	乘虎符	25	

十三、《秦汉金文录》

容庚著,八卷,秦金文一卷,汉金文七卷,民国二十年(1931)十二月,北平中研院历史语言研究所初版。秦金文一卷,收录秦权四十四、量十六、诏版二十一、兵符二,凡八十三器附录三器;汉金文收录鼎一百一十一、钟五十四、钫十九、壶二十六、权度量二十八、镫七十三、乐器二十五、杂器一百二十七、洗一百五十四、钩三十五、兵器六十,凡七百一十二器。为阳陵虎符器形拓本中文字最清楚者。

(一) 阳陵兵符

书　目	器　名	卷数页码/器号	备　注
《秦汉金文录》	阳陵兵符	卷一,第 40 页	《殷周金文集成》器形拓本来源
《殷周金文集成》	未录		
本书	阳陵虎符		疑为伪器,详见第三章"余论"

---

① 容庚:《商周彝器通考·上编·第十五章"著录"》,上海人民出版社 2008 年版,第 220 页。

（二）新郪兵符

书　　目	器　　名	卷数页码/器号	备　　注
《秦汉金文录》	新郪兵符	卷一，第 41 页	
《殷周金文集成》	新郪虎符	12108	
本书	新郪虎符	28	

十四、《善斋吉金录》

　　刘体智著，二十八册，民国二十三年（1934）石印本。此书将所藏分为十录：一《乐器录》一册，四十一器；二《礼器录》八册，五百九十一器；三《古兵录》二册，一百二十器；四《度量衡录》一册，五十五器；五《符牌录》一册，六十五器；六《玺印录》三册，一千五百八十七器；七《泉录》六册，泉布二千七百二十二，泉范七十三；八《镜录》四册，三百一十八面；九《梵象录》，七十尊；十《任器录》，八十六器，总计五千七百二十八器，容庚先生云："此书形式，绘画图象，模拓铭文，记载尺寸，与《陶斋吉金录》同，而间有考证，博大过之。"①本书收录先秦符节三器，归入五《符牌录》，第十三册。

（一）列国鹰节

书　　目	器　　名	卷数页码/器号	备　　注
《善斋吉金录》	列国鹰节	第十三册，第1 页	《殷周金文集成》器形拓本来源
《殷周金文集成》	鹰节	12106	
本书	鹰节（二）	16	

---

① 容庚：《商周彝器通考・上编・第十五章"著录"》，上海人民出版社 2008 年版，第211 页。

（二）秦王命虎节

书　　目	器　　名	卷数页码/器号	备　　注
《善斋吉金录》	秦王命虎节	第十三册，第2页	
《殷周金文集成》	未收		
本书	秦王命虎节		疑为伪器，详见第三章"余论"

（三）秦甲兵虎符

书　　目	器　　名	卷数页码/器号	备　　注
《善斋吉金录》	秦甲兵虎符	第十三册，第4页	
《殷周金文集成》	未收		
本书	秦甲兵虎符		疑为伪器，详见第三章"余论"

十五、《小校经阁金石文字》

　　刘体智著，十八卷，民国二十四年(1935)石印本。卷一钟一百二十七，句鑃五，錞于三；卷二鼎四百九十七；卷三鼎七十八，鬲一百一十四，甗五十；卷四卣二百五十三，罍九，壶八十七；卷五尊二百又七，觥二，瓠一百二十六，觯一百九十二，端三；卷六爵四百八十二，角三十一，斝十九，举一；卷七彝二百六十，敦二百二十二；卷八敦一百七十五；卷九簠八十五，簋五十五，盉四十九，匜四十五，盘五十七，杂器八十七；卷十兵器三百一十四；卷十一秦权量九十，汉以后鼎一百十七，壶四十八，镫九十二，度量衡二十三；卷十二度量衡一百四十四，洗一百五十四；卷十三洗三十八，钩七十五，杂器二百六十六；卷十四兵器一百又六，泉范一百五十九，符牌一百又一；卷十五镜三百四十六；卷十六镜四百三十一；卷十七镜三百九十一；卷十八造像二百四十，总计六千四百五十六器，有释文，间附各家题识。① 本书收录先秦符节九器，卷九《杂器》收入五件，卷十四《符牌》收入四件。

（一）节节

书　　目	器　　名	卷数页码/器号	备　　注
《小校经阁金石文字》	节节	卷九，第 105 页右，右上	《殷周金文集成》器形拓本来源
《殷周金文集成》	节节	12086	
本书	节节	1	

（二）麐𢇛节

书　　目	器　　名	卷数页码/器号	备　　注
《小校经阁金石文字》	麐𢇛节	卷九，第 105 页右，右下	《殷周金文集成》器形拓本来源
《殷周金文集成》	麐𢇛节	12088	
本书	麐𢇛节		疑为伪器，详见第三章"余论"

① 容庚：《商周彝器通考·上编·第十五章"著录"》，上海人民出版社 2008 年版，第221 页。

（三）鹰节一

书　目	器　名	卷数页码/器号	备　注
《小校经阁金石文字》	鹰节一	卷九，第 105 页右，左上	
《殷周金文集成》	鹰节	12105	
本书	鹰节（一）	15	

（四）鹰节二

书　目	器　名	卷数页码/器号	备　注
《小校经阁金石文字》	鹰节二	卷九，第 105 页左，左下	
《殷周金文集成》	鹰节	12106	
本书	鹰节（二）	16	

（五）王命车键

书　目	器　名	卷数页码/器号	备　注
《小校经阁金石文字》	王命车键	卷九，第 106 页左	
《殷周金文集成》	王命龙节	12097	
本书	王命龙节（一）	9	

（六）秦王命虎节

书　目	器　名	卷数页码/器号	备　注
《小校经阁金石文字》	秦王命虎节	卷十四，第 89 页右	
《殷周金文集成》	未收		
本书	不录		疑为伪器，详见第三章"余论"

（七）秦阳陵虎符

书　　目	器　　名	卷数页码/器号	备　注
《小校经阁金石文字》	秦阳陵虎符	卷十四，第 89 页左	
《殷周金文集成》	未收		
本书	阳陵虎符		疑为伪器，详见第三章"余论"

（八）秦新郪虎符

书　　目	器　　名	卷数页码/器号	备　注
《小校经阁金石文字》	秦新郪虎符	卷十四，第 90 页右	
《殷周金文集成》	新郪虎符	12108	
本书	新郪虎符	27	

（九）秦甲兵虎符

书　　目	器　　名	卷数页码/器号	备　注
《小校经阁金石文字》	秦甲兵虎符	卷十四，第 90 页左	
《殷周金文集成》	未收		
本书	秦甲兵虎符		疑为伪器，详见第三章"余论"

十六、《衡斋金石识小录》

黄濬著，上下卷，不分目，民国二十四年（1935）成书。收录之器甚杂,符牌之器有商周节二;汉至金符十五;西夏牌二,全书总计收录八十八器。① 本书收录先秦符节二器。

(一) 龙节

书　目	器　名	卷数页码/器号	备　注
《衡斋金石识小录》	龙节	上卷,第 24 页	
《殷周金文集成》	王命龙节	12101	
本书	王命龙节(五)	13	

(二) 骑𫘝马节

书　目	器　名	卷数页码/器号	备　注
《衡斋金石识小录》	骑𫘝马节	上卷,第 25 页	
《殷周金文集成》	骑传马节	12091	
本书	骑传马节	4	

十七、《贞松堂吉金图》

罗振玉著,三卷,有民国二十四年(1935)墨缘堂刊印本影印。收录商周彝器一百又七,兵器二十八,秦权诏版三,汉器三十七,晋宋以降器十九,附录四,总计一百九十八器,不计大小尺寸,无考释。② 本书收录先秦符节一器,归入卷中《杂器》。

---

① 黄濬:《衡斋金石识小录》,收入《石刻史料新编》第三辑第四十册,新文丰出版公司 1986 年版,第 1—5 页。
② 容庚:《商周彝器通考・上编・第十五章"著录"》,上海人民出版社 2008 年版,第 212 页。

马节

书　　目	器　　名	卷数页码/器号	备　　注
《贞松堂吉金图》	马节	卷中，第 25 页	
《殷周金文集成》	齐节大夫马节	12090	
本书	齐大夫马节	3	

十八、《海外吉金图录》

容庚著，三册，民国二十四年(1935)考古学社刊本影印。容庚云："此书专选日本所藏者，采用之书七种，采录之器，烹饪器及食器三十五，酒器六十八，用器二十四，乐器十八，汉以后器十，附录俑及石椁三，凡一百五十八器。后附考释，原书拓本之模黏者，苟得旧拓则更易之。"①本书收录先秦符节一器。

夶虎符

书　　目	器　　名	卷数页码/器号	备　　注
《海外吉金图录》	夶虎符	图一二七	
《殷周金文集成》	夶虎符	12087	
本书	夶(乘)虎符	25	

十九、《两周金文辞大系图录考释》

郭沫若著，分图录、考释两部，1935 年在日本出版。著录宗周器二百五十，列国器两百六十一，图录收入二百六十三器。并设标

---

① 容庚：《商周彝器通考·上编·第十五章"著录"》，上海人民出版社 2008 年版，第 211 页。

准器以为诸器系年之准的,有"列国标准器年代"。① 本书收录先秦符节一器,有图录。

新郪虎符

书　　目	器　　名	卷数页码/器号	备　　注
《两周金文辞大系图录考释》	新郪虎符	图录,第 292 页。考释,第 251—252 页	
《殷周金文集成》	新郪虎符	12108	
本书	新郪虎符	27	

二十、《尊古斋所见吉金图》

黄濬著,四卷,民国二十五年(1936)影印本,收录商周至清古器一百九十;商周彝器约十之六,不记大小尺寸,无考释。②

(一)　龙节

书　　目	器　　名	卷数页码/器号	备　　注
《尊古斋所见吉金图》	无	卷四,第 46 页	
《殷周金文集成》	王命龙节	12101	
本书	王命龙节(五)	13	

---

① 郭沫若:《两周金文辞大系图录考释·目录》,上海书店出版社 1999 年版,第 1—20 页。
② 容庚:《商周彝器通考·上编·第十五章"著录"》,上海人民出版社 2008 年版,第 213 页。

（二）虎节

书　　目	器　　名	卷数页码/器号	备　　注
《尊古斋所见吉金图》	无	卷四，第 47 页	
《殷周金文集成》	王命虎符	12095	
本书	王命虎节（二）	6	

二十一、《三代吉金文存》

罗振玉著，二十卷，民国二十六年（1937）影印本，卷一钟一百一十四；卷二鼎四百七十四；卷三鼎二百六十五；卷四鼎九十四；卷五甗七十二，鬲一百二十一；卷六彝三百九十五；卷七段二百三十六；卷八段一百二十三；卷九段六十七；卷十簋九十一，簠六十，豆十二；卷十一尊二百七十一，罍二十六；卷十二壶一百一十三，卣一百四十五；卷十三卣一百九十三，斝五十二；卷十四盉六十三，瓿二百二十四，觯二百五十六；卷十五爵三百六十八；卷十六爵三百四十四，角三十三；卷十七盘六十三，匜六十八；卷十八杂器一百六十一；卷十九戈一百三十四；卷二十戟六十，矛四十六，杂兵九十一。总计四千八百三十五。[①] 容庚先生云："搜罗之富，鉴别之严，印刷之佳，洵集金文之大成。"[②] 本书收录先秦符节八器。

（一）骑□马节

书　　目	器　　名	卷数页码/器号	备　　注
《三代吉金文存》	骑□马节	卷十八，第 31 页右，左上	

---

① 罗振玉：《三代吉金文存·总目》，文华出版社 1970 年版，第 1—2 页。
② 容庚：《商周彝器通考·上编·第十五章"著录"》，上海人民出版社 2008 年版，第 222 页。

续　表

书　　目	器　　名	卷数页码/器号	备　注
《殷周金文集成》	骑传马节	12091	
本书	骑传马节	4	

(二) ⼭ 䇅熊节

书　　目	器　　名	卷数页码/器号	备　注
《三代吉金文存》	⼭ 䇅熊节	卷十八，第 31 页右，左下	《殷周金文集成》器形拓本来源
《殷周金文集成》	亡纵熊节	12092	
本书	亡纵熊符	26	

(三) 齐马节

书　　目	器　　名	卷数页码/器号	备　注
《三代吉金文存》	齐马节	卷十八，第 31 页左，上	
《殷周金文集成》	齐节大夫马节	12090	
本书	齐大夫马节	3	

(四) 雁节

书　　目	器　　名	卷数页码/器号	备　注
《三代吉金文存》	雁节	卷十八，第 31 页左，右下	《殷周金文集成》器形拓本来源
《殷周金文集成》	雁节	12103	
本书	雁节(一)	17	

（五）雁节

书　　目	器　　名	卷数页码/器号	备　　注
《三代吉金文存》	雁节	卷十八，第 31 页左，左下	
《殷周金文集成》	雁节	12104	
本书	雁节（二）	18	

（六）鹰节一

书　　目	器　　名	卷数页码/器号	备　　注
《三代吉金文存》	鹰节一	卷十八，第 32 页右，右上	
《殷周金文集成》	鹰节	12105	
本书	鹰节（一）	15	

（七）鹰节二

书　　目	器　　名	卷数页码/器号	备　　注
《三代吉金文存》	鹰节二	卷十八，第 32 页右，右下	
《殷周金文集成》	鹰节	12105	
本书	鹰节（一）	15	

（八）王命淠车键

书　　目	器　　名	卷数页码/器号	备　　注
《三代吉金文存》	王命淠车键	卷十八，第 36 页左	
《殷周金文集成》	王命龙节	12097	
本书	王命龙节（一）	9	

第二节　1937年后迄今(中国大陆)

随着科学考古挖掘的日益发展,中国各地新出土的器物数量快速增加,因此金文铜器著录书目的编辑一直有其必要,自1937年罗振玉《三代吉金文存》出版后,迄今之著录专书大抵可分为两类:一为个人搜罗编著之书,一为团队合力编纂之大型集成类工具书。就编辑目标来说,集成类的两大巨著有严一萍编辑的《金文总集》、中国社会科学院考古研究所编《殷周金文集成》几乎同时出版,都是期望搜罗前人所著录的器物、增补前人著录之不足或收录新出土而前人未见之器物,但《殷周金文集成》所收器数较《金文总集》多近三分之一①,自《殷周金文集成》后所见之著录专书,也多半是补《殷周金文集成》漏收或更新出土之器物著录。下文共录著录十一种,区分中国大陆及台湾地区出版的图书,再于其下依著录书目类型区分。

一、总集、汇编

(一)《商周金文录遗》

于省吾著,不分卷,北京科学出版社1957年初版。收录钟十三、鼎八十六、甗七、鬲六、毁五十五、敦一、簠六、盨六、尊二十六、罍九、壶十七、卣四十六、罦十、盉五、觚六十六、觯十五、爵一百又三、角一、盘二十、匜四、方彝八、杂器三十二、戈二十八、戟十四、矛一、剑十七、杂兵六、不知名器八,凡二十九类,共六百一十六器。沈宝春云:"于省吾《商周金文录遗》一书亦循其器用性质,以器类聚,因字之多寡为先后,铭文之短长由一二字以达三百余字,纂相

---

① 见中国社会科学院考古研究所编:《殷周金文集成》第十八册,"编后记",中华书局1994年版,第1页。

排比，因器分门，固前修未密，后出转精，其分类较诸前人，实严谨而精当，且涵盖周全，巨细靡遗。"[1]

王命传赁节

书　目	器　名	卷数页码/器号	备　注
《商周金文录遗》	王命传赁节	器号 537，第 237 页	
《殷周金文集成》	王命虎符	12096	
本书	王命传遽虎节	7	

（二）《殷周金文集录》

徐中舒主编，四川大学历史研究所编，成都四川人民出版社 1984 年初版。收录：一、钟八十器；二、鼎一百五十四器；三、鬲三十器；四、甗二十九器；五、簋一百四十九器；六、簠二十四器；七、盨十七器；八、豆三器；九、爵七十七器；十、角三器；十一、斝五器；十二、盉十五器；十三、尊四十器；十四、觚三十三器；十五、觯二十一器；十六、彝八器；十七、壶八十八器；十八、盘二十二器；十九、罍十五器；二十、匜十九器；二十一、鉴四器；二十二、杂器六十三器；二十三、戈五十器；二十四、钺五器；二十五、戟三器；二十六、矛八器；二十七、剑七器。[2] "本书收集了解放以来至一九八〇年底国内出版的书刊中已著录殷周有铭铜器及部分未著录的有铭铜器共九百七十三件，绝大多数为新出土的。"[3] 本书收录先秦符节二器。

---

① 沈宝春：《〈商周金文录遗〉考释》上册，花木兰文化工作坊，2005 年，第 16—17 页。
② 徐中舒：《殷周金文集录·索引》，四川人民出版社 1984 年版，第 1—26 页。
③ 徐中舒：《殷周金文集录·出版说明》，四川人民出版社 1984 年版，第 1 页。

1. 鄂君启节（乙）

书　　目	器　　名	卷数页码/器号	备　　注
《殷周金文集录》	鄂君启节（乙）	器号875，第473页	
《殷周金文集成》	鄂君启车节	12111	
本书	鄂君启车节（二）	22	

2. 鄂君启节（甲）

书　　目	器　　名	卷数页码/器号	备　　注
《殷周金文集录》	鄂君启节（甲）	器号874，第472页	
《殷周金文集成》	鄂君启舟节	12113	
本书	鄂君启舟节	24	

（三）《殷周金文集成》

中国社会科学院考古研究所编，十八册，中华书局自1984年起陆续出版，至1994年全十八册出版完毕。收录：第一册钟镈（一），二百八十五器；第二册钟镈（二），铙、铃、铎、句鑃、鼓座，一百四十四器；第三册鬲、甗、匕、鼎（一），一千零四十五器；第四册鼎（二），一千零二十一器；第五册鼎（三），三百一十一器；第六册段（一），八百三十二器；第七册段（二），三百七十八器；第八册段（三），二百二十三器；第九册簋、簠、敦、铺、豆，三百五十二器；第十册卣，七百三十三器；第十一册尊、觯（一），九百二十六器；第十二册觯（二）、觚九百四十六器；第十三册爵、角（一），九百九十八器；第十四册爵、角（二），七百九十五器；第十五册斝、觥、盉鋬、壶、罍七百二十二器；第十六册方彝、勺、杯、瓿、罐、瓶、罐、缶、盘、匜、鉴、盂、盆、异形器、衡量器、杂兵、类别不明之器，七百三十六器；第十七册戈戟，八百一十七器；第十八册矛、剑铍、杂兵、车马器、符节，七百零三器，总计一万一千九百八十三器。[①] 又有修订增补本，八册，中华书局 2007 年出版。本书收录先秦符节二十八器。

1. 节节

书　目	器　名	卷数页码/器号	备　注
《殷周金文集成》	节节	12086	
本书	节节	1	

2. 夳虎符

书　目	器　名	卷数页码/器号	备　注
《殷周金文集成》	夳虎符	12087	
本书	夳（乘）虎符	25	

3. 䣄屍节

书　目	器　名	卷数页码/器号	备　注
《殷周金文集成》	䣄屍节	12088	
本书	䣄屍节		疑为伪器，详见第三章"余论"

4. 憨节

书　目	器　名	卷数页码/器号	备　注
《殷周金文集成》	憨节	12089	
本书	憨节	2	

[①]　此处对于器数要特别说明的是，依第十八册书末《总目》，第十六册所收器数以器号来算，共有七百五十六器，但以各类细目数量加总，则为七百三十六器，其中"杂器"之数量，《集成》言一百三十六器，但笔者统计为一百五十六器，于此第十六册所收器数或应以七百五十六器为确。而第十八册《符节》类，《集成》言二十七器，经笔者反复稽核，应以二十八器为确。

5. 齐节大夫马节

书　　目	器　　名	卷数页码/器号	备　　注
《殷周金文集成》	齐节大夫马节	12090	
本书	齐大夫马节	3	

6. 骑传马节

书　　目	器　　名	卷数页码/器号	备　　注
《殷周金文集成》	骑传马节	12091	
本书	骑传马节	4	

7. 亡纵熊节

书　　目	器　　名	卷数页码/器号	备　　注
《殷周金文集成》	亡纵熊节	12092	
本书	亡纵熊符	26	

8. 采者节

书　　目	器　　名	卷数页码/器号	备　　注
《殷周金文集成》	采者节	12093	
本书	陕者腨节		疑为伪器,详见第三章"余论"

9. 王命虎符

书　　目	器　　名	卷数页码/器号	备　　注
《殷周金文集成》	王命虎符	12094	
本书	王命虎节(一)	5	

10. 王命虎符

书　　目	器　　名	卷数页码/器号	备　　注
《殷周金文集成》	王命虎符	12095	
本书	王命虎节（二）	6	

11. 王命虎符

书　　目	器　　名	卷数页码/器号	备　　注
《殷周金文集成》	王命虎符	12096	
本书	王命传遽虎节	7	

12. 王命龙节

书　　目	器　　名	卷数页码/器号	备　　注
《殷周金文集成》	王命龙节	12097	
本书	王命龙节（一）	9	

13. 王命龙节

书　　目	器　　名	卷数页码/器号	备　　注
《殷周金文集成》	王命龙节	12098	
本书	王命龙节（二）	10	

14. 王命龙节

书　　目	器　　名	卷数页码/器号	备　　注
《殷周金文集成》	王命龙节	12099	
本书	王命龙节（三）	11	

15. 王命龙节

书　目	器　名	卷数页码/器号	备　注
《殷周金文集成》	王命龙节	12100	
本书	王命龙节（四）	12	

16. 王命龙节

书　目	器　名	卷数页码/器号	备　注
《殷周金文集成》	王命龙节	12101	
本书	王命龙节（五）	13	

17. 王命龙节

书　目	器　名	卷数页码/器号	备　注
《殷周金文集成》	王命龙节	12102	
本书	王命龙节（六）	14	

18. 雁节

书　目	器　名	卷数页码/器号	备　注
《殷周金文集成》	雁节	12103	
本书	雁节（一）	17	

19. 雁节

书　目	器　名	卷数页码/器号	备　注
《殷周金文集成》	雁节	12104	
本书	雁节（二）	18	

20. 鹰节

书　　目	器　　名	卷数页码/器号	备　　注
《殷周金文集成》	鹰节	12105	
本书	鹰节(一)	15	

21. 鹰节

书　　目	器　　名	卷数页码/器号	备　　注
《殷周金文集成》	鹰节	12106	
本书	鹰节(二)	16	

22. 辟夫夫虎节

书　　目	器　　名	卷数页码/器号	备　　注
《殷周金文集成》	辟大夫虎符	12107	
本书	辟大夫虎符	19	

23. 新郪虎符

书　　目	器　　名	卷数页码/器号	备　　注
《殷周金文集成》	新郪虎符	12108	
本书	新郪虎符	27	

24. 杜虎符

书　　目	器　　名	卷数页码/器号	备　　注
《殷周金文集成》	杜虎符	12109	
本书	杜虎符	28	

25. 鄂君启车节

书　目	器　名	卷数页码/器号	备　注
《殷周金文集成》	鄂君启车节	12110	
本书	鄂君启车节（一）	21	

26. 鄂君启车节

书　目	器　名	卷数页码/器号	备　注
《殷周金文集成》	鄂君启车节	12111	
本书	鄂君启车节（二）	22	

27. 鄂君启车节

书　目	器　名	卷数页码/器号	备　注
《殷周金文集成》	鄂君启车节	12112	
本书	鄂君启车节（三）	23	

28. 鄂君启舟节

书　目	器　名	卷数页码/器号	备　注
《殷周金文集成》	鄂君启舟节	12113	
本书	鄂君启舟节	24	

（四）《近出殷周金文集录》

刘雨、卢岩著，四册，中华书局 2002 年初版。收录：一、钟镈、铙、铎类一百一十七；二、鬲、甗类四十七；三、鼎类二百；四、簠类一百二十七；五、盨、簋、敦、豆五十二；六、卣类六十二；七、尊、觯类七十三;八、觚类八十;九、爵角类一百五十六;十、斝、兕觥、盉、壶、罍、方彝类八十一;十一、盘、匜、盂类三十一;十二、杂器类三十四;十三、戈戟类一百四十一;十四、矛、剑、铍类三十七;十五、杂兵二十,总计一千二百五十八器。本书收录先秦符节三器。

1. 王命车馱虎节

书　　目	器　　名	卷数页码/器号	备　　注
《近出殷周金文集录》	王命车馱虎节	器号1254,第295页	
《殷周金文集成》	未收		
本书	王命车駈虎节	8	

2. 阳陵虎符

书　　目	器　　名	卷数页码/器号	备　　注
《近出殷周金文集录》	阳陵虎符	器号1255,第296页	
《殷周金文集成》	未收		
本书	阳陵虎符		疑为伪器,详见第三章"余论"

3. 栎阳虎符

书　　目	器　　名	卷数页码/器号	备　　注
《近出殷周金文集录》	栎阳虎符	器号1256,第297页	
《殷周金文集成》	未收		
本书	栎阳虎符	29	

(五)《山东金文集成》

山东博物馆编,上下两册,齐鲁书社2007年初版。收录:

一、钟五十二器；二、镈四器；三、铙一器；四、鼎一百一十五器；五、鬲四十器；六、甗十一器；七、簋八十八器；八、盨十三器；九、簠五十一器；十、敦十五器；十一、鍪一器；十二、豆三器；十三、卣四十三器；十四、觥六器；十五、尊二十三器；十六、觯二十二器；十七、觚四十五器；十八、爵八十六器；十九、角六器；二十、斝十三器；二十一、盉十二器；二十二、壶二十七器；二十三、罍十七器；二十四、盘三十五器；二十五、匜三十器；二十六、监一器；二十七、盆三器；二十八、盂四器；二十九、釜二器；三十、彝四器；三十一、杂器二十三器；三十二、戈一百四十器；三十三、戟六器；三十四、矛十器；三十五、钺三器；三十六、剑十一器；三十七、铍三器；三十八、镈五器；三十九、刀三器；四十、其他十一器。总计九百九十二器。本书收录先秦符节一器。

齐马节

书　目	器　名	卷数页码/器号	备　注
《山东金文集成》	齐马节	第 919 页	第 919 页载本器之著录有《周金》6・127，经查核实误，《周金》6・127 为传骑马节。
《殷周金文集成》	齐节大夫马节	12090	
本书	齐大夫马节	3	

(六)《流散欧美殷周有铭青铜器集录》

刘雨、汪涛著，一册，上海辞书出版社 2007 年初版。收录：鬲一器、甗六器、鼎五十八器、簋四十八器、簠一器、卣三十三器、尊十七器、觯二十七器、觚四十六器、爵角七十二器、斝八器、兕觥一器、方彝六器、壶六器、罍四器、盉二器、盂二器、盘二器、匜一器、戈五

器、矛一器、钺二器、虎符一器,总计三百五十器。本书收录先秦符
节一器,有器形侧身、铭文放大黑白照片。本书收录的铭文及图像
未被《殷周金文集成》收录,或从未见于著录而流散于欧美海外之
有铭青铜器。

栎阳虎符

书 目	器 名	卷数页码/器号	备 注
《流散欧美殷周有铭青铜器集录》	栎阳虎符	器号 350,第 350 页	此器铭文及图像均未见于前人著录。
《殷周金文集成》	未收		
本书	栎阳虎符	29	

(七)《楚系金文汇编》

刘彬徽、刘长武著,一册,武汉湖北教育出版社 2009 年初版。
本书正编目录编号以青铜器主人名或特定名称编为一个号码,共
编一六〇号。每个器主号有多类、多器者则下分小号,正编收入二
百七十五器;补编器号共六〇号,收入六十一器;附编收入"曾侯
乙编钟钟架和挂钟构件文字""曾侯乙编磬铭文""楚货币文字"三
类。本书正编收录先秦符节十二器。

1. 鄂君启节

书 目	器 名	卷数页码/器号	备 注
《楚系金文汇编》	鄂君启节	器号一〇四,第 394 页	
《殷周金文集成》	鄂君启舟节	12113	
本书	鄂君启舟节	24	

2. 鄂君启节

书　　目	器　　名	卷数页码/器号	备　　注
《楚系金文汇编》	鄂君启节	器号一〇四，第395页	
《殷周金文集成》	鄂君启车节	12111	
本书	鄂君启车节(二)	22	

3. 王命龙节(其一)

书　　目	器　　名	卷数页码/器号	备　　注
《楚系金文汇编》	王命龙节(其一)	一〇五-1,第396页	
《殷周金文集成》	王命龙节	12097	
本书	王命龙节(一)	9	

4. 王命龙节(其二)

书　　目	器　　名	卷数页码/器号	备　　注
《楚系金文汇编》	王命龙节(其二)	一〇五-1,第397页	
《殷周金文集成》	王命龙节	12097	
本书	王命龙节(一)	9	

5. 王命龙节(其三)

书　　目	器　　名	卷数页码/器号	备　　注
《楚系金文汇编》	王命龙节(其三)	一〇五-1,第398页	
《殷周金文集成》	王命龙节	12098	
本书	王命龙节(二)	10	

6. 王命龙节（其四）

书　　目	器　　名	卷数页码/器号	备　　注
《楚系金文汇编》	王命龙节（其四）	一〇五-1,第 398 页	
《殷周金文集成》	王命龙节	12099	
本书	王命龙节（三）	11	

7. 王命龙节（其五）

书　　目	器　　名	卷数页码/器号	备　　注
《楚系金文汇编》	王命龙节（其五）	一〇五-1,第 399 页	
《殷周金文集成》	王命龙节	12101	
本书	王命龙节（五）	13	

8. 王命龙节（其六）

书　　目	器　　名	卷数页码/器号	备　　注
《楚系金文汇编》	王命龙节（其六）	一〇五-1,第 399 页左	
《殷周金文集成》	王命龙节	12102	
本书	王命龙节（六）	14	

9. 王命虎节（其一）

书　　目	器　　名	卷数页码/器号	备　　注
《楚系金文汇编》	王命虎节（其一）	一〇五-2,第 400 页上	
《殷周金文集成》	王命虎符	12095	
本书	王命虎节（二）	6	

10. 王命虎节（其二）

书　　目	器　　名	卷数页码/器号	备　　注
《楚系金文汇编》	王命虎节（其二）	一〇五-2，第400页下	
《殷周金文集成》	王命虎符	12096	
本书	王命传遽虎节	7	

11. 王命虎节（其三）

书　　目	器　　名	卷数页码/器号	备　　注
《楚系金文汇编》	王命虎节（其三）	一〇五-2，第401页	
《殷周金文集成》	王命虎符	12094	
本书	王命虎节（一）	5	

12. 王命车节

书　　目	器　　名	卷数页码/器号	备　　注
《楚系金文汇编》	王命车节	一〇五-3，第402—403页	
《殷周金文集成》	未收		
本书	王命车䢔虎节	8	

（八）《近出殷周金文集录二编》

刘雨、严志斌著，四册，中华书局2010年初版。收录：一、乐器类五十四器（钟三十、镈二十、铙三、铎一）；二、蒸煮食器类二百八十五器（鬲四十一、甗三十一、鼎二百一十三）；三、盛置食器类一百四十八器（簋一百零三、盨十六、簠十七、敦五、豆三、鍪二、匕二）；四、酒器类四百二十五器（卣六十一、尊四十四、觯二十九、觚六十五、爵一百零五、角十二、斝九、兕觥四、盉十四、壶四十二、罍十四、缶二、方彝八、斗二、勺四、耳杯四）①；五、水器类五十四器（盘二十七、鉴四、匜十六、盂七）；六、杂器类七十六器；七、兵器类三百零三（戈戟二百一十三、矛十八、剑二十八、铍二十三、杂兵二十一）；补遗一器，总计一千三百四十六器。本书收录先秦符节一器。

韩将庶虎节

书　　　目	器　　　名	卷数页码/器号	备　　　注
《近出殷周金文集录二编》	韩将庶虎节	器号 1345，第 311 页	
《殷周金文集成》	未收		
本书	将军虎节	20	

(九)《商周青铜器铭文暨图像集成》

吴镇烽编著，上海古籍出版社 2012 年初版。收录传世和新出土的商周有铭青铜器 16704 件（时间下限到 2012 年 2 月），包括食器（鼎、鬲、甗、簋、盨、豆等）5804 件，酒器（爵、角、觚、觯、杯、尊、卣等）6850 件，水器（盘、匜、鉴）634 件，乐器（钟、镈、铙、铃等）711 件，兵器（戈、戟、矛、殳、剑等）2125 件，日用器（农具、工具、符节等）641 件及附录（金银玉石等）208 件。全书共 35 册，收录一万六千七百零三器。本书收录符节 35 件，为迄今收录符节类器物数量最多的著录汇编。

---

① 酒器类器号总计四百二十五器，但细目器号器数之总计为四百一十九器。

1. 节节

书　　目	器　　名	卷数页码/器号	备　　注
《商周青铜器铭文暨图像集成》	节节	19151	
《殷周金文集成》	节节	12086	
本书	节节	1	

2. 懺节

书　　目	器　　名	卷数页码/器号	备　　注
《商周青铜器铭文暨图像集成》	懺节	19152	
《殷周金文集成》	懇节	12089	
本书	懇节	2	

3. 骑传马节

书　　目	器　　名	卷数页码/器号	备　　注
《商周青铜器铭文暨图像集成》	骑传马节	19153	
《殷周金文集成》	骑传马节	12091	
本书	骑传马节	4	

4. 亡纵熊节

书　　目	器　　名	卷数页码/器号	备　　注
《商周青铜器铭文暨图像集成》	亡纵熊节	19154	
《殷周金文集成》	亡纵熊节	12092	
本书	亡纵熊符	26	

5. 采者节

书　　目	器　　名	卷数页码/器号	备　　注
《商周青铜器铭文暨图像集成》	采者节	19155	
《殷周金文集成》	采者节	12093	
本书	陕者旃节		疑为伪器,详见第三章"余论"

6. 齐节大夫马节

书　　目	器　　名	卷数页码/器号	备　　注
《商周青铜器铭文暨图像集成》	齐节大夫马节	19156	
《殷周金文集成》	齐节大夫马节	12090	
本书	齐大夫马节	3	

7. 乘虎符

书　　目	器　　名	卷数页码/器号	备　　注
《商周青铜器铭文暨图像集成》	乘虎符	19157	
《殷周金文集成》	夑虎符	12087	
本书	夑(乘)虎符	25	

8. 王命虎符

书　　目	器　　名	卷数页码/器号	备　　注
《商周青铜器铭文暨图像集成》	王命虎符	19158	
《殷周金文集成》	未收录		
本书	王命车驻虎节	8	

9. 王命虎符

书　　目	器　　名	卷数页码/器号	备　　注
《商周青铜器铭文暨图像集成》	王命虎符	19159	
《殷周金文集成》	王命虎符	12095	
本书	王命虎节（二）	6	

10. 王命虎符

书　　目	器　　名	卷数页码/器号	备　　注
《商周青铜器铭文暨图像集成》	王命虎符	19160	
《殷周金文集成》	王命虎符	12094	
本书	王命虎节（一）	5	

11. 王命虎符

书　　目	器　　名	卷数页码/器号	备　　注
《商周青铜器铭文暨图像集成》	王命虎符	19161	
《殷周金文集成》	王命虎符	12096	
本书	王命传遽虎节	7	

12. 王命龙节

书　　目	器　　名	卷数页码/器号	备　　注
《商周青铜器铭文暨图像集成》	王命龙节	19162	
《殷周金文集成》	王命龙节	12100	
本书	王命龙节（四）	11	

13. 王命龙节

书　　目	器　　名	卷数页码/器号	备　　注
《商周青铜器铭文暨图像集成》	王命龙节	19163	
《殷周金文集成》	王命龙节	12101	
本书	王命龙节（五）	13	

14. 王命龙节

书　　目	器　　名	卷数页码/器号	备　　注
《商周青铜器铭文暨图像集成》	王命龙节	19164	
《殷周金文集成》	王命龙节	12097	
本书	王命龙节（一）	9	

15. 王命龙节

书　　目	器　　名	卷数页码/器号	备　　注
《商周青铜器铭文暨图像集成》	王命龙节	19165	
《殷周金文集成》	王命龙节	12098	
本书	王命龙节（二）	10	

16. 王命龙节

书　　目	器　　名	卷数页码/器号	备　　注
《商周青铜器铭文暨图像集成》	王命龙节	19166	
《殷周金文集成》	王命龙节	12102	
本书	王命龙节（六）	14	

17. 王命龙节

书　　目	器　　名	卷数页码/器号	备　　注
《商周青铜器铭文暨图像集成》	王命龙节	19167	
《殷周金文集成》	王命龙节	12099	
本书	王命龙节（三）	11	

18. 韩将庶虎节

书　　目	器　　名	卷数页码/器号	备　　注
《商周青铜器铭文暨图像集成》	韩将庶虎节	19168	
《殷周金文集成》	未收录		
本书	将军虎节	20	

19. 辟夫夫虎节（符）

书　　目	器　　名	卷数页码/器号	备　　注
《商周青铜器铭文暨图像集成》	辟夫夫虎节（符）	19169	
《殷周金文集成》	辟大夫虎符	12107	
本书	辟大夫虎符	19	

20. 雁节

书　　目	器　　名	卷数页码/器号	备　　注
《商周青铜器铭文暨图像集成》	雁节	19170	
《殷周金文集成》	雁节	12103	
本书	雁节（一）	17	

21. 雁节

书　　目	器　　名	卷数页码/器号	备　　注
《商周青铜器铭文暨图像集成》	雁节	19171	
《殷周金文集成》	雁节	12104	
本书	雁节（二）	18	

22. 鹰节

书　　目	器　　名	卷数页码/器号	备　　注
《商周青铜器铭文暨图像集成》	鹰节	19172	
《殷周金文集成》	鹰节	12105	
本书	鹰节（一）	15	

23. 鹰节

书　　目	器　　名	卷数页码/器号	备　　注
《商周青铜器铭文暨图像集成》	鹰节	19173	
《殷周金文集成》	鹰节	12106	
本书	鹰节（二）	16	

24. 阳陵虎符

书　　目	器　　名	卷数页码/器号	备　　注
《商周青铜器铭文暨图像集成》	阳陵虎符	19174	
《殷周金文集成》	未收录		
本书	阳陵虎符		疑为伪器，详见第三章"余论"

25. 栎阳虎符

书　　目	器　　名	卷数页码/器号	备　　注
《商周青铜器铭文暨图像集成》	栎阳虎符	19175	
《殷周金文集成》	未收录		
本书	栎阳虎符	29	

26. 新郪虎符

书　　目	器　　名	卷数页码/器号	备　　注
《商周青铜器铭文暨图像集成》	新郪虎符	19176	
《殷周金文集成》	新郪虎符	12108	
本书	新郪虎符	27	

27. 杜虎符

书　　目	器　　名	卷数页码/器号	备　　注
《商周青铜器铭文暨图像集成》	杜虎符	19177	
《殷周金文集成》	杜虎符	12109	
本书	杜虎符	28	

28. 鄂君启车节

书　　目	器　　名	卷数页码/器号	备　　注
《商周青铜器铭文暨图像集成》	鄂君启车节	19178	
《殷周金文集成》	鄂君启车节	12110	
本书	鄂君启车节(一)	21	

29. 鄂君启车节

书　目	器　名	卷数页码/器号	备　注
《商周青铜器铭文暨图像集成》	鄂君启车节	19179	
《殷周金文集成》	鄂君启车节	12111	
本书	鄂君启车节(二)	22	

30. 鄂君启车节

书　目	器　名	卷数页码/器号	备　注
《商周青铜器铭文暨图像集成》	鄂君启车节	19180	
《殷周金文集成》	鄂君启车节	12112	
本书	鄂君启车节(三)	23	

31. 鄂君启舟节

书　目	器　名	卷数页码/器号	备　注
《商周青铜器铭文暨图像集成》	鄂君启舟节	19181	
《殷周金文集成》	鄂君启舟节	12113	
本书	鄂君启舟节	24	

32. 鄂君启舟节

书　目	器　名	卷数页码/器号	备　注
《商周青铜器铭文暨图像集成》	鄂君启舟节	19182	
《殷周金文集成》	鄂君启舟节	12113	
本书	鄂君启舟节	24	

33. 翼子玺

书　　目	器　　名	卷数页码/器号	备　　注
《商周青铜器铭文暨图像集成》	翼子玺	19183	
《殷周金文集成》	未收录		
本书	未收录		

34. 亚离示玺

书　　目	器　　名	卷数页码/器号	备　　注
《商周青铜器铭文暨图像集成》	亚离示玺	19184	
《殷周金文集成》	未收录		
本书	未收录		

35. 刊旬抑埴玺（四字玺）

书　　目	器　　名	卷数页码/器号	备　　注
《商周青铜器铭文暨图像集成》	刊旬抑埴玺	19185	
《殷周金文集成》	未收录		
本书	未收录		

（十）《商周青铜器铭文暨图像集成续编》

吴镇烽编著，上海古籍出版社 2016 年初版。收录传世和新出土的商周有铭青铜器一万六千七百零四件（下限到 2015 年），包括食器（鼎、鬲、甗、簋、盨、豆等）五百四十二件，酒器（爵、角、觚、觯、杯、尊、卣等）三百七十二件，水器（盘、匜、鉴等）八十六件，乐器（钟、镈、铙、铃等）49 件，兵器（戈、戟、矛、殳、剑等）三百一十六件，日用器（工具、度量衡、车马器、符节等)二十六件及附录(金银玉石等)一百一十九件。全书共四册,收录一千五百零九器。本书收录符节三件。

1. 吾玺

书　　目	器　　名	卷数页码/器号	备　　注
《商周青铜器铭文暨图像续编》	吾玺	1375	
《殷周金文集成》	未收录		
本书	未收录		

2. 冂玺

书　　目	器　　名	卷数页码/器号	备　　注
《商周青铜器铭文暨图像续编》	冂玺	1376	
《殷周金文集成》	未收录		
本书	未收录		

3. 名玺

书　　目	器　　名	卷数页码/器号	备　　注
《商周青铜器铭文暨图像集成续编》	名玺	1377	
《殷周金文集成》	未收录		
本书	未收录		

(十一)《商周青铜器铭文暨图像集成三编》

吴镇烽编著,上海古籍出版社 2020 年初版。收录传世和新出土的商周有铭青铜器一千七百七十二件(时间下限到 2019 年 12 月),包括食器(鼎、鬲、甗、簋、盨、豆等)六百二十七件,酒器(爵、角、觚、觯、杯、尊、卣等)五百五十四件,水器(盘、匜、鉴等)八十件,乐器(钟、镈、铙、铃等)三十五件,兵器(戈、戟、矛、殳、剑等)三百五十九件,日用器(农具、工具、度量衡、车马器、符节等)七十七件及附录(金银玉石等)四十件。全书共四册,收录一千七百七十二器。本书收录符节一件。

兽面纹玺

书　　目	器　　名	卷数页码/器号	备　　注
《商周青铜器铭文暨图像集成三编》	兽面纹玺	1690	
《殷周金文集成》	未收录		
本书	未收录		

二、考古报告

(一)《西汉南越王墓》

广州市文物管理委员会、中国社会科学院考古研究所、广东省博物馆编辑,分上下两册,文物出版社 1992 年初版。本书为 1983 年出土于广东省象岗西汉南越国第二代国王赵眜墓的考古挖掘报告,上册为考古挖掘之记录报告与研究,下册为发掘文物之图版图录。本书收录西汉南越国虎符一器,上册第十章"出土文字资料汇考·一九、'王命﹦车駼'铜虎节"为铭文研究,下册有器形彩色图版。①

王命车駼铜虎节

书　　目	器　　名	卷数页码/器号	备　　注
《西汉南越王墓》	王命车駼铜虎节	上册,第 314—316 页。下册,图版二十	

---

① 广州市文物管理委员会、中国社会科学院考古研究所、广东省博物馆编辑:《西汉南越王墓》上册,"出土文字资料汇考·一九、'王命﹦车駼'铜虎节",文物出版社 1992 年版,第 314—316 页。同书下册,图版二十。

续 表

书 目	器 名	卷数页码/器号	备 注
《殷周金文集成》	未收		
本书	王命车驻虎节	8	

第三节 1937年后迄今(中国台湾地区)

一、《金文总集》

严一萍著,十册,台北艺文印书馆1983年初版。收录:鼎一千三百三十一,鬲两百又二,甗一百三十四,簋一千一百八十九,盨、匡一百三十,盦一百又三,敦十,豆十三,箐七,卢二,鎗一,匕五,爵九百九十一,角三十八,斝一百又二,盉錾一百又五,尊四百四十四,觥三十五,方彝五十三,卣五百三十,罍七十三,瓻十三,壶二百又八,瓶五,罐六,缶九,罉一,鈿一,觚四百五十六,觯、端三百五十二,杯四,勺二十四,盘一百三十,匜八十四,鉴十二,盂二十一,盆十一,蠹四,盉一,铙三十六,钟两百三十二,镈二十,勾鑃、征城六,铎三,铃三,钟钩二,戈三百四十七,戟十八,矛七十七,剑七十四,杂兵一百一十七,量器十八,权五,符节十六,车马器二十二,其他七十四,补遗二十七,总计八千零三十五器。本书收录先秦符节十六器。

(一) 夆虎符

书 目	器 名	卷数页码/器号	备 注
《金文总集》	夆虎符	器号7885,第4587页	
《殷周金文集成》	夶虎符	12087	
本书	夶(乘)虎符	25	

（二）新郪虎符

书　　目	器　　名	卷数页码/器号	备　　注
《金文总集》	新郪虎符	器号 7886，第 4588 页	
《殷周金文集成》	新郪虎符	12108	
本书	新郪虎符	27	

（三）杜虎符

书　　目	器　　名	卷数页码/器号	备　　注
《金文总集》	杜虎符	器号 7887，第 4589 页	
《殷周金文集成》	杜虎符	12109	
本书	杜虎符	28	

（四）骑𫝸马节

书　　目	器　　名	卷数页码/器号	备　　注
《金文总集》	骑𫝸马节	器号 7888，第 4589 页	
《殷周金文集成》	骑传马节	12091	
本书	骑传马节	4	

（五）亡纵熊节

书　　目	器　　名	卷数页码/器号	备　　注
《金文总集》	亡纵熊节	器号 7888，第 4589 页	
《殷周金文集成》	亡纵熊节	12092	
本书	亡纵熊符	26	

（六）王命传赁节

书　　目	器　　名	卷数页码/器号	备　　注
《金文总集》	王命传赁节	器号 7890，第 4590 页	
《殷周金文集成》	王命虎符	12096	
本书	王命传遽虎节	7	

（七）齐马节

书　　目	器　　名	卷数页码/器号	备　　注
《金文总集》	齐马节	器号 7891，第 4590 页	
《殷周金文集成》	齐节大夫马节	12090	
本书	齐大夫马节	4	

（八）雁节

书　　目	器　　名	卷数页码/器号	备　　注
《金文总集》	雁节	器号 7892，第 4591 页	
《殷周金文集成》	雁节	12103	
本书	雁节（一）	17	

（九）鹰节一

书　　目	器　　名	卷数页码/器号	备　　注
《金文总集》	鹰节一	器号 7893，第 4591 页	
《殷周金文集成》	雁节	12104	
本书	雁节（二）	18	

（十）鹰节二

书　　目	器　　名	卷数页码/器号	备　　注
《金文总集》	鹰节二	器号 7894，第 4591 页	
《殷周金文集成》	鹰节	12105	
本书	鹰节（一）	15	

（十一）王命=🐉节一

书　　目	器　　名	卷数页码/器号	备　　注
《金文总集》	王命=🐉节一	器号 7895，第 4592 页	
《殷周金文集成》	王命龙节	12097	
本书	王命龙节（一）	9	

（十二）王命=🐉节二

书　　目	器　　名	卷数页码/器号	备　　注
《金文总集》	王命=🐉节二	器号 7896，第 4593 页	
《殷周金文集成》	王命龙节	12098	
本书	王命龙节（二）	10	

（十三）王命=🐉节三

书　　目	器　　名	卷数页码/器号	备　　注
《金文总集》	王命=🐉节三	器号 7897，第 4594 页	
《殷周金文集成》	王命龙节	12099	
本书	王命龙节（三）	11	

（十四）王命 ![符号]节四

书　　目	器　　名	卷数页码/器号	备　　注
《金文总集》	王命 ![符号]节四	器号 7898，第 4595 页	
《殷周金文集成》	王命龙节	12101	
本书	王命龙节（五）	13	

（十五）鄂君![启]车节

书　　目	器　　名	卷数页码/器号	备　　注
《金文总集》	鄂君![启]车节	器号 7899，第 4596 页	
《殷周金文集成》	鄂君启车节	12110	
本书	鄂君启车节（一）	21	

（十六）鄂君![启]舟节

书　　目	器　　名	卷数页码/器号	备　　注
《金文总集》	鄂君![启]舟节	器号 7900，第 4597 页	
《殷周金文集成》	鄂君启舟节	12113	
本书	鄂君启舟节	24	

二、《新收殷周青铜器铭文暨器影汇编》

钟柏生、陈昭容、黄铭崇、袁国华编，三册，台北艺文印书馆2006 年初版。收录：一、钟镈二百器；二、铙十二器；三、铎一器；四、乐器构件五器；五、鼎三百二十八器；六、鬲六十一器；七、甗一器；八、甑三十五器；九、段一百六十九器；十、盨二十八器；十一、簠四十一器；十二、敦四器；十三、盏二器；十四、豆六器；

十五、铺四器；十六、盂九器；十七、鍪二器；十八、爵一百四十二器；十九、角十七器；二十、觚九十二器；二十一、觯四十三器；二十二、斝十六器；二十三、尊六十六器；二十四、壶六十三器；二十五、鈚一器；二十六、卣七十九器；二十七、方彝十三器；二十八、觥五器；二十九、罍二十二器；三十、罐二器；三十一、盉三十器；三十二、缶十七器；三十三、瓴一器；三十四、鍸一器；三十五、勺二器；三十六、盘三十器；三十七、匜二十五器；三十八、鉴二器；三十九、镐一器；四十、杂器四十三器；四十一、戈二百四十四器；四十二、戟二十五器；四十三、矛二十三器；四十四、铍十二器；四十五、钺五器；四十六、刀一器；四十七、剑四十六器；四十八、杂兵十五器；四十九、车马器十器；五十、符节二器。总计两千零五。本书收录先秦符节器二器。

（一）王命命车驲虎节

书　目	器　名	卷数页码/器号	备　注
《新收殷周青铜器铭文暨器影汇编》	王命命车驲虎节	器号 1413	
《殷周金文集成》	未收		
本书	王命车驲虎节	8	

（二）贵将军信节

书　目	器　名	卷数页码/器号	备　注
《新收殷周青铜器铭文暨器影汇编》	贵将军信节	器号 1559	
《殷周金文集成》	未收		
本书	将军虎节	20	

后　　记

　　小书写作及修改的基础来自我的硕士学位论文《先秦符节研究》(台湾东华大学中国语文学系,2011 年)以及同名的出版著作(花木兰文化出版社,2013 年)。旧著出版时因为是套书的其中两册,也没有单独售卖,在市面上不易取得,目前流通的纸质书只有出版之初分送给师友的出版社赠书,但旧著的电子版则可能传播得更广泛一些,当我偶然看到旧著的电子书时,还感觉到有些惊讶,原来还有学术同道对旧著的内容感兴趣,予以流传。

　　认真说来,小书前一版的内容不论在行文论述时的用字遣词多有文白夹杂,"之""的"拗口,语气不够通顺;或是在引述材料的择取论述上,挂一漏万,不够细致;还有碍于当时初出茅庐,学力有限,脑袋尚未灵光的尴尬青涩,都让旧著存在着一定的问题。因此在本次修订的过程中,细细的对于旧著一字一句地校读下来,自己亦深感触目惊心,在此也对曾阅读过旧著的读者们致上歉意。此次的修订积极改正了书面上可见的问题,也删节了书中复重累赘的部分,同时也对引述材料的内容进行校对,尽量使小书成为可读性更强、专业性也高的学术著作。这次的修订出版,也是我参加工作以来第一次出版专书。

　　从 2013 年迄今的十年之间,我完成了博士阶段的学习,也已投身教学工作数年光阴,其间的变化转折,得失悲喜无法尽道,但关于符节研究,我一直都没有抛在脑后,一直希望能再看到新出的符节器物,帮助我们了解更多关于符节的秘密,但此一愿望至今仍尚难如愿。

这些年对于符节研究的反思与频频回顾,也有几篇写作产出,一篇是《先秦符节再探》(《战国文字研究的回顾与展望国际学术研讨会论文集》,中西书局,2017年),文中对于鹰节铭文的讨论意见竟与当时一同参会的程鹏万教授大作不谋而合,当下让人十分惊喜;另两篇文章分别是《先秦符节再探之二:齐符节杂考》(《商周青铜器与先秦史研究论丛》,科学出版社,2017年),《先秦符节再探之三:虎节相关问题再探》(第二届"商周青铜器与先秦史研究"青年论坛,2018年),后一篇文章在会议宣读后得到与会专家赐教,但个人认为文中的一些讨论未尽合理,因此并未在正式刊物中出版,本次的修订也未吸收进来。

在本次修订的过程中,经学仁师赐告,喜读郭永秉教授大作《将军虎节与壁大夫虎节研究》,文中对将军虎节与壁大夫虎节的铭文、铸造背景等问题都做了细致的研究,也解开我对于两种虎节的一些疑惑和一直没能亲见器物的遗憾,书中也吸收了许多郭永秉教授大作的精华。

本次的修订除了对旧著进行补漏与更新,也守着一点旧思,充分保留了旧著的写作框架与论述形式,这是在硕士论文的版本中由学仁师亲自规划的,同时也补充一些新意,收录新出的著录图书和学界关于此论题最新的研讨成果,以及一些对于符节形制新的看法,希望能让小书更加完善。

每阅旧稿,就总想起与业师许学仁先生商议硕士论文题目时的场景,与许师站在母校东华大学的湖畔赏鸟观鱼,谈理想,聊人生,论学术,这些过往至今都历历在目,恍如昨日,已然是我生命中不可磨灭的记忆。当时我苦思硕士论文题目而不可得,想着要训练自己搜集分析学术材料的能力,也想结合出土文献古文字的研究,培养自己考释文字的能力,当许师给予"明示""暗示"以符节为题应能有收获的时候,当时的我还未能参透玄机,因为自己对符节的认识也不够充分,对许师的提点当时竟不以为意,以为符节就那么几个东西,到底该怎么展开写作? 私意以为再想想题目也无不可,就继续闷头想题目了。

但许师对古文字材料的熟稔与选题眼光是我未能达到的境界,几经商议以符节研究为题展开写作之后,我慢慢了解许师当时的提点和苦心,时至今日认真一想,似乎还真和自己的学术兴趣与理想"若合符节"到现在了。

立言著述自古而今皆属不易之事,我阅读专著一向酷爱先读序言及后记,但对后记的喜爱更多,总感觉能由此看到作者在全书密密麻麻的文字背后,属于个人的真心与诚意,经常流露出真挚的情感。因为小书属于修订重出的著作,几经考虑便未向师长求赐序跋,自己虽然还有些感触想借我最喜爱的"后记"抒发一下,但和小书的主题不太符合,还是留待未来自己再孵出小书的时候,再继续说吧!

小书的出版要感谢海南师范大学文学院王学振院长及学院出版基金项目评委的支持,得到校、院出版基金的慨允资助,以及东方出版中心戴浴宇老师的辛勤工作编辑,书中古文字图文及造字甚多,相较其他类型的著作,涉及出土文献古文字的图书一向是最难编辑的,谢谢出版单位的辛劳工作。

感谢自求学以来,业师许学仁先生的教导与照顾,让我知道了自己该成为怎样的老师,也在许师的包容下,我对于科研放飞了自己的思想,有了自我的追求和坚持,许师和师母杨丽圭老师一直都很关心我的工作和生活,对我有期待也有担心,从许师和师母身上,让我真正感受到温柔、敦厚、豁达、包容的人间美好。

感谢季旭昇先生和刘钊先生、黄锡全先生、王蕴智先生、陈松长先生、陈伟武先生、李守奎先生、徐在国先生、董珊先生、俞绍宏先生、邓章应先生、郭永秉先生、禤健聪先生等诸位师长一直以来给予的帮助与鼓励，也教导我很多事情。在工作历程中则特别感谢北师大珠海分校文学院张明远院长、郑州大学文学院李运富院长、海南师范大学文学院王学振院长和黄思贤院长的信任与提携，让我在不同的工作阶段都学习到很多事情，更能有机会在祖国大陆有一份能安身立命的事业，在学术及工作的路上还能继续咬牙跟随前贤，这条路走得有点慢，有跌倒也有奋起，但因为有师友们的鼓励与帮助，让我不至于脱队躺平，还能秉持信念去做一些自己想做的事。

此外，小书是国家社会科学基金青年项目"简帛及传世文献中的兵家学派研究"（18CYY035）以及教育部"古文字与中华文明传承发展工程"资助项目"简帛及传世文献中的兵家学派研究"（G3454）的阶段性成果。在此对项目的支持表示感谢。

从完成硕士学位到旧著成书，再到今天小书的修订，跨越的时光正好十年，说来惭愧，在这段时间自己仍未取得主流标准下认可的成果以及学界公认的职称或人才"帽子"，也曾经对自己未来发展的脚步和突破的可能性感到失落与迷惘，但十年岁月在人间的流转不能算短，相对于学术光阴的积淀却不能说长，"坐冷板凳"和"细火慢炖"都是实践后才懂得个中滋味，只希望自己能继续努力，再和符节继续下一个十年之约吧！

是为之记。

2023 年如夏的春日
记于海南海口自适居